财产权制度到产权制度的
演进逻辑与企业治理结构研究

▲张 恒 著

CAICHANQUAN
ZHIDU DAO CHANQUAN
ZHIDU DE YANJIN LUOJI YU
QIYE ZHILI JIEGOU
YANJIU

电子科技大学出版社

图书在版编目（CIP）数据

财产权制度到产权制度的演进逻辑与企业治理结构研究 / 张恒著. —成都：电子科技大学出版社，2011.10
ISBN 978-7-5647-0992-1

Ⅰ. ①财… Ⅱ. ①张… Ⅲ. ①财产权－研究②产权制度－研究③企业管理－研究 Ⅳ. ①D913.04②F270

中国版本图书馆 CIP 数据核字（2011）第 200072 号

财产权制度到产权制度的演进逻辑与企业治理结构研究

张 恒 著

出　　版：	电子科技大学出版社（成都市一环路东一段 159 号电子信息产业大厦 邮编：610051）
策划编辑：	谢应成
责任编辑：	谢应成
主　　页：	www.uestcp.com.cn
电子邮箱：	uestcp@uestcp.com.cn
发　　行：	新华书店经销
印　　刷：	成都火炬印有务限公司
成品尺寸：	165mm×235mm　　　印张 12.5　　字数 211 千字
版　　次：	2011 年 10 月第一版
印　　次：	2011 年 10 月第一次印刷
书　　号：	ISBN 978-7-5647-0992-1
定　　价：	30.00 元

■ 版权所有　侵权必究 ■

◆ 本社发行部电话：028-83202463；本社邮购电话：028-83208003。
◆ 本书如有缺页、破损、装订错误，请寄回印刷厂调换。

内 容 提 要

企业是现代社会中最重要的组织之一，企业成长构成一国经济发展和经济繁荣的基础，企业的可持续成长取决于企业系统对外部环境的适应性，企业的适应能力在很大程度上依托产权关系和企业治理结构的内在关联。本书主要依托制度经济学的分析框架，立足转型时期制度供给不足的背景条件，主要围绕企业成长理论的演绎逻辑、财产权制度到产权制度的逻辑演进、财产权制度对企业治理结构的约束、产权制度安排与企业治理结构的关系、中国企业治理问题研究等问题，研究企业治理问题，建构企业治理的产权制度基础，为企业成长提供产权建构的理论支持。

本书主要在以下方面进行了探索：

1. 本书基于制度变迁理论及制度的激励与约束功能，探讨了转型时期制度结构及制度变迁对中国企业的改革的影响。发现了多年来中国企业改革没有达到预期效果的财产权制度原因。财产权制度是社会制度环境的核心内容。企业效率不仅仅体现在企业治理结构的完善，还受到社会制度环境的约束。社会制度环境对企业成长具有内生性的影响。这种影响具有很强的路径依赖性，而这种依赖深层次的因素是传统文化的影响。传统文化对制度及制度变迁的这种深层路径依赖的作用，促使我们在探讨改善制度环境和促进企业成长的理论与实践中，必须结合传统文化的因素。因此，本文给予中国传统文化特别的关注。

2. 在生产社会化的条件下，财产权利越来越多的分离在相关的参与群体之中，形成了与财产相关联的利益相关者群体。随着财产外延的拓展和财产的潜在价值的不断发现，利益相关者在参与或支配财产的经济活动中，其权利关系变得越来越复杂化，由此，产生了界定行为权利的需要。对利益相关者群体行为权利的界定构成了产权制度的核心内容。财产权制度演进逻辑就是在生产日益社会化的条件下，财产权利也出现了一系列社会化分离，逐渐向产权制度安排过渡的过程。因此，产权制度及其变迁不仅依赖于财产权制度的基础，更重要的是要形成社会财产权利意识，即形成普遍尊重、承认和保护财产权的社会意识。中国转轨经济正在进行着从产权制度到财产权制度的逆序演进，这也许可以解释与产权制度完善国家不同的一些经济表现。财产权制度到产权制度的这种逻辑关系为中国今后的改革提供了有益的借鉴。企业所有权是产权的一般性特质的延伸和运用，企业治理从低级形式演进到现代企业的高级形式，企业治理结构演进的本质是对产权制度变迁的对应。现代企业治理结构的安排越来越偏离仅仅追求所有者利益最大化的逻辑，表现为人力资本所有者参与企业治理，走向"利益相关者"的合作逻辑。公司治理结构的效率体现在控制权与剩余索取权的匹配与对称，使各利益相关者的外部性最大限度地得到克服。

3. 本书的思路建立在"制度—行为—绩效"这样一个逻辑框架下。制度作为外生变量时，企业还是一个"黑箱"。当把制度引入生产函数确定为内生变量时，就初步建立了生产函数的制度内生模型，使组织在合理的激励制度下能持续不断地出现创新行为。财产权制度为企业提供了行为准则，产权制度界定了行为权利。企业的绩效是制度引导下的行为所决定的，同时，它还取决于企业内部结构与制度环境的适应性和协同性。

4. 在一定意义上讲，企业的效率体现在企业治理结构与制度环境的适应程度。有序的制度环境离不开财产权制度的建立，抛开社会制度环境，企业治理会失去基础支持，因为财产权制度的缺失，导致社会信用和企业家等基础资源的匮乏。由于资源的不足，好的治理结构也难以发挥其效率。恰恰中国漫长的历史中对个人财产权利的漠视致使财产权意识非常薄弱，在社会长期发展过程中，没有形成良好的制度环境，进而影响到转型期的中国产权改革以及中国企业治理的效率。

因此，本书基本的结论是：在加快中国产权改革的同时，应高度重视以财产权制度为基础的社会制度环境的建设。只有认识到这一点，并为之行动，才能解决产权改革理论中的困境。

Abstract

Enterprise is one of the most important organizations in modern society. Enterprise growth is the foundation of a country's economic development and flourish. Enterprise's sustainable growth depends on its adaptability to the outside environment, while enterprise's adaptive faculty depends upon, to a great extent, the internal relations between property rights and corporate governance. Relying on institutional economic analysis framework, which is based on the background condition of the shortage of institutional supply in transition, and focuses on the issues of the historical development of enterprise growth theory, the relationship between the institution of property rights and enterprise growth, restrictions that the institution of property has on enterprise growth, the relationship between arrangement of property rights and corporate governance, problems in Chinese corporate governance research , corporate governance problem research, and so on, aiming at providing theoretical support to enterprise growth, this paper analyses the achievements of various enterprise organizations, the problems existing in Chinese corporate governance, the property rights institution foundation to construct corporate governance

This paper focuses on the following problems:

I Firstly, Based on the institutional theory and the encouraging and restricting functions of institutions, this paper explores the transitional institutional structure and the impact brought by the institution transition upon the reform of enterprises in China and, as a result, found out the property rights institutional reasons that hinder Chinese enterprises from getting their expected results. The establishment of property right institution is the core element of the social institutional environment. Enterprise efficiency is not only embodied in the perfection of corporate governance structure. It is also restricted by the social institutional environment which has a endogenesis impact on enterprise growth. The cultivation of the environment has a direct relationship with cultural tradition. Consequently the factors of cultural tradition must be taken into consideration while exploring the theories and practices to improve institutional environment and prompt enterprise growth. This paper, therefore, gives special attention to traditional Chinese culture.

II. Under the condition of production socialization, property rights are more and more distributed among the related participants and thus form a group of stockholders related with the property. With the extension of the property denotation and the continuous discovery of the potential value of property resources, the property right relationship among stockholders is more complicated and makes it essential to decide behavioral rights, namely property rights. The defining of the behavior rights of the stockholders forms the core problems of right institutions. The property institution evolution logic is the process in which property rights are institutionalized. Property institution and its transform do rely on the foundation of proper right, but what is more important is to cultivate an awareness of property rights, by which property is esteemed, accepted and protected broadly. However, this evolution in transitional China is in a reversed order, namely, from property rights to property. This may be explained as some economic phenomena that are different from the property rights in some institution-perfect countries. The logic of evolving from property to property rights may be used as a significant reference for Chinese enterprise reforming in the future. Enterprise ownership is the extension and exercise of the general characters of property rights. The nature of the evolution of the corporate governance structure is the response to the change of property institution. The arrangement of modern enterprises is more and more deviated from the logic of pursuing maximum profits of the owners which is embodied in manpower capital holders' participating in corporate governance and the cooperate logic of "stockholders". The efficiency of corporate governance is represented in the match of stock holding right and surplus demanding right.

III. This paper's thinking is based on the logical framework of institution-behavior-performance. When institution is exogenous variable, enterprise is a black-box. However, when we import institutions into production function, and confirm it as an endogenous variable, the model of production function of institutional endogenesis will be set up. Therefore, enterprise can come forth incessancy innovation actions under the rational institutional encouragement.

Enterprise property rights change is the basic faction in the enterprise institution. Because different property right structure leads to different control right combination, which induces corporate governance difference. Enterprise performance is determined by the actions under the guide of institutions. At the same time, it is decided by the adaptability and the cooperativity between enterprise internal structure and institutional environment.

IV. The efficiency of the enterprises is embodied, to certain degree, in the adaptability between the corporate governance structure and institutional environment. The establishment of the enterprise property rights is essential for an ordered institutional environment. Corporate governance will lose its fundamental support without the social institutional environment and will lead to the shortage of some basic resources such as social credibility and entrepreneur, etc. on the other hand, efficient governance structure can not be employed efficiently due to lack of resources. The ignorance of private property during the long history if China leads to a vague awareness of property rights and failed to establish the institutional environment, and consequently has a negative impact on the reform of property rights and the efficiency of corporate governance during the economical transitional period of China.

The paper finally comes to the following conclusion: While accelerating the reforming of property rights in China, we should pay great attention to the cultivation of social institutional environment based on property institutions. Only when this point is recognized and the corresponding actions are taken can the difficulties that property rights reforming theories are facing and the specific problems that Chinese property rights reforming are encountering could be solved.

目　录

第一章　导论 1
1.1　研究背景、问题的提出及研究的意义 1
1.1.1　企业的持续成长与发展规模表征着一国经济的整体发展实力 1
1.1.2　现代企业制度的核心是以财产权制度为基础的企业治理结构安排 2
1.1.3　产权理论研究的深化是企业治理结构得以改善的前提 3
1.2　研究思路及研究的框架 4
1.3　研究方法 7

第二章　企业成长与企业治理理论研究的文献回顾 10
2.1　国外企业成长与企业治理理论 10
2.1.1　古典经济企业成长的思想 10
2.1.2　新古典经济学的企业成长 11
2.1.3　潘罗斯（Penrose）的企业成长理论 12
2.1.4　新制度经济学的企业成长论 13
2.1.5　企业成长的制度变迁理论 17
2.2　国内企业成长与企业治理理论 17
2.3　企业成长与治理理论研究的评述 20

第三章　财产权制度到产权制度的演进逻辑 23
3.1　关于制度经济学的一个分析框架 24
3.1.1　制度内涵与行为预期 24
3.1.2　制度变迁理论 28
3.1.3　路径依赖理论及其应用 31
3.1.4　制度均衡与制度绩效评价 33
3.1.5　制度的两分法 36
3.1.6　正式制度与非正式制度的嵌入关系 38

    3.1.7 文化：正式制度的嵌入场 39
  3.2 西方财产权制度的演进逻辑分析 41
    3.2.1 财产的理念 41
    3.2.2 财产权理念建立的理论阐释 45
    3.2.3 财产外延的扩展 48
    3.2.4 从财产权制度到产权制度 49
    3.2.5 产权的社会文化内涵 51
  3.3 产权理论及经济效率的含义 52
    3.3.1 产权制度安排与产权理论 52
    3.3.2 产权制度安排多元化及经济效率 55
    3.3.3 产权制度变迁的经济学意义 57
  3.4 中国产权制度改革逻辑起点的缺失 58
    3.4.1 中国传统文化对财产权的漠视 58
    3.4.2 转型期中国改革是原有财产权制度下的改革 61
  3.5 财产权制度缺失的低效率 62
    3.5.1 财产权缺失的行为博弈分析 62
    3.5.2 典型的低效制度 64
  3.6 制度设计的次序选择 72
    3.6.1 渐进式改革的延续 72
    3.6.2 制度变迁的次序要求 74
    3.6.3 改革成本与中国改革的逆序选择 75
  3.7 制度、企业行为与治理绩效 77
    3.7.1 制度与行为关系的制度经济学的观点 77
    3.7.2 制度—行为—绩效的思维模式 78
    3.7.3 企业行为的制度原因 80

第四章 财产权制度安排与企业治理结构 85
  4.1 市场效率离不开财产权制度安排的建立 85
  4.2 财产权制度与社会信用的内生关系 87
    4.2.1 信用及信用制度 87
    4.2.2 信用的经济内生性要求 89
    4.2.3 信用博弈模型的财产权制度条件 90
    4.2.4 财产权制度促使信用制度的建立 92
  4.3 财产权制度与企业家的成长 94

  4.3.1 企业的企业家与企业家行为 94
  4.3.2 企业家的创新精神 95
  4.3.3 财产权制度对企业家的激励与约束 97
  4.3.4 企业家的选择 100

第五章 产权制度安排与企业治理结构 102

5.1 公司治理结构的演变 102
  5.1.1 利益相关者理论产生的理论辨析 103
  5.1.2 利益相关者理论的实质是增加对控制权的要求权 104
  5.1.3 人力资本要求控制权的理由 106
5.2 股权至上主义治理理念在美国实践的衰落 110
5.3 利益相关者理论 111
5.4 利益相关者公司治理模式的评论 112
5.5 产权结构对企业治理绩效的决定性影响 113
  5.5.1 产权结构与企业治理 114
  5.5.2 产权结构与企业治理绩效考证 115
  5.5.3 不同模式的所有权改革产生明显的绩效差异 119

第六章 中国企业治理问题研究 124

6.1 中国国有企业治理的问题 126
  6.1.1 国有企业产权特征 126
  6.1.2 中国国有企业改革历程和企业治理演进 128
  6.1.3 转轨时期的国有企业改革理论分歧 131
  6.1.4 国有企业治理的低效率 138
  6.1.5 国有企业利益相关者治理模式选择 143
  6.1.6 中国国有企业治理结构模式创新 146
6.2 家族企业治理问题研究 148
  6.2.1 家族企业生存和发展的经济学解释 149
  6.2.2 家族企业发展的障碍 151
  6.2.3 家族企业成长中的治理结构 153
  6.2.4 家族企业治理演变的实质是控制权的转移 157
  6.2.5 家族企业可持续成长 158
  6.2.6 家族企业治理结构的变迁 161
  6.2.7 家族企业可持续发展理论模型 164

  6.2.8 家族企业产权结构从封闭走向开放 165
  6.2.9 家族企业制度变迁的路径选择 166
第七章 研究结论及进一步展望 168
 7.1 研究结论 168
 7.2 创新之处 170
 7.3 进一步研究展望 171
参考文献 172

第一章 导 论

1.1 研究背景、问题的提出及研究的意义

1.1.1 企业的持续成长与发展规模表征着一国经济的整体发展实力

企业是现代社会中最重要的组织之一，是与市场结合却又不同于市场的协调资源配置的另一种必不可少的机制，国家的繁荣富强最终靠的是企业的成长。当今世界，最发达的国家同时也就是企业成长最好，规模最大的国家。如果一个国家能成长起一批大而强的企业，这个国家就能进入最富裕国家的俱乐部。从Rajian 和Zingales（1998）[1]的研究表明，现有企业的持续增长与发展对一国经济的整体发展至关重要。他们通过对全世界43个国家20世纪80年代经济增长的研究发现，平均而言，这些国家2/3的经济增长来自现有企业规模的扩大，只有1/3的增长来自新企业的进入。国外大量的研究表明，一个国家要素生产率的提高，80%或以上仍然来自现有企业生产率的改进，新企业的进入对生产率的净贡献一般在20%以下。对处在转型的中国经济而言，情况有些不同。例如，张维迎（2003）的研究表明，在1998年之后，中关村科技园区新进入企业带来的净效益，占整个园区贡献率的50%以上[1]，据统计，中国企业平均寿命只有7～8岁，民营企业仅2.9岁。而跨国公司的平均寿命11～12岁，世界500强的平均寿命40～42岁，世界1000强的平均寿命30岁。这和西方的情况形成了鲜明的对比。

任何企业自诞生之日起，都会不断追求实力的增强、规模的扩张。企业只有在不断成长中，才能延续自己的生命。在市场经济条件下，为了生存和发展，企业之间的竞争异常激烈，企业之间的创新竞争不断淘汰落后的企业，留下成功的企业，这种持续的企业进入和退出，构成经济增长的源泉和动力。从这个意义上说，低效和缺乏竞争力的企业在何种程度上被市场竞争所淘汰，或者说企业的生存在何种程度上由效率因素决定，成为我们判断市场运行的效率状态的一个重要指标。经济转型国家面临的一个基本挑战就是如何使得企业生存和发展依赖于市场而非传统体制下的行政力量。[2]

目前，中国的企业，特别是民营企业，经过20多年持续高增长之后，

相当一部分企业都面临着成长困境。与世界 500 强企业相比，中国大企业同世界 500 强的差距仍然很明显。[3]（1）中国 500 强企业规模普遍较小。在 2003 年，中国 500 强企业资产总额为 33 048 亿美元，仅相当于世界 500 强企业的资产总额 464 927 亿美元的 7.11%。中国 500 强企业营业收入合计 8408 亿美元，仅相当于世界 500 强营业收入 137 290 亿美元的 6.12%。（2）劳动生产率的差距明显。在 2003 年，世界 500 强企业的人均营业收入为 29.53 万美元，人均利润额为 0.29 万美元；而中国 500 强企业的营业收入和人均利润额相当于世界 500 强企业的 14.15% 和 72.5%。（3）赢利能力差距较大。2003 年世界 500 强企业共实现利润 1335 亿美元，而中国 500 强企业共实现利润 423 亿美元，只相当于世界 500 强企业的 32%。严格来说，这些差距只是表面现象，更深层次差距是企业治理结构的差异。可见，企业成长问题的理论研究具有极其重要的现实意义，中国不可能仅仅依靠新企业的不断进入来维持经济的增长，把现有企业的规模做大对中国未来的经济增长意义重大。

1.1.2 现代企业制度的核心是以财产权制度为基础的企业治理结构安排

从古典企业向现代企业制度的演进是西方财产权制度向产权制度自然演进的结果。中国国有企业制度创新的困难不在于简单地模仿西方发达国家的企业治理模式，而在于经济转轨过程中所遇到的特殊难题。中国国有企业的公司制改革是在现存的传统国有企业制度基础上的改造，而没有经历企业制度发展的自然历史演进过程，同时，难免会遇到制度变迁过程中的路径依赖惯性。具体来讲，中国企业，包括家族企业，没有经历从财产权制度到产权制度的演化过程。作为私人企业的重要组织，家庭管理模式被相当比例的私人企业采用，虽然家庭管理模式一直被认为是一种落后的企业组织形式，但现实中家族企业在西方和中国旺盛的生命力，表明了其存在的合理性。与发达国家不同，中国的家族企业总是难以做大做强。普遍的观点是中国的文化模式导致经营者的选择与激励总是不能到位。我们认为这其中最重要的原因是社会缺乏普遍承认和尊重财产权的观念所致。对财产的不同态度，产生对未来不同的预期，相应地出现对财产的不同处置。当财产不明确或不能得到有效保护时，理性的持有人不会使财产无限增殖，反而是在有生之年多用于非再生性消费，对企业做大做强的意愿不强。总之，中国的企业也是普遍意义上的企业，其特殊性就在于被嵌入中国的体制转轨过程中。伴随着经济市场化水平的进一步提高，它的一般性会进一步凸现。建立以财产权制度为基础的企业治理结构安排是现代企业制度的共同趋向。

1.1.3 产权理论研究的深化是企业治理结构得以改善的前提

杨继国和安增军（2004）研究指出[4]，企业理论演化逻辑基础经历了一个"否定之否定"的辩证发展过程，起点是物质资本所有权（产权），非主流企业理论否定了"股东至上主义"的所有权逻辑，而"新资本"理论又否定了非主流企业理论"无资本"控制权的逻辑，从而回到逻辑起点——资本所有权逻辑，但不是"原始"的资本起点，而是发展了的有更丰富内涵的新资本范畴，这个过程遵循了事物自身发展的规律。如果仅从经济学角度分析，这一过程表现为以"交易"为起点，发展为以生产为重点，再到生产与交易统一的企业理论。历史地看，它们分别代表和适用于古典企业、传统公司制企业和新经济条件下的新型企业（现代企业）。这就是隐藏于不同企业理论流派背后的"规律"和"线索"。这一逻辑演绎过程表明，企业理论的演进逻辑、产权演进逻辑、企业治理结构的演进逻辑是三维统一体，三系统共生于同一过程，虽然三系统之间并不是平行的一一对应关系。现代企业制度是企业理论和社会历史共同发展的产物，其产权关系、治理结构、运行规则和管理特征在不同国家具有共性，产权关系决定了企业的有效运行是由科学的治理结构来保证的，这是企业制度的一般性。可见，公司治理结构在本质上体现着一种产权关系，对产权理论的深化研究无论对丰富企业理论，还是建立现代企业制度，优化公司治理结构都将具有重大的理论和现实意义。

中国对公司治理结构改革问题的研究始于 20 世纪 90 年代初，尤其是 1993 年 11 月党的十四届三中全会提出了国有企业改革的方向是建立现代企业制度的决策以后，经济学家们就中国公司治理结构改革的各个方面的问题展开了讨论。回顾有关我国公司治理结构问题的讨论，可以看出，现代企业制度建设命题的提出和产权理论问题研究的深化是公司治理结构问题讨论得以从国外引进并逐步走向深入的条件和契机。中国公司治理结构改革问题讨论是在这种背景下进行的。因此，转型期中国改革的逻辑起点是产权改革，强调产权制度与产权理论，而忽视了财产权制度的建立。中国企业改革也以产权改革为起步，比如国有企业的股份制改造。然而，企业改革的效率没有预想的那样好，企业治理的效率有待进一步改善。更为严重的是在国有企业改革的同时，国有资产流失严重。因此，我们对产权理论的深化研究，不应停留在对产权制度本身的研究，更重要的是研究产权制度背后的财产权制度的建立。

本文立足转型时期中国制度供给不足的背景条件，依托制度经济学对制度及制度变迁理论研究，在现有企业理论的基础上，研究企业治理结构与企业成长问题，为中国企业成长提供产权建构的理论支持。

在中国转型时期，制度设计原本就应有次序，也就是有先后问题，一旦次序颠倒，会产生逆序变迁的成本，我们目前恰恰进行着逆序的制度变迁。理论界最多讨论的是产权制度改革，而忽视了财产权制度的建立，甚至在企业治理结构问题研究中往往把产权制度和财产权等同起来。事实上，财产权制度没有很好地建立起来，直接影响到产权制度的形成。财产权制度到产权制度的演进是自然演进的过程。而中国的改革先从产权制度开始，回过头来再强调财产制度的建立，这就是本文所认为的中国制度变迁的逆序演进，也是本文研究的逻辑起点和视角所在。

1.2 研究思路及研究的框架

我们知道，制度本身并不能改变绩效，它却决定人的行为，行为的结果体现绩效。绩效反过来验证制度是否合理。我们将这种逻辑关系扩展到企业，研究发现制度对企业的治理结构和绩效产生决定性的影响。因此，本文的整个理论建立在制度经济学的分析框架中，通过研究财产权制度到产权制度的逻辑过程的分析，以及产生这一过程的必然性。只要在经济理论中我们不放弃经济人的理性原理，人类对财产权制度的追求长期存在。从生物学的角度来讲，人类追求财产有自然属性。对制度来讲就有两种情况，一种是鼓励对财产的追求，另一种相反是抑制对财产追求。由于人类对财产权的渴望具有普遍的意义，财产权制度的建立是符合理性经济人的本质的。我们通过文化的视角来分析西方财产权制度向产权制度演进的逻辑，因为文化作为非正式制度对制度变迁起着主导作用，西方在文化的主导下经历的这一演进，形成了有序的鼓励对财产追求的社会制度环境，并产生有效的企业治理结构。在中国传统文化主导下的社会制度环境恰恰是抑制对财产的追求，中国社会长期处于对财产权漠视的环境，因而没能形成以财产权制度为核心的有序的社会制度环境。转型期中国的产权改革也是没有个人财产权制度保障的改革，中国的改革由此受到财产权制度的约束。改革的绩效不能达到预期的目标。因此，建立财产权制度是解决中国经济转轨中企业治理绩效的根本出路。

基于以上的思路，本文首先研究中国经济转轨中出现问题的根源。然后，深入企业治理结构的研究中，找到中国企业治理的症结所在，并为企业理性选择治理模式提供理论依据。

本文是沿着这样的路线展开：在转轨经济背景下，运用制度经济学和企业理论—构建解释企业治理的制度经济学框架—财产权制度和产权制度与企业治理的内在关系—运用本文的研究成果解决国有企业和家族治理问题—理性地选择合理的企业治理模式，如图1-1所示。

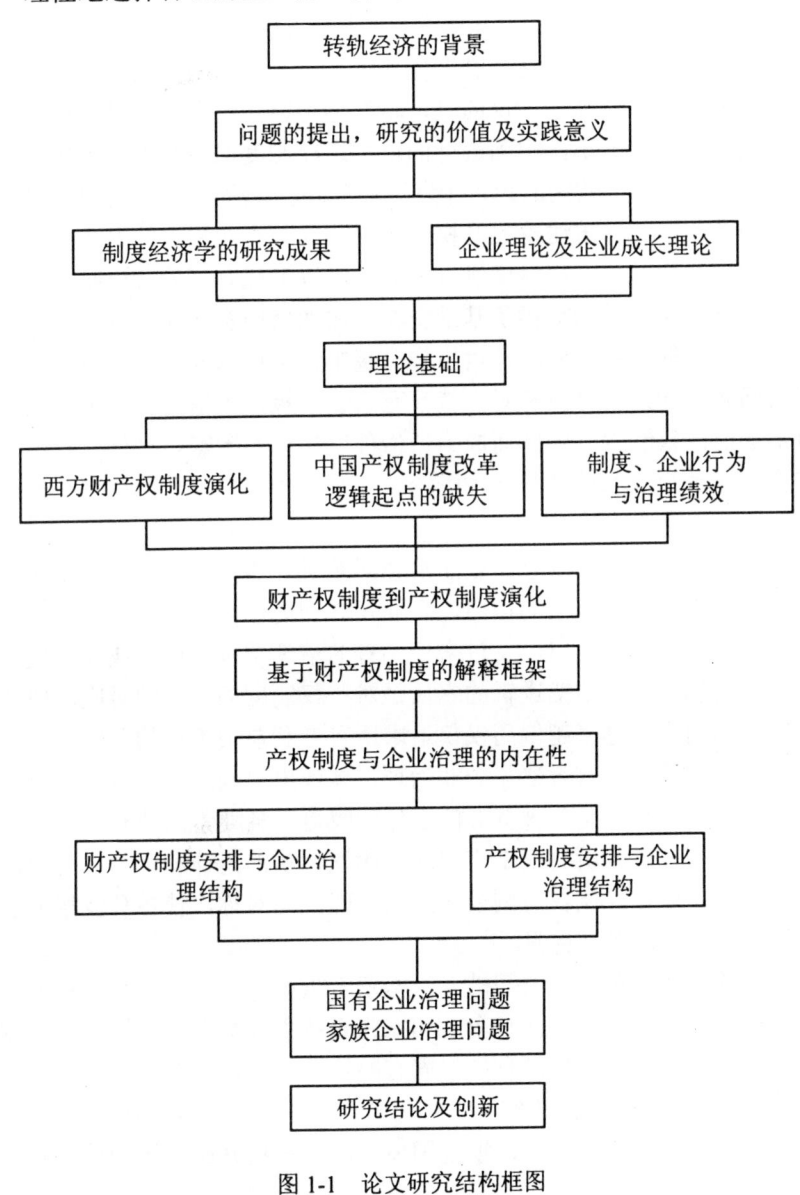

图1-1 论文研究结构框图

本文包括第一章导论和第七章结论，共计有七章。

第二章：通过对国内外企业理论和企业成长理论的文献回顾，我们看到，国外的研究起步早又成熟，国内的研究是借鉴国外的企业理论，结合中国企业的情况，解释和解决中国企业治理结构问题。在国内外的研究中，制度虽已被纳入企业治理中，视为最重要的企业成长变量，但它仅仅指的是企业治理结构本身，而忽略了外部制度环境的约束。

第三章：本章基于制度及制度变迁理论，分析了西方从财产权制度到产权制度演进逻辑，与之相反的是，转型期中国在没有建立财产权制度的情况下进行了产权改革，中国进行的这种逆序制度选择是本文解释中国改革中企业治理结构低效的原因，并为改善中国企业治理结构提供理论依据。

第四章：本章着重讨论财产权制度的确立与企业治理的内在关系。转型时期中国企业的财产权制度没有确立，难以形成有序的社会制度环境。财产权制度为企业成长提供了基础资源，比如信用资源和企业家资源。信用是市场经济的内生性要求，信用资源越丰富市场越发达。信用的本质是财产权问题。如果没有所有者，就没有人去积极维护信用。中国长期以来没有形成财产权制度。因此而成为低信任度文化的国家。另外，财产权制度与企业家及企业家精神是一种既统一又对立的关系。财产权制度安排有助于企业家人力资本的发挥。

第五章：本章是第六章的企业治理问题研究的基础。论述产权制度对企业治理及绩效的决定性的作用。企业发展到现代公司制，企业内部的代理问题表现得越来越突出，反过来用完善的治理结构来抑制或克服代理问题。企业治理结构的演变逻辑的本质是对产权制度的变迁的对应。现代企业治理结构的安排越来越偏离仅仅追求所有者利益最大化的逻辑。其主要表现就是人力资本所有者参与企业治理，体现出"利益相关者"的合作逻辑，因为企业的收益是各种资源的合作的收益。各要素的谈判力决定了在企业中的位置。企业所有权是产权的一般性特质的延伸和运用，公司治理结构的效率体现在控制权与剩余索取权的匹配与对称，使各利益相关者的外部性最大限度地得到克服。

第六章：在企业理论的基础上，本章着重讨论中国国有企业和中国家族企业的企业治理问题。国有企业和家族企业中少数人对股权高度控制，产生内部人控制的现象。国有产权固有的特性表明，国有产权的存在只能局限在特殊领域的资源。事实上，中国国有企业在各个领域有相当的比例，在这种背景下，为提高效率，摆脱困境，国有产权开始将控制权转移，转给刚刚起步的民营企业。因此国有企业和民营企业共存于经济环境中，对它们的治理水平的提升，意义非常重大。国有企业全民所有的产权特征，导致了委托代理链的冗长，监督无法触及到关键的部门，内部人利益往往与所有者利益相冲突。家族企业是民营企业的重要组成，但它的产权结构也是不同于现代公司制企业，尤其深受中国儒家文化影响的制度结构下，家族的产生和发展都有其独特性，家族企业经常处于生存容易而发展难的困境。家族企业的产权结构在初创期总是单一的产权结构，治理结构最独特的地方是关系治理，主要以家族关系来维持这种治理关系。因此它总是存在两面性，随着企业规模的扩大，日渐暴露出矛盾和冲突。按现代企业发展的特征，家族企业的治理模式也随之变迁，家族企业的产权从封闭走向开放，从单边治理走向共同治理成为必然趋势。

1.3 研究方法

本论文采用制度范式的分析方法。[5]这一方法是由西方制度经济学家所建立的，他们将制度作为变量，揭示制度对社会经济发展的影响，去发现这些制度在经济体系中的地位和作用的经济学方法论。制度分析方法，就是明确要求从制度角度考察经济运行，分析制度的产生和变迁及其对资源配置的影响等。制度分析方法是对新古典经济学个体主义的扬弃，从制度结构出发分析人类行为，认为决定人类行为的个人偏好和目的受制于制度，特别是产权制度。从制度的角度分析个人偏好和目的，这种偏好和目的不再是新古典经济学认为的那样——既定的和稳定的，而是对其作为分析对象，分析制度的产生、发展和变迁，揭示制度的动态性和历史性，而且用经济学的方法揭示制度变迁的动力，分析制度稳定、变动的原因。制度是激励、约束和保护个人行为的规则，从制度角度分析研究个体，旨在揭示整体对个体的影响。它的分析方法仍是个人主义、功利主义和自由主义为主，整个理论体系仍受个人主义的支配。在不同的制度下，不同的人有不同的意识，从而有不同的行为。制度分析中引入交易成本概念，比较交易成本的大小来确定制度的效率，也就交易成本概念使制度的成本—收益分析原则得以实现。诺斯以此方法来解释新经济史，交易成本最低的制度安排最有效率。一种制度的产生、稳定和变迁都取决于人们的成本—收益分析及以此为基础的行为。诺斯以经济学方法解释经济史，实质上就是以个人功利主义为基础寻找产权制度产生和演变的动力。霍奇逊对产权经济学从方法论研究后，认为产权经济学派的所有行为模式都包含着新古典经济人的理论传统。[6]制度经济学家将制度、人的动机和行为、意识形态、资源配置等联系起来。尤其诺斯描绘了一幅产权制度、人类行为和目的、经济增长、国家兴衰、意识形态的作用及其变迁的关联图。[7]

新制度经济学是对新古典传统的扬弃,在研究"生产的制度结构"中,经济发展与制度之间建立起内在联系,并有两条并行不悖且互相关联的主线:其一是对生产组织绩效的比较研究,他们把新古典经济学关于价格由供给和需求决定的原则推广到了关于供给和需求本身如何受家庭与企业内部制度影响的原则,并且表明,服从某种最大化约束的经济人关于各种制度的选择都受到交易成本结构的影响;其二是对西方世界历史的经济阐释,由此建立了内生的技术进步、制度变迁与经济绩效之间的理论联系。总体来看,制度分析方法的特征主要有:[8]

(1)对方法论前提假定的重新界定。这种分析方法首先将经济学分析的前提假定作了重新界定,其分析方法是建立在三个假定基础之上的:一是人类行为与制度具有内在的联系;二是人的有限理性,即人对信息的认识能力是有限的,并且处理信息的能力也是有限的;三是人的机会主义倾向,即人具有随机应变、为自己牟取私利的追求。在这三个假定的基础之上来分析人类行为与制度的关系,说明了制度作为一种变量能够改变人们为其偏好所付出的代价。这种分析方法奠定了制度对经济行为影响的分析应该居于经济学的核心地位;说明有了制度的作用,土地、劳动、资本和企业家这些生产要素才得以充分发挥作用;表明制度因素对社会经济发展的影响无处不在。

(2)演进的观点。动态化特征即用进化或演进的眼光来看待经济世界,这是制度分析方法的一个突出特征,其实质是用动态的在生物学意义上不断发展变化的眼光来考察人类的经济行为。凡勃仑将制度的分析纳入经济学研究的框架中,以一种进化的世界观来分析制度,更关心导致经济系统发生变化的制度因素和制度变化的方向。制度分析方法特别看重制度的演进,而且经济发展中的各种问题是在制度演化过程中所形成的,因而要解决这些问题,必须在制度演化的动态过程中去寻找问题形成的原因。

(3)制度分析中的制度综合效应。西方正统经济学家虽然也承认非经济变量(政治和法律制度等)对经济生活的影响,但他们在方法上,为了进行纯粹经济的精确性和完整性,总是假定这些变量对经济过程不发生作用,假定制度是既定的。制度分析方法始终坚持这样一种信念:"社会经济是一个整体的系统,经济系统中一切事物之间都相互关系、相互依存,而且任何事物都是其他事物的原因。"[9]这样一来，所有内生条件中的某一条件变化后，其他条件也全随着变化，这一系列的变化会使整个经济系统朝着某个方向运动。由于制度分析方法坚持这种信念，所以他们关注经济系统的整体，在研究经济问题时既考虑那些"经济因素"，又考虑那些"非经济因素"的影响，并把那些诸如法律、政治、社会意识形态等方面的非经济因素纳入经济研究的同生变量中。因此在研究中要求跨学科的综合研究，如经济学与社会学、政治学和法学的融合与交叉，在融合交叉的背景下来研究经济问题。

（4）突出方法论的个人主义特征。从经济学的方法论史来看，经济学对人类行为的分析有两种途径：一是方法论的个人主义，他们认为最有效的社会科学认识来源于对个体现象或过程的研究，因而主张从个体人把握人类经济行为；二是方法论的集体主义，他们认为最有效的社会科学认识只能来源于对群体现象或过程的研究，因而准确把握人类的经济行为必须坚持方法论的集体主义。正统经济学是以方法论的个人主义为基础的，新制度经济学也坚持了方法论个人主义。本文坚持新制度经济学的方法论，突出个人主义方法论的特征。

第二章 企业成长与企业治理理论研究的文献回顾

企业是整个经济制度乃至整个社会的基石,对一国的经济发展和繁荣的作用是可想而知的。但在西方居于主流地位的传统经济学中,长期以来都仅停留在将企业视为一个抽象的生产者的意义上,即谋求产出最大化或利润最大化的经济单元去分析企业的特征和行为。把企业看做一个生产函数,用生产函数来描述投入与产出之间的转化关系,这无异于把企业视为一种技术关系;至于企业本身究竟是什么,却始终都只是一个"黑箱",至于它里面的结构怎样,无人关注。在那里,没有结构,没有制度,最优的效率与企业规模及企业所采取的制度形式无关,产权是不相关的问题。直至以科斯为代表的新制度学派的兴起,情况才有所改观。此后,现代企业理论渐成主流之势。然而,尽管现代企业理论已经将经济学界对企业理论的关注引到对企业本身的理解上,但此一学派的理论并未能令人满意地解释企业本身。理论经济学对企业的认识,可大致粗分为两个阶段:在科斯之前为一个阶段,主要是在西方居主流地位的传统经济学,其对企业的认识以厂商理论为中心;在科斯之后为另一个阶段,称为现代企业理论。

2.1 国外企业成长与企业治理理论

2.1.1 古典经济企业成长的思想

企业成长理论可以追溯到亚当·斯密在《国富论》中斯密开宗明意:"劳动生产力上最大的增进,以及运用劳动时所表现的更大的熟练、技巧和判断力,似乎都是分工的结果。"[10]斯密从扣针制造案中出发,分析了劳动分工是如何影响劳动生产率并进而影响经济成长的。斯密提出三点理由:第一,劳动者熟练程度的增加有利于提高生产效率。由于简单工作可以频繁地不断重复,所以把生产分解为简单的工序可以提高效率。第二,分工节约由一种工作转到另一种工作的成本。同时在把复杂的工作任务分解为众多简单作业工序后,工人由一项工作转向做另一项工作的转换成本大幅度降低，劳动分工降低了生产成本。第三，机械发明使一个人能够做许多人的工作，而且一个工人专门从事一项简单的工作有利于工人寻求以机器代替手工的有效途径。这就是"斯密动力"。同时，斯密也提出了著名的"分工受到市场范围的限制"的命题。只要市场能够得到拓展，就可以把复杂的工作任务分解为越来越精细的简单作业。即专业化的分工是企业成长的基础。古典经济学用分工的规模经济利益来解释企业成长问题。分工与市场之间存在着历史互动关系，而且这种互动与经济活动的组织又是密切相关的。斯密没有就此推演下去，因此忽略了组织问题。在斯密之后，古典经济学者都没有考察企业组织。这种情况一直延续到马歇尔。

马歇尔在《经济学原理》中阐述了企业成长的动态原理。[11]马歇尔指出："我们正面临经济的高速增长。所以，非常有必要牢记把经济问题看做是静态均衡问题而不是动态成长中的问题，这种想法是危险的。静态均衡对经济研究来说只是入门的知识，这一理论甚至无法向人们介绍能够展示收益递增的工业进步和发展，其局限性经常被人们所忽视，特别是被那些从抽象理论中获得这一理论的人们所忽视，以至于赋予它完全确定的模式的想法变得非常危险。"[12]马歇尔在坚持规模经济决定企业成长这个古典观点的同时，也试图把它与稳定的竞争均衡条件相协调。[13]马歇尔认为，由于企业规模的扩大会导致灵活性的下降，从而竞争力下降，成长的负面效应最终会超过正面效应，使企业失去成长势头，更重要的是随企业的成长，企业家的精力和寿命均会对企业成长形成制约，而且新企业和年轻企业家的进入竞争，会对原有企业的垄断地位形成挑战，从而制约了行业垄断结构的维持。马歇尔把职能工作连续分解为次级职能单元，不同的次级职能单元生产出一系列的专门技能和知识，这也是亚当·斯密的劳动分工理论，马歇尔在此基础上发现，专业化分工的增加一方面提高了效率，另一方面导致了新的协调问题。这又需要产生全新的内部专门职能来进行各原有的和新的各专业职能的协调和整合，即管理的专业化和专业的协调机构的建立。管理的专业化可带来企业的"剩余"资源，这是潘罗斯的成长理论。

2.1.2 新古典经济学的企业成长

新古典经济学的企业成长论就是企业规模调整理论，企业成长的动力和原因就在于对规模经济（以及范围经济）的追求。企业在新古典经济学中只是作为一个生产函数，作为一般均衡理论的一个组件，企业内部的复杂安排均被抽象掉，"代表性企业"概念排除了实际企业之间存在的各种差别，因此该理论中不存在独立的企业成长理论。仅有的关于企业成长思想是作为成本分析的一个附带内容，即静态的最优企业规模，在这种最优企业规模的分析中，企业成长部分地与调整机制松散联系。新古典理论中的企业成长就是企业调整产量达到最优规模水平的过程，或者说是从非最优规模走向最优规模的过程。而且这个过程是在利润最大化目标既定，所有约束条件已知的情况下，根据最优化规则进行的被动选择。

在新古典理论中企业成长的基本因素均是外生的，如果企业面临的成本或需求曲线变动了，企业就会扩大规模。成本变化的原因通常来自技术变革或要素价格变化；需求变化则是由于收入变化或偏好变化所致。值得注意的是，在长期均衡条件下，企业成长与利润之间没有预期的关系，只是在短期会出现资源向利润率高的企业或产业移动，这时形成企业成长与利润之间的正向关系。如果在新古典企业成长理论中引入时间因素，则能够建立一种动态均衡模型，这时企业解决的是跨时约束最大化问题，企业目标相应的是实现未来利润流现值的最大化，这种情况下，即使目前企业处于最优规模，如果未来预期的"最优"规模大于目前的最优规模，企业也会扩大产量，出现企业成长。总之，新古典经济学理论把其看做是原子型企业，企业规模决定企业成长，企业成长的持续性局限于最优规模。这种理论无法解释企业成长的真正的动力和过程。

2.1.3 潘罗斯（Penrose）的企业成长理论[14]

潘罗斯的企业成长理论起源于对传统规模经济理论的批评。和马歇尔相比，潘罗斯几乎将全部注意力都集中于单个企业的成长过程的研究，探究决定企业成长的因素和机制。潘罗斯企业成长理论是内在成长论，即始终以单个企业为研究对象，探究了决定企业成长的因素和企业成长的机制，建立了一个企业资源—企业能力—企业成长的分析框架。

潘罗斯认为，企业是建立在一管理框架内的各类资源的集合体。企业拥有的资源状况是决定企业能力的基础，特别重视企业固有的能够逐渐拓展其生产机会的知识积累倾向。因此潘罗斯的理论也可以被认为是试图使存在于单个企业中的经济资源专门化。企业的成长则主要取决于能否更为有效的利用现有资源。斯密和马歇尔假设日益扩大的劳动分工加速了企业成长进程，而潘罗斯则假设企业释放出新的"剩余"对其成长来说是至关重要的。企业内的"剩余"决定了企业的成长极限。企业成长后，不仅不可能完全消除资源未充分利用的情形，还会产生出新的未被利用的资源，从而导致企业新的成长过程。潘罗斯还把企业内部的未利用资源作为企业创新能力的重要来源，她认为企业内部资源的利用存在着永不平衡性，因此总是存在未利用资源,从而创新也就是企业的内生过程。

潘罗斯同时强调了创新能力对企业成长的重要性,在这方面她受熊彼特关于企业家和创新理论的影响。她认为产品创新和组织创新均是企业成长的推动因素,企业成长的重要一环是发现潜在的成长机会,二者均取决于创新能力。马歇尔、潘罗斯共同倡导的"企业内在成长论"获得了长足的发展,特别是在战略管理领域。最近,企业能力理论对企业成长论的深入发展作出了突出贡献。资源基础论把战略管理理论明确地建立在潘罗斯的企业成长极限理论基础上。其主流观点是:企业建立强有力的资源优势远胜于拥有突出的市场位势。动力能力论更倾向侧重发展关于组织间协调、协调专门化活动和互补性资产的理论。这两个流派都试图构建一种解释多产品生产企业如何在相关多角化和非相关多角化经营战略之间进行抉择的理论模式。两者的共同之处是,企业成长是和企业可能拓展的生产领域的知识和能力的积累密切相关。但是该理论主要从内部资源来考虑成长问题,而没有把成长看成是内部能力与外部环境结合的产物。

2.1.4 新制度经济学的企业成长论

交易是交互影响的行动——就是个体之间的行动——同时也是个体的行动。[15]从与他人活动中获得资源的活动称为交易活动。交易活动所依赖的资源是生产活动所依赖的,因此稀缺性同样面对,最优资源配置资源的正统经济学理论同样适用。康芒斯将交易分为三类[15]:市场交易、企业内交易和政府交易,这三种制度安排基本上覆盖了现代经济体系。根据康芒斯的看法,这三种不同的交易即买卖的交易,管理的交易和配额的交易的不同比例的组合构成了不同的经济体系。交易活动既然是利益冲突着的个人之间的博弈,粗看起来,似乎会造成人与人之间交往无序和混乱。然而,在现实中,大多数交易活动总是遵循着某些规则。反过来,我们称遵循着同一规则的交易活动的集合为一种制度安排。制度是利益互相抗衡的个人之间的交易活动的收敛,是交易活动这种博弈的集体稳定对策。人们遵循它,是因为人们认为它使交易双方都不吃亏。这样,对交易的研究可以简化为对制度的研究,即对遵循特定规则的某几类交易活动的研究。[16]

新制度经济学发端于科斯对企业性质的研究,其中的交易成本理论侧重于探讨企业与市场的关系,试图把握企业的性质以及企业的边界;委托—代理理论则侧重于探讨企业的内部结构及其代理关系。企业成长通常既表现为经营规模的扩大,也表现为企业功能的扩展,即企业把一些以前通过市场进行的交易活动纳入企业内部进行,这意味着企业边界的扩大,因此从新制度经济学来看，企业成长就是企业边界扩大的过程，分析企业成长因素也就是探讨决定企业边界的因素，企业成长的动因在于节约市场交易成本。企业的边界可以分为纵向边界、横向边界、多样化经营边界，新制度经济学的企业成长论主要分析纵向边界的扩展。科斯认为，企业组织是市场机制的替代物，市场交易成本与组织协调管理费用相等的均衡水平确定了组织的边界，节约市场交易成本的考虑是企业成长的动力。但是，一般而言，市场交易成本是与市场的发达程度成反向关系的，即市场发达程度越高，交易成本越低，反之亦然。按科斯的理论预测，市场发达程度越高，则企业成长的动力越低。这与现实明显不符，因为现实中通常是市场发达程度与企业成长呈正相关关系。为此，杨小凯和黄有光（1993）[17]认为应该考虑经济主体的交易效率因素，即市场发达程度提高，扩大市场交易范围，一方面增加了交易成本，另一方面也提高了交易效率，并且后一方面更为重要，只要交易效率提高的利益大于交易成本，市场的发达与企业的成长就可以齐头并进。

传统经济学认为，市场与企业是相互对立和矛盾的，直到科斯在《企业的性质》提出具有普适性的概念"交易成本"，在"交易成本"这一框架中解释市场和企业存在的原则，认为市场和企业是由交易成本所决定的相互竞争和相互替代的两种制度安排。张五常（1983）[18]进一步论证企业是用交易成本较低的要素市场替代了交易成本较高的中间产品市场，是市场形态的高级化表现。企业作为市场的一种替代形式，虽然节约了产品市场中的交易成本，却增加了生产要素市场中的交易成本。生产要素的单位成本的下降是生产要素交易的一系列变革引致的。企业组织形态变革以低成本获得外部生产要素起到至关重要的作用。科斯在《社会成本问题》一文中指出，"为了进行市场交易，有必要发现谁希望进行达成交易的谈判、缔结契约、督促履行契约条款，这种工作常常是极费成本的"，所以交易成本是指为了达成交易并保证交易顺利进行所需的费用，其中还包含了各种损失、代价等。由于交易活动是构成经济制度的基本单位，肯尼思·阿罗给交易成本下的定义是"经济系统的运行成本"，在经济学中的作用相当于物理学中的摩擦力，无处不在。资本主义的各种经济制度的主要目标和作用都在节约交易成本。威廉姆森[19]从资产专用型、不确定性和交易效率三个维度定义了交易成本，在此基础上分析了企业边界确定的原则，同时还从企业核心技术角度提出企业"有效边界"的概念。企业是一种连续生产过程的纵向一体化实体，这个连续生产过程的不同阶段之间如果通过市场交易关系相联系，就需要签订一系列的合约，而由于信息的不完全和不对称，签订的合约不可能是完全合约，这就给经济主体的机会主义行为提供了条件，这样就会导致专用性资产事前投资不足的问题，为解决这个问题，企业会通过前向或后向的一体化，把原来属于市场交易的某些阶段纳入企业内部，这种情况下的企业成长就表现为企业纵向边界的扩展。格罗斯曼和哈特（1986）[20]通过强调资产所有权的重要性，进一步明确了企业纵向一体化的含义，认为纵向一体化的水平取决于一方或另一方当事人控制专用型资产的程度，并且提出了物质资产专用性和人力资产专用性对于纵向一体化具有不同的意义。交易成本经济学认为，有些交易要按这种方式来组织，而其他交易则按另一种方式组织，其合理的经济解释是由此三维度决定：资产专用性、交易的不确定性以及交易频率，其中资产专用性是最重要的因素。

（1）资产专用性：根据威廉姆森的定义，"资产专用性是对已经投入生产过程的资产进行再配置的难易程度。"并认为"企业使用专用的固定资产是一种普遍现象，因此往往无法使用'打一枪换一个地方'的做法。"[19]投入的哪一种资产，就会有哪一种组织形式。从这种意义上讲，资产专用性是为支撑某种具体交易而进行的耐久性投资。专用资产是为特定交易或协议服务而投入的资产，一旦形成即使能够再做他用，也会遭到严重的经济损失，产生沉淀成本。每个企业的诞生就必然会形成专用性资产，企业成长就是尽可能多地减少沉淀成本，对治理结构具有决定性的意义。资产专用性越强，所面对的市场交易的成本越高（如图2-1所示）。dSc/dk 表示相对于资产专用性变化的市场交易成本的变化；dIc/dK 表示相对于资产专用性变化的企业内交易成本的变化。当资产专用性 $K>K^*$ 时，市场交易成本大于企业内交易成本，这时，采取一体化的措施就显得有必要了。

（2）交易的不确定性：由于人的有限理性和机会主义行为，交易中不仅包括外部环境对交易双方的干扰，而且也包括交易双方内部的不确定因素。因为任何合同都不可能是完备的，而交易双方又是互相依赖的。这样就有可能因一方的违约而使双方遇到麻烦，导致交易关系更加复杂化。

（3）交易的频率：指交易发生的次数，它和交易的不确定性均与交易成本呈正相关。不确定性越大，交易频率越高，交易成本也越大。一体化是为了减少交易频率和交易的不确定性，从而降低交易成本。

因此，交易成本是影响企业成长的一个主要因素，它分为外部市场交易成本与企业内部交易成本。企业内部的交易成本体现在合作成本、组织成本、员工机会主义行为造成的损失及对其的防范成本等。企业内部交易成本本质上来说仍是由于人的有限理性、不确定性、机会主义等因素造成的，而为此所设计、实施相应的激励与约束机制来加强对代理人的制约，这往往也要花费一定的成本。而外部市场交易成本主要是由于信息不对称、有限理性，市场交易中存在着大量的不确定性所致，人们为了防范风险，产生了交易主体之间讨价还价、监督等交易成本。只要能够降低交易成本都会增加企业的价值，实现企业的成长。由于企业的资源是有限的，如果减少了交易成本，那么就能将更多的资源投入到企业技术进步和提高生产效率，降低生产成本，从而提高企业的价值。

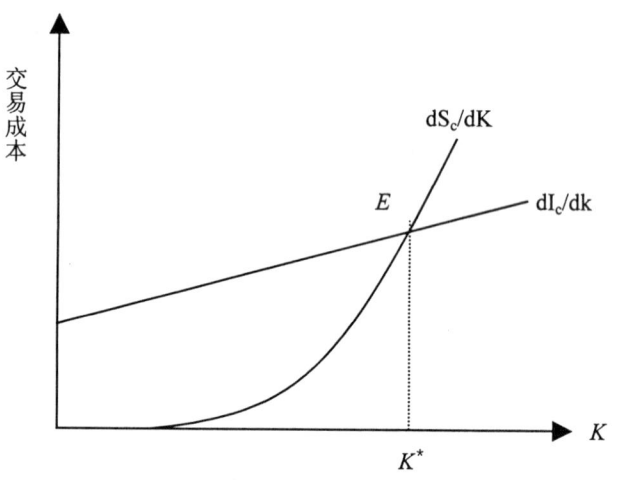

图 2-1　资产专用性与交易成本关系

为了减少交易成本，许多企业采取了一体化方式。但伴随而来的是新增的管理费用和效率的损失。其主要体现在：内部交易成本降低但组织协调成本上升，交易关系稳定但交易灵活性下降，企业内部激励弱化以及企业管理难度增加。当市场的交易成本大于企业内的协调成本时，企业通过一体化来降低成本，减少不确定性。盛洪[16]将交易成本定义为进行交易活动所投入的资源的价值尺度，并引入单位交易成本和边际交易成本概念帮助我们判断交易方式的优劣，坚持交易成本最小则最优的理性原则，我们以边际交易成本相等的点来推断交易方式边界。在其他条件不变的情况下，单位交易成本的不断降低，主要依赖于交易方式的不断变革，即不断的制度创新。

2.1.5 企业成长的制度变迁理论

对企业成长制度变迁理论的探讨，钱德勒[21]是从历史和宏观角度进行的。钱德勒认为从组织制度上可以把企业分为古典企业和现代企业，企业成长中由古典企业向现代企业的这种制度变迁不仅对企业本身意义重大，而且对社会经济体制的转变也具有决定性的作用。企业制度变迁是随企业经营规模扩张而出现的；另一方面它又是维持和促进规模扩张的必要条件，企业经营规模扩张包括两个方面，一是大规模分配和大规模生产的发展，大规模分配是指大批量经销商品的现代商业企业的出现，是运输和通信技术变革所带来的结果，大规模生产的出现晚于大规模分配，是因为前者除了需要运输和通信技术变革之外，还需要进一步的技术上的突破。二是把两者结合于一个单一公司之内的一体化，这种结合导致大量市场交易活动的内部化，结合主要是通过纵向和横向两种方式实现的。在钱德勒看来，真正的企业成长是现代工商企业出现之后的事情，而现代工商企业的出现是与两项重大的企业制度变迁相联系的，一是所有权与管理权的分离；二是企业内部层级制管理结构的形成和发展。企业规模的扩张及与之伴随的技术和管理过程复杂化，导致了所有权与管理权的分离，分离的具体形式依企业扩张的筹资方式不同而不同。在那些依靠内部资金发展起来的纵向一体化企业中，企业主本人或其家族在企业的高层管理中居于支配地位，所发展起来的是中层管理。在那些依靠外部资金发展起来的企业中，则是支薪经理在高层管理中居于支配地位。钱德勒把以上过程称为经理式资本主义的兴起和家族式资本主义的衰落。由于企业成长意味着一部分原先的市场交易内部化于企业之中，这就需要企业内部的行政协调机制的相应发达，因此，企业成长的重要方面就是企业内部组织结构的变革。传统企业中没有中间管理层，随着企业规模的扩大，内部管理工作增加并日益复杂化，相应的内部组织分工向两个方向发展，一是水平方向的不同职能部门的产生；一是垂直方向管理层级的产生。钱德勒认为这种垂直层级组织结构的产生是现代企业区别于传统企业的一个显著特征。[13]值得注意的是，钱德勒的研究发现，决定现代工商企业成长的另外一个重要因素是市场；钱德勒看到了现代企业的出现，而没有看到其他组织形式的企业并存现象。

2.2 国内企业成长与企业治理理论

所谓公司治理，其本质是一个关于企业所有权安排的契约，它是一个多角度多层次的概念。狭义的公司治理,是指所有者,主要是股东对经营者的一种监督与制衡机制。广义的公司治理则不局限于股东对经营者的制衡,而是涉及广泛的利害相关者,包括股东、债权人、供应商、雇员、政府和社区等与公司有利害关系的集团。以企业所有权为基础来研究公司治理的发展历程,可以将公司类型分为四种,即公司的单边治理、双边治理、三边治理和利益相关者的共同治理。①单边治理是就公司治理所遵循的物质资本逻辑而言的,这种类型公司治理结构的显著特征和极端表现,是古典企业中资本家对雇佣工人的绝对权威。所谓双边治理,是就企业作为物质资本和人力资本的合约性质而言,但这里的人力资本,仅限于异质性人力资本所有者,比如公司的经理人员,公司双边治理的显著特征是公司股东和经理人员之间"委托—代理"的博弈关系。所谓三边治理,是在双边治理的基础上引入"员工参与"的公司治理形式。"员工参与"的逻辑起点是企业员工对其人力资本的产权。三边治理的显著特征是企业员工、经理人员、企业股东之间博弈制衡的复杂关系。公司已不仅仅是股东的公司,而是一个利益共同体,利益相关者通过一系列的内部、外部机制来实施共同治理,治理的目标不仅是股东利益的最大化,而是要保证公司决策的科学性,从而保证公司各方面的利益相关者的利益最大化。这四种公司治理类型既反映了企业组织演进和制度变迁的某种历史发展趋势,也同时并存于现代社会当中。从所有权角度看,单边治理模式只是将企业的所有权赋予物资资本要素所有者,而后来的演化逐步引入了人力资本所有者,最后扩大到其他的利益相关者。因此,公司治理结构的差异主要在于其所有权的配置结构上。

高闯、刘冰(2003)认为企业治理合约是社会制度基础的函数,不同的社会制度基础决定了要选择不同的企业治理合约形式。社会制度基础通过影响产权界定类型和界定效率,进而决定包括内生交易费用和外生交易费用在内的总交易费用以及交易效率,导致人们所选择的公司治理合约形式不同。因此,社会制度基础发生变化,企业治理合约形式也会相应发生变化。吴家骏(2003)也表达了同样的观点,他认为各国企业的治理和治理结构存在的差异,是由产权制度的差异决定的,脱离开企业产权制度而空谈治理结构是不可取的。林篙、张帷(2004)研究了过去20年美国公司

---

① 汪雪.公司治理文献公司治理形式的演进及发展趋势[J].企业家天地,2007(3): 51-52

治理机制演进，得出结论是，公司治理的核心问题始终是如何更有效地激励和更严格地约束公司的高管人员，以提高公司的业绩，实现股东利益最大化；进一步而言，要想提高公司治理的有效性，加强对经理人的激励和约束，内部治理和外部治理必须均衡发展，不能厚此薄彼，是所有类型治理模式演变的共同方向。[①]

相比而言，国内从事企业成长研究的学者和成果很少，仅有的也是在国外企业成长理论的基础的本土化。首先是对企业成长一般模式的研究。杨杜依据潘罗斯成长理论的主要观点，通过对中日大公司成长历程的实证研究，得出一基本规律：现代企业的长期发展过程，经历了一个由原始的多样化小规模生产到专业化大规模生产，再到多样化持续成长的阶段。实际上，这一结论与美国学者厄威克·弗莱姆兹的研究有惊人的相似。厄威克数年来，通过对大小不同、行业不同、成功程度不同的公司成长过程中成功与失败的观察、分析和概括，也发现所有公司的成长基本上遵循这样一个模式：新建企业—扩张—专业化—巩固—多元化—一体化—衰落和复兴。[22]其次是对企业持续成长的研究。目前国内学者存在两种不同的观点。一种观点认为，企业持续成长就是企业生命有机体，在生命的不同阶段，顺利延续与递进的过程。显然，这一观点的渊源来自于生命周期理论。这一定义只强调了企业存在生命周期，即承认了企业的成长性，但没有强调企业的持续性，因而，过于简单。第二种观点认为，企业持续成长就是企业在不耗尽财务资源的情况下，企业销售或资产所能达到的最大增长率。这一定义从某种程度上看，是目前对企业持续成长的认识较为普遍的观点，如李占祥认为，企业持续成长就是既追求企业生产力水平永续提高，又节约资源和改善生态环境的企业成长。[23]这种企业持续成长的资源观，其实，就是宏观经济的微观化。结合现实中形形色色的企业成长状况和未来企业经营发展趋势，企业持续成长应是在一个较长的时期内由小变大、由弱变强的动态、变革的过程。

我们知道，企业组织在不断地演进，企业从个人企业、合伙企业演化到公司，公司制企业演化到现代公司制企业。企业演进既是契约制度的演进，也是产权或产权结构的演进。公司治理结构做一个操作性强的制度安排，国内外学者做了大量的研究。公司治理理论的提出及对其进行系统性

---

① 转引自高闯，郭舒. 公司治理的演进论解释[J]. 辽宁大学学报（哲学社会科学版），2006（3）：124-128

研究，在国外是 20 世纪 80 年代的事，在国内则是 20 世纪 90 年代中期的事，尽管与公司治理有关的很多研究早已存在。比较典型的早期有关研究是伯利和米恩斯（Berle and Means，1932）[24]关于公司所有权与经营权分离的影响很大的论述，正是在所有权和经营权分离的背景下，产生了公司治理问题。詹森和梅克林（Jensen and Meckling，1976）[25]关于代理成本的开创性的论文给我们提供了解决公司治理的关键线索。公司治理所要研究和解决的问题是如何使资金的提供者按时收回投资并获得合理的回报（Shleifer and Vishny，1997）。[26]它构成建立在高度专业化分工基础上的现代公司制度运行的核心。对公司治理问题的研究显然对于提高中国现代公司的治理效率，从而最终推进企业改革不仅具有重要的理论意义，同时还具有重要的现实意义。从国内的情况来看，对公司治理的研究源于 20 世纪 90 年代初国有企业改革的一个重要举措—建立现代企业制度。国内较重要的有关公司治理的文献的出现则是 90 年代中后期的事了。整体而言，从对国内外有关公司治理早期文献的研究中可以发现两者的研究差别，即国外是针对资本主义企业进行研究的，国内则主要以社会主义国家的国有企业或转轨经济中的国有企业为对象进行研究的；前者研究的历史要比后者长得多，研究的范围广和程度深。中国企业没有经历漫长的演变，企业改革容易陷入技术层面超前而制度层面滞后的局面。因为在技术上完全可以模仿一个好的治理结构模式，但在制度上却不一定使其顺利实施。

2.3　企业成长与治理理论研究的评述

上述企业成长理论都集中论述了企业成长的某些方面，而且分析企业成长的思路是从企业整体层面分析深入到企业内部层面；从强调技术、市场对企业成长作用到突出制度因素对企业的成长的作用；从企业成长的外生性观点发展到企业成长的内生性观点具有明显理论进展。我们看到，技术和市场尽管对于企业成长十分重要，但不是唯一条件，从更长远的角度看，一个企业实行什么样的企业制度才是决定企业成长的根本条件。这是因为，一方面，至少在理论上而言，技术还可以通过企业数量的增加来实现，并不一定表现为企业成长；另一方面，企业的技术进步和市场扩张都是企业行为的结果，而决定企业行为的是企业制度，因此归根到底，制度条件才是企业成长的关键。然而在企业理论研究中把制度仅看做是企业制度本身，即企业治理结构，而忽视了与企业制度相适应的以财产权制度为核心的社会制度环境。

正是以财产权为核心的制度环境的不同导致公司治理多样化，一是不同行业企业需要不同的公司治理模式。例如，当前现金流水平低而权益市场评价高的行业（如生化科技行业）适合英美模式；当前现金流水平高而权益市场评价低的行业适合日德模式。再如，认为日德模式更适合传统行业（如建筑、工业设备），英美模式更适合新经济行业。二是企业的不同发展阶段需要不同的公司治理模式。企业最初家族式股权高度集中的发展阶段和企业广泛公开股权的成熟阶段，公司治理模式一定不同。由于股权结构不同，或者所有权的配置不同，在某企业内部，代理关系的不同，代理成本不一样，为了使公司有效率，降低代理成本，就需要不同的公司治理模式来应对。换句话说，企业存在管理者与股东、管理者与董事会，以及股东与债权人多种代理关系，不同的代理关系会产生不同的利益冲突，解决不同的利益冲突要求不同的公司治理模式。反过来讲，在公司治理演进的过程中所表现出来的治理模式不同主要是由于治理结构契约关系的不同，而治理结构契约的差异取决于所有权结构的不同，所有权结构受到融资结构的限制，说到底是对剩余分配权和控制权等产权配置的不同所决定的。

企业成长也可称为企业增长（Growth），既包括企业规模的增长，也包括企业质量的提高，是一个企业从小到大、由弱变强的动态变化过程。根据企业成长的理论研究和成长的一般模式，我们知道，企业成长的外在表现形式是企业的规模、企业的组织边界以及企业的业务范围的扩大。而引起企业外在形式变化的内在因素主要是：企业在利润最大化的目标驱使下对规模经济、交易成本、成长经济的追求所形成的组织能力、管理能力和环境的适应能力等。透过企业成长理论的发展，我们不难看出，企业成长涉及企业自身能力、经营规模、业务范围以及对环境的反应等。企业要获得持续成长就必须达到经营资源的最有效、最经济的积累、分配和利用。也就是需要良好的企业治理结构。然而，随着企业管理实践的发展，企业经营的利益相关者正在朝着多极化变化。企业的成长壮大，不仅会影响到股东利益，而且会直接影响到经营者、员工、债权人、甚至政府等的利益。企业组织的制度结构规定和引导这些资源的流向和配置。国内外多数学者在企业组织形式既定的条件下，从管理的角度来研究企业的成长，寻找企业内部资源、营销、技术、对员工的激励等管理方式提高企业的生存能力。但是企业的组织形式往往决定着这些因素的产生，并且企业组织形式不是一成不变的，企业的组织形式又由各要素的产权结构来确定。比如控股权的多少就可定义不同的所有制企业。企业要持续发展，就需持续增长的要素产生。怎样找到培育这些要素，随机的办法肯定是不能解决的。要源源不断地得到企业成长的要素，尤其是非物质要素，这就需要产生一种机制。合理的机制使资源得到有效的配置，资源的使用效率最高，投资回报最大。这个机制就是企业治理结构，包括企业治理结构本身和社会制度环境。如何建立一个良好的社会环境和有效的企业治理结构恰恰是本文所关注的。

第三章　财产权制度到产权制度的演进逻辑

在罗马法中已经对"财产权"及其所有权等有了非常明确的使用，但把产权纳入经济分析体系，并成为比较系统的产权理论则是当代的事情。一般认为，在 1960 年科斯提出"交易成本"理论之后，现代产权理论就确立了。而产权理论的研究集中在产权导致的后果上，忽略了产权本身是如何演进来的。显然财产权和产权是两个不同的概念，财产权和所有权的概念很相近①，指物或财产本身的归属问题；产权强调的是握有财产的所有权的人具有的实际权利，产权是由财产派生的一种权利关系。产权与财产权有紧密的联系，产权是以财产权为前提的，财产权和产权反映人们对物和资源的占有，不同的占有关系导致不同的生产关系。财产权和产权又处于不同的层次，财产权反映社会经济制度的本质，产权反映资源配置的效率和企业经济活动。财产权主体与产权的主体通常是分离的，同一财产权下有不同的产权，同一产权有不同的财产权。有产权不一定有财产权，产权主体和财产权主体是不同的。财产权表现形式看起来比较单一，而产权的表现形式多样，包括物权、债权、股权和知识产权。产权包括有形财产，也包括无形财产。从财产权制度向产权制度的演进是人类权利形式从单一向多元化方向的演进。产权多元化有利于形成产权内部及产权与企业法人财产权及经营权之间的权利制衡，引入民主化的管理，使企业行为合理化。②本章基于制度经济学的理论来研究财产权制度到产权制度的逻辑演进。

---

① 本文使用的财产权概念非常贴近通常使用的所有权的概念，财产权的概念能突出最早人们对产权认识的本意。产权是对财产权的扩展，是人们对权利的范围的外推。

② 张银杰. 公司治理——现代企业新论[J]. 上海：上海财经出版社，2010：120-158

3.1 关于制度经济学的一个分析框架

3.1.1 制度内涵与行为预期

（1）制度的定义及其含义

制度作为经济学分析的范式，却因为不同的假设、逻辑以及社会主张而被赋予了不同的意义。[27]尽管制度经济学是对新古典主义的批判，在方法论上的不同出现了旧制度经济学和新制度经济学，以凡勃伦—康芒斯传统的制度经济学是为了替代新古典经济学，而以科斯以后的制度经济学是为了给新古典经济学提供补充。凡勃伦在批判主流经济学边际主义开创了制度经济学。凡勃伦受达尔文主义思想的启发，将制度纳入生存竞争的分析框架中，社会结构的演进是制度的自然淘汰过程。"制度实质上就是个人或社会对有关的某关系或某些作用的一般习惯"。在他看来制度是习惯适应的产物。至于经济制度，就是人们在社会的生活过程中接触到它所处的物质环境时如何继续前进的习惯方式。凡勃伦解释制度是从制度的演化角度加以分析的，他认为各种制度归根到底是由社会风俗习惯演化形成的，有什么样的风俗习惯就决定了会有什么样的制度构架。[28]康芒斯更全面地定义了制度，制度是控制个人活动的集体行动。[15]这种控制是通过所有权关系来施行的，突出了制度对人与人的利益冲突的协调过程。显示了整体性与个体的结合，离开整体或离开个体都无法把握制度这一概念。康芒斯所指的集体行动包括的范围很广，从无组织的习俗到家庭、公司、控股公司、同业协会、工会、联邦银行以及国家等，故康芒斯的制度概念可被理解为在这些主体组织中各人行事的逻辑，从其定义可以看出，康芒斯注重整体的概念，制度是保证整体良好运行的规则。虽然康芒斯强调法律等正式制度对经济活动的重要性，但是他对习俗、传统的作用也有较多的注意，他认为大众的习惯、惰性、传统等都有可能影响或限制集体行动，进而影响经济的运转。沃尔顿·哈米尔顿对制度提出了一个更精确的定义："制度意味着一些普遍的永久的思想行为方式，它渗透在一个团体的习惯中或一个民族的习俗中……制度强制性地规定了人们行为的可行范围。"[29]凡勃伦和康芒斯之后的一些经济学家继承了制度学派的思想传统，同时为政策的制定提供了可行的工具。[30]

新制度经济学起源于科斯。科斯首次提出交易成本概念。经济体系的生产率取决于专业化，交换的成本越低，专业化程度越高，但交换的成本取决于一国的制度。因此决定经济绩效的是制度。诺斯是新制度经济学的代表人物之一,他创造性地将产权理论、交易成本理论和组织分析运用于经济增长过程的解释,产权的有效性和交易成本的节约是经济增长的关键。他对制度的定义是,"制度是一个社会的游戏规则,更规范地说,它们为决定人们的相互关系而人为设计的一些制约",它分为正式制度(如规则、法律、宪法等)和非正式制度(如习俗、传统、意识形态、社会惯例等)。[31]诺斯进一步解释说,制度是一种社会博弈规则,是人们所创造的用以限制人们相互交往的行为框架。他在早期的一些著述中,通过分析制度演进,力图说明不同制度安排会带来不同的经济增长和经济效率,强调了产权安排等正式规则的重要性;在近期的一些著作中则突出强调了非正式制度的作用。他认为正式规则可以在一夜之间变化,而非正式规范往往只能逐渐变化。故将西方成功市场经济的各种正式的政治和经济规则转移到第三世界和东欧的经济上,并不是取得良好经济成效的充分条件,私有化也不是解决低经济成效的灵丹妙药。所以,一项改革要获得成功,相应的非正式制度和信仰体系都必须改变。

　　青木昌彦以博弈论的观点将制度定义为:"制度是关于博弈如何进行的共有信念的一个自我维系系统。制度的本质是结构均衡博弈路径显著和固定特征的一种浓缩性表征,该表征被相关域几乎所有参与人所感知,认为是与他们策略决策相关的。这样,制度就以一种自我实施的方式制约着参与人的策略互动,并反过来又被他们在连续变化的环境下的实际决策不断再生产出来"。[32]柯武刚和史漫飞认为,"制度是人类相互交往的规则,这抑制着可能出现的机会主义和怪癖的个人行为,使人们的行为更可预见并由此促进劳动分工和财富创造。"[33]制度可分为内在制度和外在制度,内在制度是从人类经验中演化出来的,并体现着过去曾最有利于人类的各种解决办法,包括习惯、伦理规范、文明礼貌和商业习俗等,违反内在制度通常会受到共同体中其他成员的惩罚;外在制度是从上而下强制执行的,这种制度配有明确而严格的惩罚措施。外在制度的有效性在很大程度上取决于它们是否能与内在演化出来的制度互补。比较可以看出,柯武刚、史漫飞的内在、外在制度划分方式带有明显的哈耶克的印记。青木昌彦的定义将制度进行了内生化,在这一点他区别于诺斯等许多制度学者。诺斯等人定义的制度(或规则)对于参与人来说是给定的,参与主体只能在规则的指引下进行活动而不能改变规则。青木昌彦所定义的制度可以被理解为博弈规则,但这种规则不是外生给定的,而是参与人在策略互动中产生的,是被参与人所预期到而且是自我可实施的。当社会中的某些理念被参与人共同分享和维系，并且具备足够的均衡基础时，这些理念就会演化为制度。从青木昌彦对制度的定义可以看出，他对制度的定义更加宽泛，正式制度和非正式制度的界限更加模糊，而且他的定义更接近于我们所说的非正式制度。

李建德[34]认为制度是人类社会中的共同信息。即人与人之间所拥有的知识是完全相同的。这与汪丁丁看法类同，"制度知识的功能在于通过提供'公共知识'减少博弈中的行为不确定性"。[35]只有经过社会化的过程，个人才能获得这些信息，并把社会的共同信息内化为各个人的行为规则。遵循这些行为规则，就能建立起人们相互作用的稳定结构，减少社会中的个体在决策时的不确定性。从两个方面看制度对经济增长的促进作用，一是从宏观层面看，有效的制度环境及制度安排大大地减少了交易中的不确定性，降低了社会经济活动的交易成本。同样，制度的衰败是在它的成本增加之后，如报复行为反复发生，存在严重的逆向选择问题等。二是从微观层面看，有效的制度能解决激励和约束两大市场经济中的基本问题。从制度的定义中我们首先看到的是制度的激励与约束功能。[36]

（2）制度的思维逻辑[37]

制度作为一种行为规则，它本身不能创造任何经济结果，制度必须借助于对人的行为进行作用才能产生一定的结果。由此可以得出一个结论：制度安排不同，人的行为或选择便不相同，最终形成的人类行为结果也不相同。这就是制度思维逻辑，即：制度安排—人类行为—经济绩效。因而在社会发展的过程中，要达到满意的经济结果，就必须进行制度选择，在制度选择的过程中便形成了一定的制度供给。经济学中的理性选择理论强调群体规模的重要性。经济学家奥尔森提出一个基本前提即是，一个"潜在群体"（例如社会阶层、宗教派别、利益集团）的存在并不意味着集体行动的必然性。[38]在公共利益的条件下，个人投入集体行动的边际代价往往大于边际效益。出于个人利益和理性选择，人们会趋于"搭便车"的投机行为。奥尔森提出，必须通过有选择的激励机制，方能鼓励人们参加集体行动，杜绝"搭便车"的投机行为。而达到这一目的的前提之一是群体的有限规模。只有小群体才能有效地利用"有选择的激励机制"激励群体成员并且同时可以排斥群体之外的投机者。如此推论，群体规模是导致集体行为的重要条件之一。

道格拉斯指出[37]，人们"搭便车"的行为存在于任何群体中，即便是小的群体也面临着同样的困境。一些小群体成功地解决了集体行动的困难，另外一些小群体却遭到了失败的厄运。但是，这与群体规模关系甚微。我们对人们"行为"的解释必须始于对"制度"这一现象的解释。道格拉斯讨论了制度运行的一系列机制，用以阐述"制度是如何思维的"这一命题。第一，制度赋予人们"身份"。人们的认知不能在社会制度之外产生。人们必须首先在基本范畴上达成共识，才能有认知、讨论的可能性。而制度正是在这一环节起到了重要作用，即人们必须通过观念制度对事物加以分门别类。第二，它塑造了社会群体的记忆和遗忘功能。制度影响人们的行为的一个重要原因是在于制度中储存着信息和规则。这些信息和规则替代了个人思维的必要性。制度的一个重要功能是强化人们对某些领域和规则的记忆，而同时忽略其他的领域和规则，通过这种记忆系统来引导人们的注意力。从这个意义上，制度积极参与了人们的思维活动。

（3）制度带给我们稳定的预期

制度尽管最初是人类选择的结果，对某一个体而言，他一出生就面对既有的制度框架。制度是人不得不接受的。但制度本身不能创造任何经济结果，而必须借助于人的行为。事实上，制度是通过经济人的决策或行为与经济结果发生联系的。理性预期对人的行为又是至关重要的。预期是对经济变量的未来价值的信念或看法。也就是说，因为未来的不确定性，在人们进行选择时，要对各种事物将来发展的趋势作一种事前的估计、预测和判断。预期是经济主体必不可少的活动。提及预期，人们总是强调其主观性而忽视了预期也包含着客观的一面，即经济主体主动的或被动的获取信息的过程，这个过程是客观存在的。因此，预期中包含着理性的因素，从而为预期在社会经济中发挥积极作用提供了依据。经济主体的预期是制度的直接反映，继而产生经济后果。制度的稳定性带来预期的稳定性，产权制度的重要性体现在是一种稳定预期的制度。诺斯认为，作为一种决定人们相互关系的行为规则，制度对经济增长的促进作用是通过对人们产生激励效应而发生的。即制度使人"形成一种刺激"，"个人受到刺激的驱使去从事合乎社会需要的活动"。可见，制度对经济增长的促进作用与其他因素如技术创新、教育等对经济增长的作用途径是不同的，而制度的作用因其体现在与人的动机、行为有着内在联系而显得尤为重要。因为制度关系到人们进行经济活动的积极性，如果人们缺乏这种积极性，则无论资本积累活动，还是技术创新活动或是教育活动，都会因为缺乏动力而萎缩或停滞不前的。而诺斯所指的"刺激"则无疑是人们从事经济活动的动力，这种动力来源于人们对所从事的经济活动的未来价值的成本收益的分析，即预期活动。预期观点在新制度经济学解释制度安排对经济增长是至关重要的方面可以说是起到了很大的关联作用。

具体到经济活动来说，经济主体进行决策的一个基本前提就是对未来事件的预期，看是否存在进行该经济行为的激励效应。经济主体的预期是决定其自身微观行为的主要因素。而另一方面，预期对宏观经济运行也有着重要作用。经济增长取决于投资，特别是长期投资，这已成为极普通的常识。要投资就必须对今后的收益有足够的信心。而在足够信心的背后是积极预期在发挥作用。所以，如何使单一经济主体存在合理地积极地预期，对社会来说是保证其进步的动力和经济增长的关键。

3.1.2 制度变迁理论

科斯指出："一旦考虑到进行市场交易和成本，那么显然只有这种调整后的产值增长多于它所带来的成本时，权利的调整才能进行。""……合法权利的初始界定会对经济制度的效率产生影响，一种权利的调整会比其他安排产生更多的产值，但除非这是法律制度确认的权利调整，否则，通过转移与合并权利达到同样后果的市场费用如此之高，以至于最佳的权利配置以及由此带来的更高的产值也许永远不会实现。"[39]他进一步指出："只有得大于失的行为才是人们所追求的。但是，当在各自为改进决策的前提下，对各种社会格局进行选择时，必须注意到导致某些决策的改善的现行制度的变化也会导致其他决策的失误。而且，必须考虑各种社会格局的运行成本（不论是市场机制，还是政府管理机制）和转变为一种新制度的成本，在设计和选择社会格局时，应考虑总的效果。"[39]科斯对制度变迁的论述是开拓性的。此后许多关于制度变迁需求方面的论著基本上是遵循科斯的观点，即认为制度变迁只有在预期收益超过变迁所需成本时才会发生。值得注意的是，科斯提醒我们，制度变迁的效果在结构上并非全部都是帕累托效率的，因为导致某些决策改善的现行制度也会导致其他决策的恶化。具有重要意义的是，科斯确认了交易成本在制度变迁中的作用与地位，从某种意义上说，交易成本的高低决定着对制度变迁的需求强度，决定着制度变迁能否发生以及如何发生。但是，对于制度变迁中的供给因素，科斯未作论述。

新制度经济学认为整个经济发展或者是说历时经济绩效的形成就是制度变迁的结果。诺斯认为制度及其结构决定了人们在政治、经济和社会生活中的激励机制，制度变迁则决定了社会和组织演进的轨迹，两者共同决定了整个经济绩效的水平。制度变迁是制度的替代、转换与交易过程，也是一个社会博弈、相互妥协的结果。作为一种"公共物品",制度同其他物品一样,其替代、转换与交易活动也都存在着种种技术的和社会的约束条件。制度变迁可以被理解为一种效益更高的制度(即所谓"目标模式")对另一种制度(即所谓"起点模式")的替代过程。在这个过程中,实际制度需求的约束条件是制度的边际替代成本(即机会成本)。布罗姆利区分了制度交易和商品交易,确立新的制度安排就是制度交易,而商品交易是在既定的制度结构中的活动。其中经济条件起重要作用。当经济和社会条件发生变化时,现存的制度结构就会变得不相适宜。为了适应这些变化就出现了制度变迁。也就是已有的制度安排所界定的个人选择集,不再适应新的经济条件,必须要有新的制度的选择集为之适应。所以布罗姆利将制度变迁定义为"有关界定个人选择集的关系的变化"。[40]因此,当在现有制度结构下,由于外部性、规模经济、风险和交易成本所引起的收入的潜在增加不能内在化时,一种新制度的创新需求产生。实际上,新制度经济在经济人假设中把如利他主义、意识形态等其他非财富最大化行为引入个人预期函数。制度变迁的动因不仅仅是经济的原因,利益预期、效率预期、公平预期和自由预期都是影响因素。[41]

任何制度变迁内在机制有制度变迁的主体(组织、个人或国家)、制度变迁的动力以及适应效率等诸多因素。首先,有效组织是制度变迁的关键。组织的类型很多,它包括政治组织、经济组织和教育组织。组织建立的目的是获得收入和其他目标的最大化。组织是具有共同目标的个人结成的集合。作为制度变迁关键的组织必须是有效组织。组织是否有效,要看组织是否具有实现组织最大化目标所需要的技术、知识和学习能力,也就是创新能力。在组织创新能力的形成过程中,企业家的作用又至关重要。企业家包括政治企业家和经济企业家。其次,制度变迁的经济动力是相对价格和偏好的变化。相对价格的变化包括要素价格比率的变化、信息成本的变化和技术的变化等。相对价格的变化改变了人们之间的激励结构,激励结构决定了社会在各个生产要素上的投资。制度变迁是利益格局的重新调整,因此利益集团的行动同样影响制度变迁。确切地说,相对价格的变化和偏好的变化只是改变了制度变迁的成本的预期收益。另外,有效制度要求为组织提供适应效率,适应效率不同于配置效率。与诺斯提出的"适应性有效"的概念一样[42],最重要的是,你所拥有的认知体系是否具有灵活性和适应性。有效率的制度应该为组织提供一种创新的机制,能够消除组织的错误,分担组织创新的风险,并能够保护产权。诺斯指出:"有效率的组织是增长的关键要素；西方世界兴起的原因在于发展了一种有效率的经济组织。有效率的组织需要建立制度化的设施，并确立财产所有权，把个人的经济能力不断引向一种社会性的活动发展，使个人的收益率不断接近社会收益率。"[43]

制度变迁还可以被理解为对一种更有效的制度的产生过程。在这个过程中，实际制度供给的约束条件是制度的边际转换成本。微观经济学理论表明，由于边际收益递减，生产最优规模的约束条件是边际转换成本等于边际收益。类似的，实际制度供给的约束条件是制度的边际转换成本等于制度的边际收益。正如诺斯所说："如果预期的净收益超过预期的成本，一项制度安排就会被创新。"[39]林毅夫进一步将制度变迁模型化，并给出了诱致性制度变迁和强制性制度变迁的定义。诱致性制度变迁是一群（个）人在响应由制度不均衡引致的获利机会时所进行的自发性变迁；强制性制度变迁指的是由政府法令引起的变迁。[39]诱致性制度变迁的特点有盈利性（即出现潜在的外在利润）、自发性和渐进性。在社会实践中，它们是很难分开的，共同推动着社会的制度变迁。杨瑞龙在林毅夫研究的基础上，结合中国制度变迁的实践，从制度需求和制度供给两方面分析制度变迁。出现了获利机会，从而产生制度需求。同时利益的偏好决定了制度供给的另一动力。"如果组织或操作一个新制度安排的成本小于其潜在制度收益，就可以发生制度创新。至于一个社会通过何种制度变迁方式来获取这一潜在收益，则主要受制于这个社会的各个利益集团之间的权力结构和社会偏好结构。"[44]

在演化理论框架中，制度变迁理论的新发展表现出几方面显著特征：第一，历史的重要性。它不单指过去对现在和未来的影响，更重要的是它把变迁过程看做是路径依赖、不确定和不可逆的，其中包含着复杂系统演进开放性的思想。初始条件的微小差异可能会产生显著不同的结果。第二，制度演化的多样性。这里的多样性包括演化路径的多样性和结果的多样性。由于制度变迁具有路径依赖、不确定性和不可逆特征，每个社会的制度演化基本上是特异的。这表明，制度具有文化根植性，在一国行之有效的制度被"复制"到另一国后，由于缺乏相应的文化土壤和执行机制，多数是不能成功的。第三，制度变迁结果的非最优。与生物界由低级向高级发展的进化路径不同，制度变迁的路径是曲折的，中间可能出现倒退和中断。偶然的历史因素可能会造成一个社会长期锁定于某种状态中，无法解脱。[45]从总体上看，经济演化可以在不同的层面上发生，包括技术、企业、产业、市场结构和社会经济制度，以及作为整体的经济系统演化。

3.1.3 路径依赖理论及其应用

从微观经济理论和演化经济学的分析来看，社会、政治和经济的长期演进会朝一个方向收敛，也就是说结果是趋同的。但实际上，不同社会的社会经济演进方向是不同的，经济绩效存在着很大的差异。这就是诺斯认为的，制度变迁和经济增长具有路径依赖性，人们过去做出的选择决定了他们现在可能的选择。尤其路径依赖是对长期经济变化分析的关键。一般来讲，路径依赖是指一种状态，这种状态表明某些结果是由于这种结果的特定的事件所决定的。对经济运行而言，路径依赖意味着，经济系统的均衡取决于引导均衡特定的资源配置决策。[27]路径依赖，即系统演进的路径决定于系统的初始状态，对初始状态中的偶然性事件十分敏感，系统一旦采纳某方案，该系统的演进路径便会呈现前后连贯、相互依赖的特点。它类似于物理学中的"惯性"。一旦进入某一路径就可能对这种路径产生依赖。甚至长期地锁定在这一路径上，即使之外还存在有更加有效的路径，因为存在转换成本。可见"锁定"（Lock-in）状态并不是好事，或者说是将一些好的事件拒绝。锁定所解释的是，现实中的经济为什么常常会长期地陷入一种（可能是无效的）均衡；路径依赖所阐述的是，经济又是以什么样的过程从一种均衡（或非均衡）转变到另一种均衡。路径依赖形成的深层次的原因就是利益的因素。当一种制度形成以后，紧接着就会出现既得利益的压力集团。或者说，他们对这种有着强烈的偏好，不希望现有制度有所变革，哪怕是新的体制较之更有效率。所以，转轨国家通常会碰到路径依赖的问题。

路径依赖现象对于由非线性动力学引致的一系列问题来说极为典型。描述系统的历史性发展时，未来时间的路径依赖于已经存在的替代基础。用一个更形象的隐喻来说，人们可能会想到（多维的）随着引起注意事物基础的复杂性改变而进行的适应性调整。[46]路径依赖分析框架最先被运用到技术变迁路径分析之中。其核心思想是，几种使用功能相同的技术在市场运用推广上，由于技术在运用过程中具有学习效应、协作耦合效应和技术网络效应以及初始投资专用性等特点，使某一技术一旦因偶然性事件的影响而被采用或在竞争中稍占优势，便会最终占据市场，将其他甚至更优的技术驱出市场。企业是技术创新技术选择的主体，技术变迁的路径依赖分析引起了人们对企业制度变迁路径的思考，因此技术变迁的分析应当能被运用到企业制度变迁分析之中。戴维以 QWERTY 键盘为例给我们描述了一个经典的路径依赖的技术变迁案例。[47]QWERTY 键盘是通用键盘，面市早，占据市场优势，但使用的有效性并不强。Dvorak 键盘的字处理速度较 QWERTY 键盘快 20%，尤其 QWERTY 键盘的触及难度是 Maltron 键盘的 256 倍。但市场还是选择了 QWERTY 键盘。其原因就在于，QWERTY 键盘在技术变迁中形成了以成本投资、学习效应、协作效应适应预期为基础的自我强化机制。案例说明了技术选择中的路径依赖问题，也就是说，当一种技术由于偶然的因素被选定，随后的技术选择便被锁定在这一路径上，而这条路径未必是最佳的选择。后来的研究指出了报酬递增对路径依赖的影响，并描述了导致报酬递增的自我增强机制。诺斯在此研究的基础上，首先将路径依赖的概念引入对制度的分析中[31]，并建立起了分析制度变迁路径及其绩效的一般理论框架。主要解释"是什么决定了历史上社会政治或经济演进的不同模式"和"如何解释那些经济绩效极差的经济还生存了相当长的时期"两大理论问题。诺斯认为，路径依赖分析框架在技术变迁中实质上是分析具有报酬递增性质的技术的竞争，而竞争的主体是内含于技术间的竞争组织，每种技术增进的方式都与组织（制度）演进相类似。因此技术变迁中的路径依赖分析框架也能运用到制度变迁之中。诺斯认为，一方面是偶然性因素和上述两种力量决定了制度选择和变迁路径存在多样性；另一方面则是由于交易成本的存在使大量非绩效的制度变迁陷入闭锁状态而长期存在。制度的路径依赖产生的两种力量是报酬递增和交易成本所确定的不完全市场的存在。需要说明的是，路径依赖并不意味着没有了选择的余地，而是选择范围的缩小。路径依赖在制度变迁的分析中得出结论是"历史是重要的"。为了从更深层面解释路径依赖，诺斯最终转向了认知科学。但诺斯指出，具有相同文化背景和经历的个人将会共享合理收敛的心智模型，并因此可以更好地交流和分享知识，意识和制度都可以视为共享心智模型的种类。新的经验不断地重新确定心智模型，这种学习也被称为表象重述，其过程包括概括、推理和类推。个人为了解决社会文化环境中的问题必须与他人交往，从而形成了共享心智模型，而文化遗产则提供了减少心智模型分歧的途径，并使统一的认知在代际间的转换成为可能，这种机制可以称为文化学习。一般来说，当共享心智模型在长期内保持稳定，就会产生认知上的路径依赖，进而造成制度的路径依赖，最终导致经济发展的路径依赖。制度变迁实质上反映了心智模型的演化。[48]

路径依赖分析框架另外一个比较重要的应用领域则是转型经济学，其代表人物有 Jerry Hausner、Bob Jessop、[49]Arthur[50]和 North[51]。其中 Jerry

Hausnert、Bob Jessop 运用路径依赖分析框架重新解释了苏联和东欧社会主义经济体制的演变过程。他们认为，社会主义制度在苏联和东欧国家中建立是外部偶然性因素（如第一次和第二次世界大战）的产物，而后计划经济这种非绩效的经济制度之所以长期存在而未被富有绩效的市场经济体制取代，其原因就在于制度递增收益和交易成本等因素形成了制度变迁的路径依赖，而递增收益的来源主要是政治制度与经济制度的协作网络效应、正规制度和社会意识形态的学习和适应性效应等。另外，他们还运用退出闭锁状态的分析方法为前社会主义国家转型改革方案提出种种建议。他们认为，由于原有路径的递增收益主要来自社会意识与正规制度、政治制度与经济制度相互依赖的网络效应，因此改革应当加强信息传播，改变非正规约束和社会意识形态，并通过政治变革和经济的"休克疗法"消减原有制度的递增收益机制，并建立新制度相互作用的网络效应，以形成新制度自我强化的"正反馈机制"，同时通过政府的统一指挥和协调，利用私有化以减少路径转换的沉没成本，使之具有可转换性。North 则集中分析了第三世界国家经济政治转型的问题，认为要形成制度变迁路径依赖的良性自我强化机制，仅仅建立起市场经济体系是不够的，还必须注重政治制度以及各种非正规制度的建设，以形成制度耦合的自我强化机制，并通过减少交易成本确定信息的流通，使这种自我强化机制走上良性循环的道路。

总之，制度变路径依赖的观点认为，一国的经济发展一旦走上某一轨道，在制度的自我增强机制作用下，其既定方向会在以后的发展中得到强化，所以人们过去的选择决定着他们现在可能的选择。制度的自我强化机制产生了大规模的收益递增，而递增的收益又决定了制度变迁的不同轨迹。公司治理实质上是一种制度安排，它们规定了"在公司中由谁作出投资决策、作出什么样的决策、投资回报如何分配"。作为一种制度安排，公司治理的变迁具有明显的路径依赖特征。可以说，每一个国家的模式或机制都是建立在其特有的文化、历史、技术因素基础上的。不同公司治理机制之间的差异反映了每个机制产生的路径的差异。而路径之所以不同，是因为公司治理机制开始于不同的时间、处于不同的地点，并且每一个路径都反映了依据国家、社会、经济环境而做出的特定决策的总和。

3.1.4 制度均衡与制度绩效评价

诺斯在研究制度变迁的过程中，提出了一个被人们称为"诺斯悖论"的命题：如果制度的作用就是降低人类合作过程中的成本，那么，应该只有低成本的、有效率的制度才能存在。"在历史进程中，无效的制度会被扬弃，有效的制度会存活下来，因此，更为有效的经济、政治与社会组织形式是逐渐演进来的。"[31]但是，"即使对历史和当代世界最一般的考察，也可清楚地看到'无效率'的产权是常态而不是偶然。"[52]诺斯对此矛盾现象的解释之一是，制度的演进是路径依赖的。一个有效的制度的最根本特征在于它能够提供一组有关权利、责任和义务的规则，能为一切创造性和生产性活动提供最广大的空间。然而，单方面强调一种制度的效率并不可取，制度之间具有联系性和互补性。如克劳斯·霍普特所言："大多数著述似乎都在竭力挖掘一种制度相对于另一种制度而言的优势所在。"[53]然而，"诸多问题解决这些问题的不同观点同时存在"。青木昌彦认为，[32]制度间共时性相互依赖可能会作为每个博弈域的均衡结果而出现。制度互补性是制度相互依赖，互补性意味着有活力的制度安排构成一种连贯的整体，任何单个制度在孤立情况下都不会轻易被改变或设计。渐进式改革是首先改变某一域的制度，然后通过互补性关系引发其他制度的连锁反应。通常将制度分为制度环境和具体制度安排，就足以说明制度之间的紧密联系。但是很难精确的方法量化制度的绩效，这也许让过去大家忽视制度在经济社会中的作用的原因之一。

我们知道，用静态的方法来考察制度的绩效要容易一些。制度总是从均衡到非均衡，再从非均衡到均衡的过程，制度变迁的过程也是绩效实现过程。即是暂时的，制度在某一阶段制度能够处于均衡状态。制度均衡是指人们对既定制度安排和制度结构的一种满足状态或满意状态，因而无意也无力改变现行制度。[54]制度均衡包括制度的供给与需求的平衡和制度结构的均衡。当一种制度所提供的边际收益等于维持制度所需支付的边际成本时，制度演化停止，制度供求出现均衡，当新的条件出现时，新制度变迁重新开始，在这里制度均衡类似于商品均衡①。制度结构的均衡是制度相互支持的相互稳定的均衡，制度结构是制度的结构构成。制度结构均衡反映了制度的互补性和关联性②。我们先盯住制度供需求是否平衡，然后把侧重点转移在多重制度之间的相互联系上。"任何一个社会都不是单一的，都包括多层次、多方面、多种类的制度。不同层次、不同种类的制度之间相

---

① 事实上制度没有被消费掉，制度均衡没有商品均衡那么简单，影响因素更加纷繁复杂。

② 制度变迁"路径依赖"的纵向联系，正式制度和非正式制度之间明显的横向结合，说明了制度的互补性和关联性。

互协调、区分、补充而成的稳定状态，可以称之为制度结构均衡。""制度结构均衡中最重要的是市场制度与其他制度的均衡。一个均衡的制度结构，往往使市场制度能够获得充分的发展，非市场制度能够形成有效的补充，而不是互相排斥"。[55]一种制度的平衡并不存在，我们应更多地研究多重制度的融合问题。诺斯[39]认为制度均衡是行为均衡①。制度均衡在很大程度上并不是一个满意的选择，但却是一个可以接受的选择。制度均衡与制度效率无关的，或者说制度均衡可能是一种有效率的制度，也可能是一种无效率的制度。在经济研究中，效率是量化的经济变量。制度均衡尽管受到更多非经济因素的限制，从演化主义的观点来看，制度演化朝着有效率的方向演进。有效率的制度变迁是激励和约束功能的展现，取决于制度质量而不是取决于制度数量。制度均衡类似于生产的可能性边界，经济变量是在边界内运行并达到均衡。当边界移动时，经济变量的效率均衡发生变化，新均衡随之产生。制度变化速率过快或制度数量越多（朝令夕改的多变政策），均不利于经济发展。

因此，制度是重要的，制度是历史的，这还远远不够，众多学者从制度效率的比较，到超越制度相对效率的研究，推究低效率的制度为什么存在，探讨制度博弈均衡的效率。显然这些研究很有必要，因为同一制度的效率有明显的差异，对单一制度的效率的评价往往不够理想。曹正汉等认为核心制度受到外围制度支撑才得以生存。[56]制度的效率体现出各种制度应该有同样的目标，不管在什么情况下激励目标是最有效的目标。所以制度的设计不能违背激励的原则。显然这是理想状态，制度的目标是多元的，制度的效率不能淋漓尽致的发挥，激励机制总是受到制度利益冲突的限制。哈耶克、阿玛蒂亚·森和诺斯对制度效率的看法不尽相同。哈耶克的自发秩序原理证明制度本身的无目的性，无须对制度进行评价；诺斯对制度的评价是唯一的效率标准，体现在他对制度静态与动态分析及经济增长有关的效率假说上；而阿玛蒂亚·森认为以经济效率评价制度绩效不应是唯一标准。姚洋认为制度绩效的多样性的评价来自制度目标的多元化。[57]对制度效率的评价显然与最终达到制度博弈均衡分不开，即制度结构均衡。我们会看到效率与公平平衡背后体现出的是制度均衡。

---

① 行为均衡是指对立势力中的任何一方不具有改变现状的动机和能力的均势状态。新制度经济学更多地用"行为均衡"分析问题。

3.1.5 制度的两分法

诺斯指出制度是由一系列正式约束、非正式约束及其实施机制所构成。正式约束是指国家规定的一系列法律规则和政策，包括经济规则、政治规则和各种契约，以及由这些规则所形成的等级结构，它由公共权威机构制定或由有关各方共同制定，正式约束具有强制力。非正式约束也称软约束，主要是指价值观念、理想信念、伦理道德、风俗习惯以及意识形态等，是人们在长期的社会交往中无意识形成的，通常都具有持久的生命力，尤其是能够解决许许多多正式约束所无法解决的问题，是对正式约束的补充、扩展、细化。虽然正式约束和非正式约束规则体系都很健全，但还需要实施机制的完善。制度的实施机制以国家为主体，依靠国家的强制力，保证正式约束和非正式约束的实施。

坚持制度演化论的哈耶克认为制度是一种规则，这种规则由内部规则和外部规则构成。Viktor（1993）也把制度规则分为两类。[58]内部规则是由社会成员在长期交往中通过文化及传统代代相传而逐渐演化形成的；外部规则是由组织制定并强制组织成员遵守，非正式制度包含于内部规则之中。哈耶克认为，人类社会正是通过内部规则和外部规则的作用形成了经济运行的社会秩序，而且他认为相对于复杂多变的经济现象来说，人的理性是有限的，所以，人应该遵守自然演进形成的制度，而不应该凭主观演绎任意改变或制定制度（哈耶克，1997）。[59]非正式约束也是制度集合的组成部分，它植根于社会的文化系统，服从于类似进化论中的遗传与变异的法则。它是制度历史中的内在稳定器，使制度变革呈现出渐进的增量演进而非间断性的突变模式。文化既是制度的环境，又是一种非正式的制度安排。文化首先作为一项制度环境影响着制度供给，因为一项制度要形成有效的制度供给，必须结合具体的制度环境，只要某项制度在特定的环境里能发挥其应有的作用，这种制度的供给就是合理的、科学的、成功的，如果一项在理论上非常完美、非常高级的制度，在一定的制度环境里施展不开手脚，发挥不了作用，这种制度的供给就是无效的，文化与观念作为制度环境具有非常重要的作用。文化也作为一种非正式的制度安排制约着新的制度供给，诺斯认为制度安排应与文化准则相一致，否则这种制度安排难以在现实中推行，难以形成一种有效的制度供给。

尽管非正式制度安排是以意识形态和文化占主导地位的，但是它可以使个人意识转变为社会意识，由主观精神转变为客观精神，从而形成一定的社会文化环境。由于"正规规则只是制度体系的一部分。它们必须由非正规制约加以补充——对规则进行扩展、阐述和假定。非正规制约解决了众多无法由正规规则覆盖的交换问题，并有很强的生存能力"。[60]因此，与正式制度安排相比较，在低成本经济发展中非正式制度安排在对人的行为的规范、改变人的思维方式以及确立和调整人与自然的关系方面具有重要的意义。这是因为"从变革的速度来看，正式约束可以在一夜之间发生变化，而非正式制约的改变却是一个长期的过程"。同时由于人的双重性——自然性和社会性，自然性的一面往往使其行为具有随机性，而社会性的一面往往使其要遵守社会交往过程中而形成的一系列伦理规范、价值准则，即各种非正式制度安排对人类行为有长期的影响性，因此在低成本经济发展的实施中要注意强化非正式的制度安排。

较之正式制度安排是人们有意识地创造的一系列的政策法规，非正式制度安排是人们在长期交往中无意识地形成的，它具有持久的生命力，并构成世代相因、渐进演化的文化的一部分。在正式规则设立前，非正式约束能够保障社会按照常规运转。非正式规则的约束空间较之正式规则要大得多或广泛得多。制度均衡意味着正式约束的最佳供给并且与非正式约束具有相容性。但一种非正式规则尤其是意识形态能否被移植，其本身的性质规定了它不仅取决于所移植国家的技术变迁状况，而且更重要的取决于后者的文化遗产对移植对象的相容程度。

通过上文对诸制度经济学者的简要概括分析可以看出，将非正式制度放在了与正式制度等同的地位上，有的干脆没有对二者加以区分。一项制度发挥作用必然脱离不开相关制度的支持、协调与制约，国内一些经济学家对此也有类似的观点。周业安就认为把制度分为非正式制度和正式制度的简单两分法是使中国部分制度经济学的研究走入歧途的重要原因。[61]正式制度是被嵌入非正式制度中发挥作用的，将正式制度抽象出来用理性选择模型加以分析只能解释一些表面现象，而不能触及问题的实质，该观点确实切中了中国制度经济学研究的弊端。但我们也应该同时看到，在制度分析中分为非正式制度和正式制度仍是必要的，只要不是将其简单割裂开来孤立地分析，因为毕竟正式制度和非正式制度在起源、影响方式、作用机理和演化变迁上有较大差异或根本性不同，如果一概而论就不利于我们得出正确结论，而且也会使分析过分复杂而难以深化，故本文的分析仍使用了非正式制度和正式制度的划分方法，不过更注重二者的协调和联系，通过分析非正式制度的起源、演化、作用机制以及与正式制度的区别联系，阐明其对经济活动的作用和影响。

3.1.6 正式制度与非正式制度的嵌入关系[61]

由于知识的分散化，哈耶克强调知识的个性化对制度研究尤其重要。通常来说，正式制度已明确界定，并通过书面形式写下来，如各种法规和章程等；而非正式制度通过习惯性遵从或意会或默认，如文化、习俗等。以上这种简单的两分法导致了对这两种制度理解的分离，进一步引发理性选择与规则遵循、制度设计与演化之间的矛盾，激进式改革只是表面上的正式制度的变革，非正式制度还在社会经济中起作用。显然，正式制度体现了可标准化的知识，而非正式制度更多地体现了个性化的知识。从制度的实际形态来看，一项完整的制度安排的理解不仅包括正式制度，而且也包括非正式制度，或者说，一项制度既有正式的部分，又有非正式的部分。道理很简单，以企业为例，正式制度包括激励制度和治理结构等，但是，如果不考虑非正式制度安排部分，这些正式制度即使存在，也毫无意义。套用社会学中的一个术语，就是这些正式制度安排是嵌入①在非正式制度安排中，任何简单剥离两者的意图都是徒劳的，这种嵌入关系决定了相关的正式制度安排和非正式制度安排只能作为一个制度整体来理解。

主流的新制度分析要寻求一个确定的均衡，或称最优制度安排，就必须设定一系列稳定的因果关系，即使不考虑当事人理性预期的局限性，这种关系设定也要求交易是可以标准化的，事实上，当事人理性预期和交易关系标准化必须同时存在，因为后者忽略了不确定性，前者才有成立的可能，所以，威廉姆森一开始就反对这种关系标准化的处理，他所发明的资产专用性概念和贯穿始终的行为不确定性假设都是针对非标准化的部分，对制度研究来说，建立在标准化知识基础上的理性选择模型尽管有用，充其量仅仅能解释一些制度表象，真正决定制度绩效的却是以个性化知识为基础的非正式制度安排部分。

如前所述，正式制度的潜在特征和影响通过交易关系的标准化能够推导出来，但非正式制度部分所治理的交易关系就无法标准化了。由于制度只能作为正式部分和非正式部分的整体来理解，那么理性选择模型所依赖的经济当事人心理特征的良好定义只能内生于制度的非正式部分。考虑到正式制度部分仅仅是外显的，嵌入非正式制度部分当中的。实行激进式改

---

① 在社会学中，"嵌入性"表明个体行为不会等价于社会行为，个体经济行为的社会特征取决于嵌入的程度。进一步研究表明，经济关系和社会关系是相互嵌入的。周业安以此概念来理解制度演化。

革的国家并没有达到制度变迁的快速实现，表面上看，这些国家都迅速建立了和发达国家类似的正式制度，不过决定这些国家经济绩效的恰恰不是这些制度，而是那些潜在的还在缓慢进化的非正式制度。因为嵌入性的存在，原有的非正式制度部分还会作用于已经变革的正式制度部分。所以，我们经常看到先进制度的水土不服，原因就在于忽略了作为制度的整体所包含的复杂的嵌入关系。构成某一经济体制的制度之间需要相互补充，单个制度的有效性及其生存能力不仅仅取决于自己，而是取决于能否与其他制度很好地搭配。这就意味着一旦某一体制形成，互补性制度形成难以分割的一个网，缺少其中一个结点，制度网不完整，效率会受损失。一个国家的公司治理制度并不能独立于其他制度（包括金融、税收、法律乃至政治制度等）和社会传统而存在；相反，它们之间具有战略互补性的特点。公司治理制度的变化和效率的提高有赖于其他制度的演进与支持。

3.1.7 文化：正式制度的嵌入场

（1）法律和社会规范

规范既有正式的，又有非正式的。正式规范通常以法律的形式固定下来，对违反者有特定的惩罚。非正式规范是不成文的，但往往能够被社会成员普遍理解。最重要的规范往往是社会中绝大多数人公认的社会规范，并形成一种文化。社会规范和法律都是制度的主要表现形式，通过规则来协调人们之间的行为。法律作为由国家制定和执行的社会行为规则，对维持社会秩序和推动社会进步具有重要的作用。但法学界、经济学界及其他社会科学界过去十多年的研究表明，法律的作用被人们大大高估了；或者社会规范的作用被低估了。社会规范，而非法律规则，才是社会秩序的主要支撑力量，特别是，如果法律与人们普遍认可的社会规范不一致的话，法律能起的作用是非常有限的。[62]如果法律偏离了社会规范，执行成本就会很高，甚至根本得不到执行。法律能不能得到执行，依赖于社会规范。法律的实施有助于社会规范的执行。法律的执行效果很大程度上是由民众和执法者对待违法行为的态度决定的。1993年北京市人大制定了《北京市关于禁止燃放烟花爆竹的规定》，其他省市相继仿效，历行多年，2005年北京市展开民意调查意欲放弃这项规定，这项制度的多年低效运行，反映了正式制度与非正式制度的冲突以及非正式制度在这种冲突中的绝对优势。

法律和社会规范的不同主要体现在执行机制和产生的方式的不同，法律是由第三方来执行，具有强制力。社会规范是社会中普遍认可和遵守的行为准则，它的执行机制是多元化。立足于全体共同体的共识，不具有强制力，执行成本就法律相对低。社会规范在很大程度上是自下而上形成并演进的，法律由专门的机构来制定和颁布的。很大一部分法律产生于社会规范。社会规范的自发性决定了不同的社会规范之间可能存在着不一致，法律和社会规范在很大程度上存在着相互的替代性，也可能是互补的。法律和社会规范如果不兼容，法律的执行就会变得昂贵，法律可能会被废止。法律和社会规范帮助人们在多个纳什均衡中筛选一个特定的纳什均衡。纳什均衡是否会出现，依赖于参与人是否能就一个特定的纳什均衡的出现达成一致预期，一致预期指每一个人都能正确地猜测到别人的选择，每一个人都能正确地猜测到每一个人对别人行为的猜测。法律和社会规范在大部分时候是相互补充和相互依赖的，法律也是有边界的。法律隐含了这样一个理性人的假定，当事人的行为要符合社会规范。文化冲突很大程度上就是规则的冲突，冲突越多需要的新规则更多，社会的发展、交易的扩大带来了规则的扩充，促进了新规则的演化与产生。如果法律本身不合理，不符合人们认可的基本正义和社会规范，就很难被普遍遵守。

社会规范是长期的相互博弈中人们之间达成的普遍共识，一个人要在社会中生存，就得遵守基本的社会规范。波斯纳列出了人们遵守社会规范的理由[62]：一是有些社会规范的自实施，二是有些社会规范是依赖于他人情绪化行为来执行，三是有些社会规范由社会认可、讥讽、驱逐、信誉等执行的，四是有些社会规范内化为个人的道德，人们出于负罪感和羞耻感而自觉遵守它。为什么还有人会违反社会规范？波斯纳列举了四种理由：一是对内在的短期利益的重视，超过了对声誉的重视，二是其他人没有办法对违反社会规范人人实施惩罚，三是存在着不同规范的治理人群，或者规范变化太快，四是有时候反社会规范是为了表达对特定群体或者组织的忠诚。

（2）经济增长的文化因素：一个经典案例的讨论

文化对经济增长、经济发展的影响，体现在不同的文化影响了他们对于不同的制度的选择，从而形成不同的社会制度结构。经济史的一个长期的传统是认为文化和制度（顾名思义是由非技术因素所决定的行为约束）影响经济表现和成长。然而由于缺乏合适的理论框架阻碍了对于制度和文化之间关系的研究。格雷夫在《热那亚与马格里布商人：历史比较制序分析》一书中分析了这样一个历史案例[63]：11～12世纪地中海地区两大贸易社会，即马格里布和热那亚两地的商人，在相同的贸易环境下，运用同样的航海和陆地交通技术，并从事几乎相同的商品贸易，唯一不同的是，马格里布人和热那亚人之间不同的文化传统导致了他们在商人代理博弈中不同均衡的选择。马格里布商人持一种集体主义文化信念，主要在穆斯林世界内部进行商业和贸易活动；而属于拉丁世界的热那亚商人则恪守着从古希腊到罗马帝国时代传承下来的、自私的个人主义文化信念，多在地中海周边进行活动。自私的、个人主义的热那亚商人发展迅速，并形成了犹太人商业联盟。而操守集体主义的马格里布人商贸事业却发展异常缓慢。格雷夫是将博弈论和社会学的概念相结合，进行了一个关于文化和制度之间关系的比较历史研究。该研究考察了引起两种古代贸易商业组织，沿不同制度轨迹发展的文化因素的后果。从博弈论的角度来看，事实上制度和组织改变了支付，制度给参与人提供了权衡得失的依据。文化可以影响制度，因为文化决定均衡选择，因此文化也就影响现有的组织并产生新的特定的组织。文化信念反映了组织路径依赖性并限制了组织在社会间的转移，这种组织路径依赖和文化信念对于外部变化所产生的反应的影响揭示了不同社会组织出现的原理。研究所发现的中世纪晚期马格里布人的制度结构类似于当代发展中国家，而热那亚人的社会组织类似于发达国家经济社会组织。这揭示了不同文化的历史重要性以及它们对于社会组织和经济发展的影响。

3.2 西方财产权制度的演进逻辑分析

3.2.1 财产的理念

从经济学家和法学家表述中我们不难发现对财产权以及产权的重视的重要意义。派普斯说："我就意识到俄国历史与其他欧洲国家的历史之间一个根本性的不同就是财产发育的不足。""对他的财产的侵犯同时就会是对他的独立性和生命权利的侵犯。"他提出的假设是"在没有自由的时候可能存在某种形式的财产，但是相反的情况却是难以想象的。"[64]洛克则断言："无财产的地方无公正。"弗格森甚至用野蛮人就是"不知财产为何物的人"来说明财产权对于人类社会治理和社会发展的重大意义。[65]财产权与稀缺性和理性一样是经济学的基础。财产概念不仅可以解释当代社会经济制度的逻辑，而且还可以用来检验这一制度的合理性。反过来，特定的制度也可以用来检验作用其基础的现存的财产概念的合理性。[40]经济学家都承认，一切有价值的东西都有所有主，而且所有主的控制权与传统理论中的激励假定相一致。哈耶克认为，市场经济，就其本质而言，是一种人与人之间合作秩序的不断扩展。这个秩序的基础是以产权为核心的分工协作关系。

唯有在产权关系的基础上，人们建立的交换关系才能增进彼此的福利。因此，必须正视财产权，利益的冲突才可能在法制的轨道内得到缓和或解决。需要注意的是财产权与产权在大多数研究中没有严格区分或相混同。事实上，如果能顺利实现从财产权到产权的演变，也就产权制度得到财产权制度的强化，产权制度才最有效率。否则产权制度的效率会大打折扣。财产权制度的确立是人类文明史进程和社会发展的一个重大拐点，其意义已远远超出了对物权的占有观念。财产权制度在社会治理方面的功能，一个既有效率又节约成本的社会治理机制不能只靠单纯的第三方约束，在财产关系内在约束下的自律机制在某种意义上更为重要。有了一个稳定、任何人不得侵犯的财产权保护制度，才有可能导致人们进行长期"投资"，进而才能有经济的持续增长和社会福利的持续改善。回顾西方产权制度确立的逻辑和历史过程，无疑对理解中国目前财产权制度建立过程中的困难具有一定启发意义。[65]

（1）个人求利动机与制度选择

霍布斯认为，由于天然的"利己"本性，人生就是一个无限追求自己欲望满足的历程。因此个人求利动机总是存在的。个人的行为是经济分析也就围绕着求利动机进行。人的行为目标是理性行为或最大化行为，而行为目标又与行为动机、行为约束密切相关。理性经济人受到自然资源、人力资源、资产存量、技术水平、社会文化、经济制度、时间因素等环境因素的约束。由于约束条件及其不确定性是对人类理性的限定，理性行为是有限理性。经济人的机会主义行为总是存在，如果不受到约束，市场就没有秩序。我们生活在稀缺的世界中，稀缺相对于欲望总是随时存在的。稀缺迫使我们所有的人在有限的备选对象中做出选择。因此经济学中心问题是对于资源的分配和使用做出选择的问题。各国制度结构的不同解决这一问题的办法也不同。人与人的相互关系反应在制度设计和制度结构内相互作用。不同的制度安排有着各自的激励结构，而且这些激励对人类行为有着特殊和可预见的影响。同时影响着资源的配置和创新的进程。制度的发展旨在控制人与人之间对于资源稀缺相互作用。

在一定的物质、有理性和自我约束的基础上，制度约束具有决定的意义和作用。约束反映了人与人之间的行为关系。这种决定作用由人及其行为的本质和制度本身的性质和功能决定的。尽管制度决定着人们的选择、行为和活动，决定着最大化的具体内容和方式，但却不是最大化本身，也不能改变和否定人们追求最大化的事实。[66]

其实，个人行为是天然合乎理性的，每个人的行为都是在既定条件下选择对自己最有利的行为方案。因此，一般来说，只有不合理的制度设计和制度安排，而无非理性的个人行为和个人选择。如果承认个人行为是合乎理性的，就不应该指责个人和企业的行为非理性。经济活动中的问题归根结底是由其所处的制度对交易成本及其环境所决定的，制度变迁是对交易方式的选择和交易成本及其分担重新安排。制度界定人们的自由选择空间和确立了行为规范，规定了对行为的奖惩机制，在比较和权衡行为的成本和收益的基础上作出选择和决策，不难看出个人决策与行为动机有直接的联系，个人行为成为一种可预测的有序行为，从而减少交易成本。不同的制度结构包含了个人行为的不同的本利结构，制度变迁会改变价格和费用的均衡关系，改变个人行为的本利结构，进而改变最大化行为选择。因此，合乎理性的制度安排是适应个人理性的过程。"制度理性来自个人理性，制度理性的有限性也来自个人理性的有限性，制度合乎理性的程度要由其与个人理性一致性的程度来决定。"[67]当制度理性和个人理性趋于一致时，交易成本降低，而制度理性与个人理性不一致或有冲突时，个人行为会发生扭曲，交易成本增大，制度运行的阻力增大，成为低效率的制度。

"经济人"和"理性行为"假定是经济学家从现实经济生活中抽象概括出来的，它抓住了人类行为中一个基本事实，具有较大的真理成分以及较强的解释能力和预言能力。人们的选择和行为就有两种，即个人行为和集体行为。由此我们不得不正确对待起决定作用的个人理性和制度理性以及它们的关系。首先个人理性和制度理性总是有共同内含，即都是一种最大行为方式。制度理性表现为人们行为的可预测性、有秩序性和集体行为的有效性，它取决于制度结构所提供的激励。有效的制度安排和合理的制度结构既能够为个人激励，也能够为人们建立有效的约束和行为规范，使个人理性和制度理性得到协调和统一。这不仅可以减少不确定性，增强可预测性，弥补个人理性的不足，而且可以在保证自然而有秩序地实现个人最大化行为的前提下增进公共利益。当确立制度的立法原则与推动个人行为的行动原则取得一致时，这种制度的制度理性与个人理性趋于协调。因此我们只能从个人理性引申出制度理性，而不能用制度理性去重塑和改造个人理性。这也许是我们制度设计和制度选择的判别标准和建设方向。因为现代经济学的研究表明，至少一方不同意的交易比双方都同意的交易所产生的总效用要低；如果一种制度安排不能满足个人理性的话，它就不可能很好地贯彻下去。当个人理性与集体理性相互矛盾的问题，解决个人理性与集体理性之间的冲突，比较理想的办法，不是否认个人理性，而是设计一种机制（或相应的制度安排），在满足个人理性的前提下达到集体理性。[7]

(2) 公有制财产权制度的困境反证了个人拥有财产权的必要性

在市场交易中人都是理性经济人的假定条件下，人的行为选择都是一种效用最大化行为，而且最终结果都是理性的，这为市场制度的设计和变迁提供了本源性依据。市场逻辑就是个人权利的自由交易。个人权利是个人自由支配自己的财产、自由支配自己的时间和自由支配自身的权利，这种自由的范围以不妨碍和损害他人自由权利为界。个人权利是人们之间的一种相互认可与允诺，权利的实施是权利的让渡与交易。个人有了属于自己的财产，就有了对自己财产的支配权和处置权以及获取收入的剩余索取权，就可以成为一个投资者和经营者。这是个人行为独立化的基础，也是个人有效地运用财产和积累财富的基本和最大动力。一切损益都内部化了，防止了机会主义和搭便车行为。生产效率和资源配置效率因此提高。个人财产权利的确立和保障是一个经济具有活力和效率的基础和源泉，是实现经济增长的基本保证。"假若不是某种人类机构对所讨论的什么资源的使用都进行控制的话，那么，就无人确定价格，任何人也就没有计算生产成本的动机了。"[68]在公有制条件下，人们的行为目标不是最大化个人利益，而是追求公共利益和社会福利的最大化。显然它否定了人的本质和人们的一般行为方式。但是公有制的建立，并没有能抑制和消灭理性人的行为。在公有制经济中，国有财产归全体人民所有。公有制是一群人共同占有他们所拥有的全部生产资料，其中每个人对于占有对象都具有平等的、无差别的权利。公有制度决定了个人的二重性质[69]，一方面他是所有者，共同权利是由任何个人所拥有的那一部分所有权和一切他人所同时拥有的所有权共同构成的；另一方面他又不是所有者，他不能独自占有、不拥有以特殊所有权为依据的特殊收入剩余索取权和不能同他人自由交换。不能单独行使共有权的情况下，人们必须通过某种集体行动来实现，但是交易成本太高，很多经济活动不能进行，所以产生社会机构来代表和行使权利。公有制中的企业类同于这种代表机构，它是社会工场的车间，是行政单位的附属物，企业的行为是在"软预算约束"下的行为。周其仁[70]指出公有制企业的困境在于"无法消灭事实上的个人产权"。人力资本可以被理解为天然属于个人的资产，在法律上属于国家和集体的人力资源，并不能直接听由公有制企业的调动和指挥而得到发挥。公有制在否定市场合约的同时，又难以找到更好的激励手段。个人是名义上的所有者，财产不具有排他性、没有自由处置权和收益权等，个人在所有者和非所有者之间徘徊，那方对其有利就偏向那方，从而实现个人利益最大化。无论是私有制还是公有制，个人利益最大化的原则并没有因此而不同，只不过公有制制度在一定程度上扭曲个人的行为。布坎南[71]说，"当个人的选择与使用公共财产的权利结合起来的时候，资源受到了过渡的使用；每个参加者的行为都在相应的资源利用的边际上，把外部不经济强加在了分享资源的群体中其他人的福利上"。因为"这些人的行为同经济学家研究的其他人的行为没有任何不同"[72]，公地悲剧的教训使得我们对财产的归属有所考虑，这就是个人拥有财产权的逻辑理由。因此，公有制市场化改革的逻辑应建立在个人事实上拥有对其人力资产权利的基础上，向承认个人产权的法权地位的市场合约性组织转变。

3.2.2 财产权理念建立的理论阐释

洛克是私人拥有财产神圣不可侵犯原则的理论奠基人。洛克的私有财产神圣不可侵犯理论，是自成一体的体系。[73]洛克提出了自己的自然权利理论。洛克认为，人类最初是处于自然状态之中的。财产权利是自然权利中最基本的权利，其他的权利都是以财产权为基础的。劳动赋予财产私有权唯一的正当性，而天赋人权则是私有财产先验的、形而上的根本保障。为保护财产，为保护享有财产之天赋人权，人们按契约原则组成政治社会，于是，政治社会与私人财产之间的正当关系便得以确立。于是私有财产的神圣性、不可侵犯性便有了双重的权利保障，即自然权利和法律权利。

洛克在《政府论》中，[74]根据不同需要使用不同的词汇来表达"财产"概念，而且有着特定的意义和思想内涵的。在洛克那里，"财产"概念有着狭义和广义之分。狭义的财产指的是个人所拥有的物质财产；而广义的财产则是"property"所包括的内容。它不仅指物质财产，或者说一般意义上的财物和地产，也包括人的身心、生命和自由，甚至包括了人的劳动及行为规范，它是个人拥有的总和，包括身心和物质两方面的内容，以及有形和无形的两种形态。而且，洛克笔下的财产还有一个鲜明的特征，即排他性。洛克在使用这一概念时，十分强调"我的"生命，"我的"自由，"我的"行动，或"我的"劳动。这种属于"我的"财产，只能由"我"自己自由处理，别人无权加以支配，它是神圣不可侵犯的。洛克提出这种具有排他性的财产概念，在一定程度上，反映出斯图亚特王朝后期，有产阶级要求改变他们所处的人身并不安全、财产并无保障的状况。

在西方产权制度确立过程中,发端于中世纪末期的文艺复兴运动起到了先导性作用,并为之奠定了坚实的文化基础。文艺复兴最伟大的功绩体现在以人本主义作为文化武器,完成了对欧洲人心灵和精神的解放,确立了以人的主体性为中心的社会观。从霍布斯到卢梭,启蒙思想家们从人对自己生命和劳动享有的绝对权利出发,引申出财产权利是神圣不侵犯的;而财产的其他权利无不从财产所有权中派生出来。[65]自文艺复兴以来逐渐发展起来的个人主义无疑具有划时代的、巨大的、革命的进步意义。①个人主义的产生是对中世纪封建王权和神权思想的一种彻底批判。哈耶克认为,真正的个人主义的本质特征是"一种旨在理解那些决定人类社会生活的力量的社会理论","是一套源于这种社会观的政治行为规范"。[75]17世纪西方个人主义是以所有权为基础的个人主义:每个人对其人身和各种能力有绝对的所有权;作为这样一个所有者,他与社会没有任何先天的或道德的关系。人与人之间的社会关系只不过是不同的所有者之间的市场交换关系、财产关系而已。但是,这种个人主义无疑包含着不利于社会和谐的因素;并且,近代西欧还让它极端化。个人主义在近代西方最集中、最根本的表现,就是资本主义的绝对私人所有权、私人财产神圣不可侵犯原则、行使私人财产权利的自由的三位一体的私人财产权利体系。[76]之所以称之为体系,是因为三种要素以私人财产权利为核心,紧密结合,形成一种观念与制度的综合体。私人财产权体系发展的根本动力是个人对财富的不可遏制的追求。这一体系的发展主要是指私人在有关方面事实上的行为能力的发展。对个人主义有深刻的理解,我们就能把握这样一个历史的逻辑链条:中世纪西欧私人财产权利体系的发展是商品经济发展的重要历史原因;这一体系的发展和商品经济的发展是市场经济发展的重要历史原因;当然,最终这一体系的发展和市场经济的发展是近代资本主义确立的重要历史原因。

近代西方市场经济的全面确立应该是在18世纪末到19世纪初之间,亚当·斯密的理论已变成了政府的经济政策。但其起源和发展却可追溯到中世纪。布罗代尔认为,在历史上,当某地区各集市的价格基本一致并同起同落时,我们就必须谈到市场经济;以上的现象如产生在不同的司法区和不同的主权国家,就显得尤其突出。从古代开始,物价总在波动;到13

---

① 哈耶克在《个人主义与经济秩序》中对个人主义的社会意识做了极为精彩的论述,并对早期的启蒙思想家、社会学家和经济学家的有关论述做了归纳和评价。

世纪，欧洲已出现整体性的物价波动。后来，在日益严格的界限内，物价明显地变得协调一致。总之，市场经济是逐步形成的。[77]布罗代尔的这种看法是正确的。由简单的交易到集市贸易，到城乡之间的贸易和国际贸易，从涉及少数人到涉及多数人，商品经济在整个社会经济生活中的地位是逐步提高的，影响面是逐步扩大的；从出卖剩余产品的最简单单位家庭，到城市专门的生产和销售单位的作坊和商店，到手工工场和大的商业公司，直到近代工商企业，作为市场经济微观基础的企业制度是逐步发展起来的；从对行会和公地制度最细微零星的侵蚀，到行会和公地制度的衰落以至崩溃；从严重的国家干预到完全的自由放任，市场经济的自由运行方式也是逐步形成的。而在这样一个漫长的过程中，私人财产权利体系的发展一直在起着前提性的作用。

  财产权就是以法律所允许的最独断的方式处理事物的权利。然而，财产权利的一般定义，并不否认财产权利在不同历史时期、不同经济制度、不同财产权利主体和不同层次之间存在一定的差异。正是这种差异的存在，导致了不同的产权制度。从财产权利的行使主体看，存在着私有财产权利主体和公有财产权利主体。私有财产权利主体自私有制产生后就出现了，它是一种最普遍的形式。公有财产权利主体是一种共有主体，在早期社会中以部落的形式存在，在近代社会中则以集体和国家的形式存在。从财产权利行使主体的层次看，现代社会产权关系的复杂化使财产不仅分属于不同的所有权，而且属于同一所有者的财产因实际占有、使用、支配的主体不同，使得不同主体也具有相应的财产权利。因此，财产权利的主体一般是统一的，但也可以分离。[39]在现代产权制度条件下，由于产权制度的安排多样化，一些适应社会化大生产的产权制度安排必将对财产权利作进一步分割，导致所有者权力的弱化，在这种情况下，财产所有者主体存在如何维护自己权益的问题。在现代财产权利中，如果仅从财产权利的确认和保护分析，依法确认的财产所有权是财产权利的核心。如果没有所有权，财产的拥有人就不能影响甚至支配其财产的使用，依附于所有权的收益权便没有保证，这是很显然的。[78]给投资人以更大的选择权，也许是解决这一问题的最好途径。在所有权弱化的条件下，增加投资人选择的权力或者灵活性，可以起到保护自己财产收益权的作用。如何为投资人创造具有选择权的制度，资本市场可以说是最重要的制度安排。正是资本市场的这种制度安排，给投资者提供了按照收益好坏选择进入或者退出公司，使投资者可以在不能"用手投票"的时候，选择"用脚投票"，即投资人如果不能影响或控制企业,收益得不到保障,就选择"逃离"企业。而众多中小投资人的退出,必然导致公司控股权的相对集中,从而出现股东对公司控制力的强化,因此,股权能够流通,是现代产权制度给投资人提供维护其产权收益的最有效的制度安排。

从财产权的历史发展看,各个历史时期的财产形态均是与所处时代相适应的,即不同国家不同时代的财产权利制度侧重于对经济产出和发展起关键作用的要素的界定。财产权是一开放的、扩展的权利体系,其种类和形式并不局限于某一人为设定的传统框架,如果当代的某些财产权利在传统民法理论中无法定位,我们只能说传统理论也需要进一步的发展和完善,而不能将当代的新的财产形式排除在私人财产权体系之外。

3.2.3 财产外延的扩展

哈耶克(2000)[79]认为财产最初是习俗的产物,司法和立法不过是数千年里对它作了发展,因此没有理由认为,它在当代世界采取的具体形式就是最后的形式。在西方,财产权是一个变化的过程。在19世纪后期之前,财产概念在罗马法中就已确定下来,并影响了17~18世纪的政治思想家、经济理论家。到了19世纪后期,财产概念被大大拓展了,产生了"新财产"概念。[80]财产的外延是对财产类别的界定,并且财产外延有不断扩大的趋势。基于当代财产权表现形式和种类的巨大变化,一些英美法学家提出了"财产权解体"这一颇为新颖的观点,这种观点正日益为英美法学界所接受。这种观念的产生源于对物与财产权之间存在必然联系这一说法的怀疑。如美国法学家格雷[81]对财产权和实物之间的必然联系进行了系统批驳。他认为,大多数人(包括大多数不具备专业素质的人)都把财产权当做一种可为人们所拥有的物品,拥有了财产权也就拥有了对物的排他性控制的权利。在此前提上,假如法律对于这种排他性权利进行约束便认为是破坏了财产权的完整。但与此相反,现代社会所阐述的财产权理论却越来越趋向于财产权分解的概念,并消除了财产和实物之间的联系。格雷进一步认为,财产权是一种与法律权利直接联系的范畴,财产权与物品相对应的观点是经不起推敲的。因为在现代资本主义经济中,大多数财产权都是无形的。就拿财产权的公共形式来说,如公司中的股票份额、债券、商业票据、银行账户、保险单等等。更不用说那些更加神秘而难以确定的财产权,如商标、专利、版权、特许权和商誉。同时格雷指出了普通人对于财产权的误解,在我们的日常语言中,人们常常习惯于说的这些权利,好像它们附着在物品上。因此,当人们说"把钱存进银行"时,就好像我们把物品放在了一个地方。实际上我们正在创造出一系列同抽象的法律制度相对应的复杂的权利,作为保险单的持有者,我们被告知"拥有一块可靠的基石"。但是我们真正拥有的只是与同一种抽象制度相对应的抽象权利。[81]这说明格雷已注意到人们拥有的实际上是抽象的权利,而非物,物仅仅只是权利的一种附着对象。

格雷认为,由于财产已涉及公法与私法、财产法与契约法、权利和责任、物品与权利等多方面的因素,英美法传统财产权概念已无法予以涵盖和适用,"财产权被分解为一系列不连续的部分,……它们之间互不联系,没有共同语言。原来起源于物品所有权概念的法律上的'财产权'的含义,在法学和经济学的一般理论框架中并没有获得统一的概念。从目前流行的说法中似乎可以得出这样的结论,目前设计和操作发达资本主义经济的法律结构的专家们可以根本不用'财产权'这一概念。"[81]另一美国法学家肯尼斯·万德威尔德也从同一角度着手,探讨了财产权概念的新变化。他认为,在19世纪初,财产权被理想化地定义为对物的绝对的支配,但在许多案件中,法律所宣称的财产并不包含"物",或者权利人对物的支配并不都是绝对的。但19世纪中后期,布莱克斯通的财产概念所包含的物质属性和绝对支配的例外形式愈来愈多地被纳入法律之中,法院的判决越来越倾向于把有价值的利益当做财产来看待,甚至在没有"物"的时候也是如此。这种保护价值而不是保护物的做法(即财产的非物质化),极大地拓宽了财产适用的范围,使任何有价值的财产都潜在地可能成为财产的对象。因此,在19世纪末,布莱克斯通的财产概念已彻底过时,已经被一种新的财产权概念所取代。这种新的财产是非物质的,不是由支配物的权利所组成的,而是由有价值的权利组成。[82]

3.2.4 从财产权制度到产权制度①

在启蒙思想家的观念中,财产权实际上还仅限于对物质财产在静态归属意义上的一种权利。但是,随着生产社会化程度的提高和分工的深化,物质上同一的资产各种潜在的有用性开始被技能各异的人发现。这意味着,同一物质资产上的有用性可能被不同的人所利用,这些有用性的交易在可能为各方带来收益增加的同时,也形成彼此间"强烈的依赖关系"和双方收益的"不确定性"。行为相互渗透、相互交织的主体之间彼此影响和干扰,即产生了"外部性"。"给未被认可的权利确定所有权"的要求由此产生,

---

① 这一节中主要思路来自冯涛和鲁政委的研究成果的启发。

不过其指向已经不再是物质实体本身的归属问题,而是行为权利的界定,即产权问题(冯涛、鲁政委,2003)。[65]科斯认为,产权所要决定的是存在的合法权利,而不是所有者拥有的合法权利。科斯指出:人们通常认为,商人得到和使用的是实物(一亩土地或一吨化肥),而不是行使一定(实在)行为的权力。我们会说某人拥有土地,并把它当做生产要素,但土地所有者实际上所拥有的是实施一定行为的权力。[39]循着科斯的理论逻辑,我们发现产权就是使一个人或其他人受益或受损的权利,它只有在不同的所有者之间发生利益关系时才有存在意义。产权是物进入实际经济活动后所引发的人与人之间相互利益关系的权利界定,这一界定可以是明确指定的(如法律规定的权利),也可以是隐含的(通过道德、习俗等加以承诺或默认);产权关注经济活动中人的行为;产权有着更广的外延,如以某种方式使用他人财产的权利、摆脱遭受侵害的权利、因发生欺诈而得到赔偿的权利等都是产权的形式。

需要注意的是,产权的行使将受到某种限制,这种限制既可能来自于禁止某人利用自己的财产去损害他人权益的社会强制,产权行使的受限制又可能来自于产权的分解。产权分解意味着同一产权结构内并存着多种权利,每一种权利只能在规定的范围内行使,超出这个范围就会对其他权利造成损害,从而要受到其他权利的约束。产权行使的受限制还来自于人的理性选择本身。因为人与人之间的经济关系充满了利益矛盾,产权的界定就是为了减少直至消除这些矛盾。如果产权的行使不受限制,行为人的决策后果所引致的外部性就难以内部化,极端的自利追求会导致人与人之间冲突的激化,反过来也会损害个体本身的利益。因此,一个理性人在行使产权时会自觉考虑约束条件的限制,把与其相关者的利益也纳入保护的范围。[83]

产权是财产权的全方位的扩展和延伸。从经济整体的角度看,产权在承认物质资本作为经济资源要素之外,还将货币资本、信用资本、无形资本,尤其是人力资本纳入经济要素之列,大大扩展了人们对社会经济资源客体的认识深度,并十分准确地将人力资本作为主动性资产,将非人力资本作为被动性资产,突出了人力资本要素的主导地位。从经济主体的角度看,产权除了研究财产权所有者的所有权外,将视野扩展到了各种经济资源所有者的经济效用的实现问题,并进一步研究了各种经济资源所有者效用之间的关系,指出了从工业经济社会向知识经济社会转变过程中,人力资本要素所有者的产权实现的重要性已大大超过了非人力资本要素所有者的产权实现问题。从人与人之间的关系角度看,产权除了继续物质资本的所有权的研究之外,还将注意力较多地放在了人与人之间在社会经济活动中的各种利益矛盾的解决上,最典型的例子即"外部性"问题,从而将人与人之间的错综复杂关系从动态的角度,多环节、多层次地进行了研究,构建了一个人与人之间利益关系的多维主体结构。从以上我们对产权与财产权关系中看出:产权概念是对财产权概念全方位的扩展与深化,是在适应了人力资本在社会经济资源要素中地位的不断提高,人力资本所有者产权的重要性日益显示出来的人与人之间的权、责、利关系日益多重化、复杂化的情况下,理论概念上的新发展。[84]周业安等从产权制度的变化改变知识空间来反推,人们对共同机制的渴望,即产生对产权制度的需求。"一定的社会结构决定了当事人的知识空间,而每个当事人的知识又是不同的,体现为社会中知识的分散化,在这两个前提的作用下,当事人必须通过社会交往来寻求一些共同的机制,以标准化明示知识、间接地传递默示知识和提供创新平台。作为制度的产权安排本身不是原因,而是结果。"[85]

不难看出,人们关注的重点从财产权利向产权转变,同一不可分离的物质财产上行为权利的分割,意味着传统财产权的完整性和不可分割性被打破,私有产权在向社会化的方向上发生着变异。在此状态下,已经有着众多的利益相关者存在。此时财产所有者抓住机会,将自己无能力增殖的一部分权利让出,以待有更大的收益。就公司而言,规模的不断扩大,利益相关者群体增多,并且产生冲突和损失的机会增加,凸显产权问题。相反企业规模小,这些问题并不明显。总的来讲,这一转变是为了解决财产外延扩展带来的外部性问题。产权制度在财产权制度的基础上得以强化。从社会治理的角度看,生产社会化事实上已经使纯粹的私人财产所有权逐步社会化了。从中我们可以得出这样一个结论:财产权从法律关系进入到经济活动领域之后就演化为产权关系;产权关系表明,人类社会治理机制已从物权的法律层面深化到人的行为权利层面。整个西方历史的演进表明,它们从财产权向产权的过渡是在经过几百年的文艺复兴运动之后发生的一种自然转变。没有法律层面的财产权制度的历史强化过程,就难以有人的行为权利调整的准则;反过来,没有人的行为权利的调节制度,财产权利的局限性就无法打破,生产社会化带来的效率增长就难以实现(冯涛、鲁政委,2003)。[65]

3.2.5 产权的社会文化内涵[86]

尽管产权是经济实存中的法律现象,但产权问题归根到底却不是个法律问题，而是社会文化问题。因为，从人类法律史来看，内在于市场交易过程中的产权及其结构，基本上是西方法律体系本身形成与演化过程的一个内生产物，而西方法律体系和演化过程本身，又是西方文化演化过程的一个组成部分和自然结果。

从现代产权经济学的观点来看，市场机制所内在的产权结构与文化精神有关。传统中国社会内部没有构成一个市场体系所必需的产权结构恰好证明了这一点。按照产权经济学家巴泽尔的见解，产权本身只不过是所有者个人保护自己所控财物之努力和程度的一个函数。依照这一思路，我们自然会得出这样一个结论：产权的存在及其存在的"强度"，不只取决于是否存在一部保护个人人权和物权的法律，也不仅仅只取决于个人保护自己所控财物的意愿和努力，取决于他人（包括政府官吏）对一个所有者对自己所有物的控制和支配这一事实的承认、尊重和认可。

因为在任何一种市场体系中，只有当尊重他人的产权变成了所有市场参与者（包括政府官员）的一种自觉意识并体现在人们无意识的经济活动中时，产权才会生成，所有制结构才会存在。基于这一判断，产权，应该是、也必定如斯密和哈耶克所认为的那样是市场自发演化和扩展过程的一个自然结果。这当然也离不开法律体系的完善和法律的规定、保护和实施。概言之，只有当我们的社会中尊重他人财产和权利的文化意识成了人们的共同知识和各人的自觉之后，我们才会有一个良好市场体系所必须具备的刚性产权结构。

3.3 产权理论及经济效率的含义

3.3.1 产权制度安排与产权理论

西方现代产权理论的系统提出是在 20 世纪 30 年代，以 1937 年科斯发表的《企业的性质》一文为标志。[87]科斯指出："人们会使某人拥有土地，但土地所有者实际上拥有的是实施一定行为的权力"，而且这种行为权是受到限制的，"个人权利无限制的制度实际上就是无权利的制度。"可看出，产权和所有权是有明确区别的：产权是受到时空限制的所有权。在科斯那里产权是指产权主体对财产所拥有的一组权利，人们拥有某种产权，并不意味着一定拥有相应的财产，换句话说，人们可能在不拥有某项财产的前提下取得对该财产的某项产权。科斯认为，"产权是对（物品）必然发生的不相容的使用权进行选择的权利的分配。它们不是对可能的使用施加的人为的或强制性限制，而是对这些使用进行选择时的排他性权利分配。"科斯的产权理论最初是从研究外部性，即私人收益与社会收益的不一致性入手的。他在这里所说的使用权并非单纯指具体物的使用权，而且包括在物权基础上所产生的外部收益或损失的承担权，关注的是对此承担权在利益相关者之间的不同分配所产生的不同后果。[39]

在科斯之后，不少经济学家对产权作过定义。波斯纳、德姆塞茨、诺斯、柯武刚和史漫飞等从排他性和让渡性来定义产权。因为排他性激励着所有者寻求资源最有价值的用途，可让渡性促使资源由低价值用途向价值用途转移。诺斯概括说："产权的本质是一种排他性的权利。"德姆塞茨注重从产权在社会体制中的功能和作用来阐释产权。他认为："产权是一种社会工具，其重要性就在于事实上它们能帮助一个人形成他与其他人进行交易时的合理预期。这些预期通过社会的法律、习俗和道德得到表达。""产权包括一个人或其他人受益或受损的权利。……产权是界定人们如何受益及如何受损，因而谁必须向谁提供补偿以使他修正人们所采取的行动。"所以，在德姆塞茨看来"产权的一个主要功能是引导人们实现将外部性较大地内在化的激励。"从德姆塞茨的论述中可以看出，他理解的产权主要着眼于从人与人之间的社会关系出发，将产权界定为人们是否有权利用自己的财产获取收益或损害他人的权益，以及他们之间如何补偿的规则，即把产权归结为一种协调人们关系的社会工具。考特和尤伦、埃格特森认识到经济学产权概念和法律意义的产权概念的范围不同。规范和支持产权的制度并非仅限于法律制度，还包括各种成规、社会习惯、传统等非正式约束。经济学家阿尔钦给产权下了更有包容性的定义："产权是一个社会所强制实施的选择一种经济品的使用的权利。""私有产权是将这种权力分配给一个特定的人，……是对必然发生的不相容的使用权进行选择的权利分配。"或者说产权是人们使用资源时所必须遵守的规则。他进一步指出，产权是"授予特定的个人某种'权威'的方法，利用这种权威可从不被禁止的使用方式中，选择任意一种对待物品的使用方式。"阿尔钦不仅把产权归结为一种权利，而且更强调产权作为一种人们对资产的排他性权威的规则，是形成并确认人们对资产权利的方式。菲吕博腾和配杰威齐[88]认为产权不是指一般的物质实体，"不是指人与物之间的关系，而是指由物的存在及关于它们的使用所引起的人们之间相互认可的行为关系。产权安排确定了每个人相应于物时的行为规范，每个人都必须遵守与其他人之间的相互关系，或承担不遵守这些关系的成本。因此，……它是一系列用来确定每个人相对于稀缺资源使用时的地位的经济和社会关系。""产权安排确定了每个人相对于物时的行为规范,每个人都必须遵守他与其他之间的相互关系,或承担不遵守这种关系的成本",这就是一般意义上的产权机理。[89]

尽管现代西方经济学家对产权的定义不尽相同,有的甚至存在较大差异,但这些定义却表现出共同的本质特征,这就是权利、利益和市场交换的有机统一。换句话说,产权主体对财产所拥有的权利以及由此决定的经济利益及其市场中的可交换性三位一体,构成产权的有机整体。具体而言,在他们看来产权无非是产权主体对财产所拥有的权利,是产权主体取得经济利益的来源,有什么样的产权安排,就有什么样的经济利益格局,没有经济利益的产权和没有产权的经济利益同样是不可想象的,而市场交换恰恰是实现产权转化为经济利益的媒介,是实现经济利益具体化的手段,没有市场交换,权利就不可能转化为经济利益,产权也就失去了存在的价值。与此同时,在市场中进行交换的财产多种多样,但无论是商品还是劳务,所交易的只是特定的权利——一种占有、使用、处分特定财产的权利,而财产本身只不过是这些权利的载体而已。另外,产权的实质是所有权及其派生出来的一系列权能,对一项财产而言,所有权固然是产权的重要内容,但并不是全部内容,在财产的运动中,所有权会派生出一系列权能,如占有权、处分权、使用权、收益权、馈赠权、经营权、继承权等等,产权主体可以拥有有关财产的全部权能,构成完整的产权,也可以只拥有一项或几项权能,形成产权的残缺,但无论是完整的产权,还是残缺的产权,全都属于产权的范畴。因此产权是一系列权能的组合。[90]

纯粹形式的产权实际上是一种法学立场,对经济学有意义的是事实上的产权,这种产权是考虑到了有关成本因素的产权。通过类似的对法律权利和经济权利的区分,巴泽尔引入了产权的交易成本概念,即与转让、获取和保护产权有关的成本。在现实世界里,人们对资产的权利不是永久不变和绝对的,而是不断发生并不断放弃的,在权利发生、发展和变化的不同阶段和不同时期都会产生成本。为简化问题,可以按段毅才的方式将这些成本分为两类[91],即界定产权的成本和产权界定后交易中发生的成本。随着资源属性和经济条件的变化,均衡的产权界定也在不断变化。精确地界定产权能够带来收益,但也是一项成本高昂的活动。界定产权的成本不仅包括直接的资源耗费,错误配置产权的风险,还包括为争夺产权而进行的过度投资、抢先投资等非效率行为。在存在交易成本的情况下,产权不能得到最佳界定。没有界定的权利的价值就被置于公共领域,成为公共财产,个人会努力花费资源以攫取落入公共领域的租金,引起租金的耗散。[78]

当政府作为界定产权的主体时，由于信息成本和代理成本的存在；租金耗散的情况更加严重。

产权界定后，随之而来的是对产权的交易。这种交易可能着眼于对错误的初始产权界定的调整，也可能是对经济条件变化的反应；或者是所有者寻求租金耗散最小化的努力。交易过程也会存在自身的成本，包括搜寻成本、讨价还价成本和执行成本。一旦交易的成本超过交易的收益，交易行为变得不经济时，权利的初始分配就会成为终极分配，不完整的甚至是错误的产权就将持续存在。[92]在这个意义上，合法权利的初始界定会对经济制度的运行效率产生影响，而经济结果也将依赖于社会和法律体系的具体运作，依赖于有关的责任法规。波斯纳进而建议，从效率的角度出发，应将初始权利分配给对其具有更高价值的一方，并认为普通法法院在多数情况下可能接近最佳的产权界定。

通过将产权分配给不同的主体，产权制度确定了所有者关于资源如何使用的决策实际决定用途的范围，提供了每个人对应于物的行为规范，使每个人必须遵守与其他人间的相互关系，或者承担不遵守这种关系的成本。简而言之，产权制度是同时调整人与自然和人与人之间关系的制度安排。只有鲁滨逊的世界里不需要考虑与其他人的关系，而任何一个人以上的经济必然包含有制度。任何社会中个人对资源的权利都是由产权制度赋予、规范和支持的，产权结构各个维度的界定和实施也离不开国家力量、法律限制和社会习惯这些制度安排。离开对制度框架的理解，产权的功能、意义和后果无法得到清晰的说明，甚至会导向错误的认识。在现实世界中，对同一资源的各项权利可能归属不同的个体，形成产权的分割。正如巴泽尔指出的[78]，不仅商品的产权可以分割，组织的产权也可以分割，对产权的分割可以增加来自交换的净得益。产权的分割使大规模集中的财产得到有效利用，并增进了专业化和知识搜寻的收益，这方面现代公司中所谓所有权和控制权的分割是一个典型。与此同时，产权的分割也会由于不同权利持有人之间利益、知识、风险态度等方面存在的差异而无法实现联合收益最大化，必须以各种契约、组织或法律的安排加以解决。

3.3.2 产权制度安排多元化及经济效率

埃格特森[93]对现实世界的产权形式粗略地提供了一种划分方法：私人所有制、国家所有制和共同所有制。如果将完全的私人产权作为一个极端，理论上的共有产权作为另一个极端，多数的产权安排处在二者之间的中间地带上。归根结底，并不存在纯粹的产权形式。我们这里的产权包括法律意义上的权利，还包括构成人们行为约束的各种社会规范。产权界定的主要功能便在于使外部效应内在化，产权重新安排对改进效率产生重要影响，利益格局重新生成。"产权方面的细微的变化可以改变经济系统的宏观业绩并导致经济的增长或停滞。政府对产权结构的任何重新界定都会产生福利影响。"[93]产权经济学认为经济学要解决的是由于使用稀缺资源而发生的利益冲突，用产权来解决冲突。经济学中的交换实质不是物品、服务的交换，而是一种权利的交换。如果产权没有界定清楚就无法交易，交易规模会缩小。而明晰的产权提供了人们进行一切交易活动的基础，为人们提供更大的选择空间。

在市场经济中，不同产权主体的产权的效率各异。产权理论的中心任务是要表明产权的内容如何界定和可以预期的方式来影响资源的配置和使用，科斯定理体现了产权与资源配置的关系。不同的产权形式具有不同的资源配置后果，为了方便，我们用经济学分析方法分析私有产权和共有产权的经济效率。①私有产权是资源的使用和转让以及收入的享用权界定给了一个特定的人，他可以将这些权利用其他附着了类似权利的物品相交换，他对这些权利的使用不应受到限制，他对权利的使用完全是由个人做出的。私有产权具有可分割性、可分离性和可转让性。私有产权不仅分享剩余，而且承担财产损失，也就是私有产权中激励和惩罚共存，在私有产权中很难找到"偷懒"行为。私人产权的明显特点是利用市场价格机制，竞争使交易成本降低，为个人提供了从交换关系中退出的选择权，对交易成本高的组织提供的制约（张五常，2000）。[94]同时还将个人的企业家精神、创造性和竞争性引入建设性和平的方向，从而化解了交易双方之间不可避免的冲突。我们必须注意的是对具有私人物品属性的资源来讲，产权的私有才有高效率。共有产权是某个人对一种资源行使某一种权利时，并不排斥他人对该资源行使同样的权利，或者说，这种产权是共同享有的。共有产权在个人之间完全不可分，每个人可分配都对此拥有全部的产权，但这个资源或财产实际上并不属于个人，每个人可分配剩余，但财产损失完全由社会承担。因此，对资源的利用带来"外部性"。换句话讲，共有产权无助于精确衡量每个人使用资源带来的成本，人们缺乏考虑自己的行为对他人的外部性影响的内在激励，导致私人边际成本小于社会边际成本。另外，会

---

① 产权按权利界定给不同的行动团体，分为私有产权、共有产权和国家产权（政府产权）。国有产权和共有产权一样会产生外部性，影响效率的提高，在这里不再论述。

造成过多的人使用资源"拥挤"现象。比如，共有森林的过度砍伐，公海上过度捕捞，环境污染以及交通拥挤等。共有产权的场合使用配额限制，有利于减缓资源的浪费的程度。一般认为，具有共有性的资源不宜产权私有，因为私人使用这种资源会产生机会主义行为，使用效率会更低。共有产权容易造成"公地悲剧"。产权以何种形式存在，对不同资源的界定成本与节约的租值耗散比较，前者大于后者，私人产权将不会存在，资源共同所有。因此，按资源的性质划分产权是提高效率的基础。我们强调的是分析产权效率是针对不同性质的资源，就同一种资源不同的产权界定，产生不同的效率。如果笼统地讲私有产权的性质和共有产权的性质不具有可比性，当"公共物品"界定为私有产权时反而不如共有产权有效率，在这里我们讲的产权清晰，并不是产权的单一的私有化。斯蒂格利茨主张：私有化和国家对企业的控制可以并且同时进行，私有化不是改革的唯一目标。

3.3.3 产权制度变迁的经济学意义

产权本来也是动态的概念。[95]针对产权的起源和变迁机制，西方现代产权经济学引入交易成本的评价标准。西方主流产权理论采用在新古典经济学的框架内加入交易成本内容的分析范式，使新制度经济学与新古典经济学区别开来并改变了研究方向。交易成本使所有权的分配成为经济分析的首要因素，从而使制度结构成为理解经济的关键。西方产权理论发展制度主体分析、交易成本分析和契约分析具有一定的理论解释力。产权可以起源于习俗、习惯和意识形态等非正式规则，也可以来自国家强制实施，甚至基于个人之间的武力威慑。对产权的保护国家是费用最低的一种形式。德姆塞茨的观点是当内部化的收益大于内部化的成本时，产权就会产生将外部性内部化。内部化的动力来源于经济价值的变化、技术革新、新市场的开辟和对旧的不协调的产权的调整。

总之，在新制度经济学兴起之前，产权问题往往是哲学、法学的主题，而经济意义上的产权是考虑了成本（交易成本）的因素。产权的界定、实施和交易都要承担相应的交易成本；反过来讲，交易成本也是产权存在的必要条件。产权可以视为节约交易成本的一种制度安排。从人类历史上看，有效率的产权制度是解释农业革命和产业革命的关键，但产权并不必然向有效率的方向演化。不难理解，到目前国内外指导国有企业改革的理论产生分歧，一种是以张维迎为代表的产权理论和以林毅夫等为代表的市场竞争理论，并提出不同的政策建议，清晰产权和完善市场竞争。

20世纪80年代以来，产权经济学得到原计划经济国家人们格外的重视。

其主要原因在于产权经济学所研究的根本问题——制度的选择与变迁,正在这些国家发生,并成为这里的人们亲身体验和经历着的事情。改革是制度安排的创新,改革过程是制度变迁和权利的重新界定的过程。制度安排是"公共物品"为一个共同体所共有,并总是依靠某种惩罚而得以贯彻。它可以抑制经济当事人在经济行为中可能出现的机会主义行为。恰当的制度安排是增长的必要前提。没有制度就没有经济学的理性。制度变迁是制度安排的演进和创新。制度安排之所以被创新,是因为许多外在性变化促成了利润的形成,但是又由于对规模经济要求,将外部性内在化的困难,还有人们厌恶风险、市场失灵以及政治方面的原因,"而使这些潜在的外部利润无法在现存的制度安排结构实现,因而在原有制度安排下,某些人为了利润,就会率先克服这些障碍,从而导致一种新的制度安排的形成。"[96]制度变迁过程是新旧制度安排的成本—收益分析的过程。新制度经济学认为新制度的预期收益大于变迁成本,制度变迁的发生成为可能。交易成本的引入制度经济学,虽然交易成本很难具体量化,在假定预期收益不变的条件下,比较制度安排的交易成本的大小,新制度存在的交易成本低于旧制度存在的交易成本,于是就有制度变迁的要求。

3.4 中国产权制度改革逻辑起点的缺失

3.4.1 中国传统文化对财产权的漠视

传统是一个历史范畴,它是在不同生存环境,不同历史时期,不同生产方式和社会制度条件下形成的被人们普遍接受的思想行为规范和准则。随着时间的推移,上一历史时期的某些思想行为规范和准则,被下一历史时期的人们自觉或不自觉地遵循着,它反作用于现实社会,产生积极或消极的影响。传统文化是历史的结晶,蕴含的思维方式、价值观念、行为准则具有遗传和现实性。千百年来,中国社会占支配地位的正统思想或意识形态,自然是传统儒家思想。它所确定的伦理规范和道德准则,不仅界定了士大夫阶层的道德理想和社会责任,而且也影响着平民阶层基本的社会心态、价值取向乃至风俗习性。尽管儒家注意到了经济发展与社会稳定的关系,如提出民无恒产,因无恒心;仓廪实而后知礼节,衣食足而后知荣辱等等,但是,作为农耕文明的产物,儒家倡导重农主义的经济观(这可以从"士农工商"的社会序列和"重农抑末"政策看出)、"不患贫而患不均"的平均主义思想、"重义轻利"的倾向则是一种停滞的经济观,对现代经济发展具有消极影响。需要注意的是,"中国自秦汉以来,由儒家所宣扬的'人之初，性本善'就成为占主导地位的人性观。因此，以清晰划定财产所有权的方式来规范人们的行为似乎是没有必要的。西欧近 200 年以人为中心的文艺复兴运动，已经将'人的生命、自由和财产权利神圣不可侵犯'的种子深深植入了普通人的心中。与之相比，中国漫长历史上对个体权利漠视的流弊一直没有得到有效的检讨。如果说，意识形态和文化决定了制度变迁的方向，那么，没有经过历史强化的财产权利就必然难以过渡到真正有效率的产权制度安排。"（冯涛、鲁政委，2003）[65]中国传统的儒家伦理文化的许多思想和价值取向已不能适应现代经济发展的要求。[97]

（1）家族化的伦理基础。从那个最深厚的文化层次中流传下来，至今仍是中国人行为的核心的，是"家"的概念。[98]的确，儒家伦理文化从一开始就是以家庭宗族的血缘关系为本位的。儒家曾将人的社会关系概括为"五常"，这实际上意味着，家庭伦理在社会关系中占据着中心位置，家庭是人在社会、政治、经济及其整个世界活动中的根据地。同时，在中华传统社会中，"家"与"国"是不可分的，是同构的，在儒家伦理看来，家与国，父权与君权，维系血缘家庭的家族制度与国家的政治法律制度是可以互动的，"修身、齐家、治国、平天下"就明确地表现了这种同构性质。于是，家庭伦理成为立家、立业、立国之本，家庭制度在中国得以久盛不衰。客观上讲，中国家族制度在维护统治秩序、德化人民、传播文明等方面起到了重大作用，但是家族制度过于重视集体利益，在一定程度上压抑了个人利益及其能动性，不能调动起个人的积极性。同时，家庭制度天然地对外部世界上有排斥性，不利于技术革新和提高。

（2）人情化的思维方式。经济史中大部分的交易是人情化的交易，以小量的生产在小地方交易，重复交往，同质的文化价值和没有第三者来强制执行是这种交易的主要条件。非人情化交易是成功的现代化、社会化大生产最主要的方式，订立契约和由第三者（司法系统）来强制执行契约是这种交易方式运作的主要条件。在儒家伦理中，其思维方式为"德治"、"礼治"，而非"法治化"或"理性化"模式。这种人情化的思维方式不利于人们建立起稳定的行为预期和制度预期，不适应于经济长期稳定的发展，不利于形成现代社会化生产所需要的经济体制。

（3）重义轻利的价值观念。儒家伦理的价值观念是通过所谓"义利之辩"阐发出来的。"君子喻于义，小人喻于利"反对功利理性是儒家伦理对义利关系的最佳描述。正是这种心理态势对经济发展中的资本积累、规模扩张及进一步发展起到了严重阻碍作用。由重义轻利派生出来的是对于竞争所产生的收入不均及社会不安的反感,即所谓"夫有国有家者,不患寡而患不均,不患贫而患不安。"这种平均主义的价值取向显然不可能调动起经济主体从事经济发展的积极性。

（4）秩序化的理性主义。儒家伦理特别讲究"中庸之道",其理性是一种秩序的理性主义："宁作太平犬,不作离乱民。"中庸之道虽有不甘落后的一面,但秩序化的理性主义更普遍地表现为论资排辈、迎合大流。在知识经济时代,这种秩序化的理性主义无疑是经济发展的最大梗桎。韦伯理论给我们的启示是在经济发展过程中需要有一种理性化的行为目标,任何一种伦理观念,只要使得人们的行为目标理性化了都是可以创造经济发展的。在马克斯·韦伯看来,新教伦理之所以导致一种资本主义精神的出现和资本主义的形成与发展,关键在于新教伦理培养出具有个人主义品格的新教徒,从而有助于建立在私人财产制度、竞争和个人主义基础上的资本主义的产生。[99]

事实上儒学对中国文化的影响是全方位的,渗透到政治、伦理、哲学、文学艺术、科学技术、宗教等各个领域和制度、习惯、思想意识等各层面,并制约着中华民族的思维方式、价值观念审美情趣、道德风尚等深层文化的社会心理和社会习惯。儒学是中国传统文化的主导思想,对中国传统文化乃至整个社会生活都有着深远的影响。高伟定将海外华人企业发展与华人家族特别是儒家伦理价值观相联系,[100]声称从儒家的家长制、忠诚、信用等观念中找到了"华人资本主义精神"。作为传统文化,无论是西方的新教,还是东方的儒家,无疑都是在长期的历史发展过程中形成的价值体系,尽管包含着促进经济发展的成分。但作为既定社会的思想形态,在相当长的时期内将对背弃传统的新生产方式的兴起起阻碍作用。就儒教而言,它在漫长的历史上实际上并不利于新型经济特别是与近代资本主义相联系的商业经济的发展,在传统的社会结构中近代经济的商人阶层实际被置于士农工商四个等级的最底层。

在儒家思想体系中,经济与伦理的关系始终是本末倒置的,即经济生活被看做是由道德生活所决定和制约并具有道德价值的。在处理人们的利益关系时,儒家强调"以礼制中"。在儒家看来,"礼"是节制人的欲望、规范人的行为、协调社会关系以实现利益均衡之纲纪。为了国家的长治久安和社会的稳定和谐,必须在彼此对立的社会各阶级、各等级之间寻求某种妥协并发现其均衡点,最终以"礼"的形式确定下来。这种以礼制中或中庸守常原则引入经济生活后,便是强调社会各等级之间的经济关系的均衡，即孔子所谓的"不患寡而患不均"。这里当然不是主张绝对平均，而是强调不可打破"礼"所确定的利益均衡点和名分均平原则，以免因贫富分化致使道德秩序和等级均衡的破坏。这种伦理传统，不仅界定了儒家讨论经济问题的重心不在于如何发展生产和怎样增殖财富，而是更多地把注意力集中在分配问题上。在相对稳定的社会秩序中，名分均平原则能为各个阶级和等级在自己的等级地位和价值意义上所广泛接受，因而它既可以构成打破某种秩序的社会动员机制，又能够成为这种秩序恢复与重建的制度模式和伦理准则。中国社会数千年的治乱兴衰终究走不出儒家传统，与这种足以影响正式制度安排的"名分均平"原则已经渗透到民族大众的心理习俗、道德规范和价值信念之中是不无关系的。

3.4.2 转型期中国改革是原有财产权制度下的改革

在 1978 年改革开放以前，中国的财产权制度基本上是一种国家垄断的财产权制度，这种财产权制度的基本特征是：国家直接拥有并经营财产，缺乏产权激励，财富分配相对平均。国家垄断型财产权制度所衍生出的僵化的运行体制严重地阻碍了中国经济的发展。国家垄断财产权制度的变迁源于两个初始条件：[101]一是经济发展的停滞使得社会财富总量难以增加，加上经过多年的政治斗争消耗了大量的社会财富。"文化大革命"时期的 1967～1976 年，国内各项经济指标的平均年增长速度都大大低于 1963～1966 年三年间，据估算，由于政治动乱，仅 1974～1976 年三年间就损失工业产值 1000 万元，损失财政收入 400 亿元，如按正常年份的增长速度估算，"文化大革命"10 年间国民收入的损失达 5000 亿元。[102]二是长期的停滞已使得一部分人陷入贫困和生存的边缘，而财富的平均分配和社会权力的等级状态可能会再次引发社会内部的全面冲突。1974～1976 年，全国人民公社集体总体收入平均每年增加 2%～3%，而开支却增加 8%～9%；1976 年社员每个人得到的集体分配收入比 1974 年减少了 3 元多，社员超支户占总数的三分之一。[103]这说明在这个时期存蕴藏着分配危机。中国转型初始条件的一个基本特征就是当时整个社会处于分配危机之中，而这种分配方式危机与高度集中的计划经济体制相联系的。整个经济转型的初始条件，经济运行机制缺乏动力，国家垄断型财产权制度是根本。中国产权制度变迁并非从直接变更财产权制度开始的，绕开直接改变财产权制度而通过改变经济运行机制来增强原有经济体制活力，并通过引入市场竞争机制来渐进地改变原有国家垄断财产权制度弊端，在原有财产制度不动，而首先解决原有财产制度中的激励机制的问题，这种改革方式是通过改革传统财产制度的内部结构而实现，即实行所有权与经营权分离。中国产权制度改革采用了一种不同于苏联的改革方式，在原来财产权制度下引入竞争机制，促进了经济效率的提高，经济连续获得增长，非公有经济不断壮大。现阶段，中国经济逐步进入改变财产权制度结构的阶段。

3.5 财产权制度缺失的低效率

3.5.1 财产权缺失的行为博弈分析

如前所述，制度的基本功能就是为合作提供"共识"，合作能够创造剩余价值从而能对合作者都带来利益。制度集合体中，财产制度又是最基本的制度。许多制度都是财产制度的派生物或者是为财产制度服务的。考特和尤伦构造了一个关于财产制度起源的思想实验。[104]在这里，他们假设了一个只有人、土地、农业和武力的世界，又与人类发展历史相似的世界，但是没有法院和政府。从这个假想的世界，我们却可以很好地理解财产制度是如何起源和建立的。土地是人们最稀缺的资源，当时只拥有道德上的权利，[105]没有政府保障权利的情况下，这些权利都是由个人和家庭自我维护的。土地对使用者带来的收益要大于维护土地的成本，保护财产的排他是值得的。按科斯的观点，在这种情况下，往往出现个人效率与社会效率的差异，资源的使用对整个社会未必是有效率的。个人保护成本的总和总是大于规模化武力系统，即建立一套法律上强有力的产权制度。在暴力方面具有组织优势的组织就处于界定和保护财产权的地位，有了政府的承认和保护所有人的财产权，每个人的财产安全才有了保障，为形成广泛的社会契约提供了可能。

从麦克罗斯基指出研究财产的起源问题重要性以来，德姆塞兹、麦克马纳斯、安德森和希尔建立和扩展了产权原始模型，诺斯认为人类从狩猎和采集转变为定居农业的真正的革命是产权制度的变革，它极大地改变了对人的激励。费尔德给原始产权理论提供了一个正式的说明。他的模型的目的是为了区分形成排他性权力的产权结构的成本因素。这些成本包括生产成本、内部治理成本和确立排他性的成本，内部治理成本是他新加入的变量，这一成本随着排他性权利的分散而增加。[93]在制度没有建立之前确立排他性权力的方式完全是武力。

在自然状态中，也就是没有政府的情况下，人们靠武力维护财产权的情况如何？我们运用简单博弈模型来加以分析。先假定 X 和 Y 两人，每人并不是同质的，他们各有净财产 R_X 和 R_Y，每人的策略选择都是：侵犯对方

的行为 A 和不侵犯行为 NA。X 侵犯 Y 的收益为 X_A，侵犯成本为 C_X，且 $X_A - C_X > 0$。同样 Y 侵犯 X 的收益为 Y_A，侵犯成本为 C_Y，其中 $Y_A - C_Y > 0$。一方侵犯的收益是对方的损失。由此我们得出一个自然状态下的博弈矩阵，如图 3-1 所示。

财产所有人 Y

		A	NA
财产所有人 X	A	$R_X - Y_A + X_A - C_X$，$R_Y - X_A + Y_A - C_Y$	$R_X + X_A - C_X$，$R_Y - X_A$
	NA	$R_X - Y_A$，$R_Y + Y_A - C_Y$	R_X，R_Y

图 3-1　自然状态下的博弈矩阵

不论 X 还是 Y，在这种情况下选择侵犯策略是值得的，也就（侵犯，侵犯）是纳什均衡。在不了解对方策略的情况下，要求各方作出最后的选择的话，最终结果是"囚徒困境"的结局。从模型中看出只要有侵犯行为，社会总的财产将减少。因此，通过这种方式对财产的重新分配对于社会进步没有任何好处，它只会扭曲社会激励机制。稀缺资源被置于公共领域，人们就以掠夺的方式增进个人利益，而资源的价值不久会降至社会理想的水平下。要解决这个基本的社会困境，就必须给对策者加以外部约束或内在化价值以改变收益矩阵的相互关系，使侵犯不再有吸引力，通过合作协议，互相承认对方的产权和排他权，并建立一个强有力的机制以彻底消除侵犯行为，由此本来用来侵犯或防范的大量资源，现在就可以增加在生产性的投资上，无疑给社会带来合作剩余。假设侵犯对方自己将一无所有，对方只有被侵犯的损失。①合作给各方带来 $R_{NA}/2$ 的额外收益。如图 3-2 所示中就可以看出，财产权是如何消除侵犯行为的。博弈的结果只有合作是最优选择，不但实现了个人利益最大化，也实现了社会的最大化。

从财产权的自我保护到财产权制度的确立的博弈行为模型中看出，财产权制度的建立首先改变了支付，从而改变了激励结构，博弈行为从一次博弈转变为重复博弈也成为可能。在一定程度上解决了"囚徒困境"的问题。

---

① 我们先忽略执行法律的成本和违约、侵权行为应向对方支付的补偿。

	财产所有人 Y	
	A	NA
财产所有人 X A	0, 0	0, $R_Y - X_A$
NA	$R_X - Y_A$, 0	$R_X + R_{NA}/2$, $R_Y + R_{NA}/2$

图 3-2   财产权建立后的博弈矩阵

3.5.2 典型的低效制度

（1）"李约瑟之谜"的解析：缺乏有效财产权体系的后果

经济学家和历史学家都认为，在 14 世纪的中国，就已经存在了 18 世纪末英国产生工业革命的所有主要条件，但"在 14 世纪，为什么中国没有发生工业革命？"通常我们把"工业革命为什么没有发源于中国"的问题称为"李约瑟之谜"。的确，在 14 世纪，中国已经取得了科学技术进步和经济的发展，并且领先于世界。直到 17 世纪后西方的技术进步加快之后，中国却远远落后了。对这一问题的真正的解释是极其重要的，为中国和发展中国家寻找一条现代化的道路。迄今为止，已经出现了许多关于李约瑟之谜的解释，在姚洋[106]和王与君[107]对其进行了分类基础，这些解释大体上可以整理为七类：

第一类是中央集权说。戴尔蒙德是这一学说的代表之一。戴尔蒙德以哥伦布的航海为例来说明他的观点。将中国的落伍归咎于其完整的地理环境所造成的大一统的国家体制。但是，这个假说无法解释中国在此之前为什么能够领先世界一千多年。与戴尔蒙德的解释相类似的是中央集权的税收假说。其基本观点是，在南宋时期中国已经有了工业化的萌芽，却被高度集权的中央税收所扼杀。南宋时期，外患频繁的南宋王朝为了战争而大肆向工商业课税，而且，税收高度集中，地方政府没有任何税收留成。由此一来，地方官员无心扶持当地工商业的发展，相反却加强税收力度，工商业因此在重赋之下凋敝了。然而，这个解释也存在一定的困难。如果南宋时期因为战争而不得不把税收全部收归中央，明、清两代经历了几百年的和平时期。

第二类是思维方式说。李约瑟本人认为，中国之所以没有产生现代科学是因为中国人重实用，而轻分析。东西方人的思维方式的巨大差异是形成东西方不同科学技术发展曲线的根本原因。东方人长期生存条件形成的思维方式是唯物辩证的、宏观调控的有机统一观。与此相反，西方人长期生存条件形成的思维方式是形而上学的、微观分解的机械分解观。因此，人类社会需要的，以应用效益为目的的，宏观调控性质的古代科学技术绝大多数都在中国产生。而只见树木不见森林的缺陷使西方人在古代科学技术领域建树极少，到近代科学技术进入微观分解阶段才最大限度地发挥出其潜在能量作出了巨大贡献。但是，即使中国人的思维方式的确和欧洲人有差别，这种差别也无法解释工业革命为什么没有在中国发生，因为工业革命并不仅仅依赖于科学的帮助。

第三类是戴尔蒙德所说的"英雄理论"：技术创新是少数"英雄"的活动，而"英雄"的数量以及创新的数量取决于人口和技术创新的难易程度。林毅夫也持这种观点。[108]他认为，中国之所以在历史上能够领先世界，是因为当时的技术比较简单，可以靠经验积累完成，所以，中国较大的人口更容易产生技术创新。科学发现则主要是通过以数学化的假说来描述自然现象以及可控实验方法而得到的。但是，现代技术不是建立在经验，而是建立在科学实验的基础上的，人多并不能保证更多的技术创新。欧洲在17世纪科学革命的时候就已经把技术发明转移到主要依靠科学和实验上来，中国的技术发明仍然还靠经验。但是，这个解释重视的是科学技术的产生，忽视了工业革命并不是以现代科学为前提，如同诺斯所指出的，工业革命（公认的时期为1750～1850年）比现代科学和技术的结合（公认为19世纪后半叶）早了近百年。事实上，工业革命是一个渐进的过程，许多技术是经过许多人长时间的经验积累而成熟的。

第四类是资源—经济约束说。伊懋可的高水平陷阱假说是其中的代表。伊懋可认为，中国之所以在工业革命前一千多年里领先世界，而后又被欧洲所赶超，是因为中国受到人口众多、资源匮乏的限制。由于中国人口众多，她就必须全力发展农业技术，以至于到欧洲工业革命时，中国的农耕技术远远领先欧洲，这包括复种、灌溉、密植、耕种工具的改良等等。但是，农业技术的改进所带来的收益完全被新一轮的人口增长所吞噬，而人口的增长又进一步带动农业技术的改进。如此往复，中国在较高的农业水平上维持了巨大的人口。相反，中国工业的发展却受到了有限的资源的约束。伊懋可列举了许多史实，试图证明中国在明末和清朝已经遇到了资源约束的瓶颈，从而无法在旧有的技术条件下取得进一步的发展。他认为在中国早期建立的家庭耕作制度、所有权制度和市场制度，为技术的创新和扩散提供了有效的激励。同样是家庭由男嗣传宗接代的思想，鼓励了早婚和人口高出生率。可耕地面积却不能不断扩大,致使人地比率上升,对劳动替代型技术的需求因之降低,人均剩余在减少,没有足够的积累持续工业化。由此中国便进入了一个"高农业水平、高人口增长和低工业水平"的高水平陷阱之中。

林毅夫和姚洋都不赞同这种"人地比率与技术创新"关系和"农业剩余耗尽"的看法。伊懋可关于中国农业的论述具有相当的真理成分,但他关于中国工业的解释却缺乏说服力,甚至有逻辑错误。所谓的资源约束都是相对的,不存在绝对的资源约束。中国在明清时期的资源瓶颈是相对于当时的技术而言的。但是,还有一个逻辑问题:伊懋可想解释中国为什么没有产生新的工业技术,却又把新技术当做缓解资源约束的前提条件了。

姚洋却认为,只要稍做修改,伊懋可的高水平陷阱假说仍然可以解释中国为什么没有产生近代工业。我们可以回到中国人多地少的事实,考察由此带来的工农业回报的差距。直到近现代时期,中国的农业资本回报一直高于工业的资本回报,这可以从1949年以前南方大量存在的不在村地主现象得到证明。不在村地主指的是那些住在城镇,但拥有土地的人。这些人之所以到农村购买土地,而不是投资工商业,主要是因为土地的平均回报率高于工商业的平均回报率。江南地区的工商业在全国最发达,其回报率尚低于农业,其他地区的情况可想而知。高额的土地回报诱使人们投资农业,工业因此缺少资金,无法发展起来。相反,欧洲由于人口密度低,较低的农业水平也足以支撑人口的增长,工业回报因此高于农业回报,资金向工业集中,欧洲因此向一个高水平的均衡发展。

第五类是社会结构说。中国封建社会的超稳定结构规定了中国古代科技结构不可能向近代科学技术结构转化。从17世纪开始,科学技术出现了加速发展。但中国的科学理论、实验和技术三条曲线长期相互分离,技术线远离于理论线、实验线;而西方的三条曲线相关性较大。中国封建社会的意识形态结构是儒道互补的文化体系,大一统政治形态和商品经济相对不够发达的地主经济决定了它的技术结构是"大一统型"的、封闭的。儒家的思想方法以及伦理中心主义的哲学观,使得中国古代科学理论成为具有无神论与经验论倾向的有机自然观,实验相比之下格外薄弱,它是经验的、神秘主义的和非受控的。

第六类是激励结构说。中国古代的激励结构使知识分子无心从事科学事业,尤其是做可控实验或对有关自然假说进行数学化逻辑论证。对科技发展真正起阻碍作用的是科举考试的课程设置及其激励结构。由于这种特殊的激励体系,中国的知识分子无心于投资现代科学研究所必需的人力资本。这种观点认为,真正起阻碍作用的既不是儒家伦理、政治意识形态的统一,也不是科举制度本身抑制了中国的天才的创造力,而是科举考试课程设置和其他激励结构。

  第七类是制度说。李约瑟认为中国是"官僚体制",这一制度的存在主要是为了维护灌溉体系的需要;而欧洲是"贵族式封建体制",这一制度非常有利于商人阶层的产生,当贵族衰落之后,资本主义和现代科学便诞生了。钱文源等认为是帝国的统一和意识形态的统一阻碍了现代科学在中国的成长。中国传统意识形态中的"重本抑末"思想以及为维护封建政治统治而对人们思想的控制是导致近代中国衰落的重要原因。重本抑末思想、制度以及对人们精神的禁锢完全是为了维护自给自足式的小农经济需要,但却阻碍了重商主义价值观的形成,它没有能力把工匠们的技艺与学者们发现的数学和逻辑推理方法结合在一起。因此,在现代自然科学的发展过程中,中国没有成功地实现向现代的过渡。这种起源上的痕迹在20世纪得到了一定程度的反映。赵显明从哲学和社会环境的角度分析探讨了"李约瑟之谜"产生的原因。[109]他指出,思想上的自由是科学生长的决定性因素,在中国历史上,正是由于宋、元以后程朱理学的兴起限制了人们的思想自由。破坏了促进学术发展的社会环境,才最终导致了中国近代科学技术发展的停滞。这绝不是偶然的,而是有其深刻的社会根源和历史根源的。无论从科学社会学的角度,还是从哲学的角度进行深刻的分析和探讨都会发现,正是宋、元以后程朱理学的兴起导致了"李约瑟之谜"的产生。由于程朱理学的核心是维护地主阶级反动统治的伦理道德观念,因此,正是刚刚接受中原文化的奴隶主贵族统治者加强中央集权统治所需要的。一方面,程朱理学强化了封建的伦理纲常,以"君权神授"和"三纲五常"愚弄欺骗人民,尤其是"君为臣纲"的观念十分有利于蒙古贵族皇权统治的巩固;另一方面,程朱理学成为官学以后,蒙古贵族可以以尊孔读经为核心,以科举制为诱饵笼络汉族地主阶级的知识分子为其所用。在哲学观念上,程朱理学以"存天理、灭人欲"的反动的禁欲主义思想,束缚了人们对美好事物的追求;以"尊孔读经、八股取仕"的精神枷锁扼杀了人们的创造性思维,对中国宋、元以后的社会进步和科学发展都产生了严重的阻碍作用。

  上述关于"李约瑟之谜"破解的各种解说均有其合理之处。但是,他们都忽视了两个极其重要的问题:一是什么是工业革命(产业革命)?以往人们总把产业革命作为资本主义经济增长的原因。诺斯指出:"产业革命不是经济增长的原因,这不过是一种新现象,即经济增长现象的一种表现形式,一个能说明问题的迹象。经济增长的起源可以远远追溯到前几个世纪所有权结构的缓慢确立过程,该结构为更好地分配社会财富的社会活动创造了条件。"[110]显然工业革命不能离开技术革命,没有技术革命,工业革命不会发生,但科学技术的发展与工业化不是一回事,中国古代发达的科学技术并没有实现工业革命。因此技术革命的产生并不必然带来工业革命。二是技术的扩散才是实现工业化道路的关键。以制度层面来解释西方的兴起已经得到了比较广泛的共识。已经建立了"制度变迁的推动因素→制度变迁(而不是技术变迁)→经济增长"的简单模型(如图3-3所示)。中国没能实现工业革命缺乏有效制度的原因,因此推动制度变迁的因素成为我们研究的重点。技术只是给定制度的函数,它是人们对制度进行选择的结果。支撑技术变革的制度设计对西欧工业革命和经济"起飞"的意义要比技术变革的意义更为重要。[111]技术水平突破后,更重要的是如何将其成功地运用于生产领域,创造出经济效益。将技术创新应用于生产需要动力,这种动力则来源于一整套激励机制。制度尤其是产权制度对科技进步和经济增长的激励功能。在14世纪,中国没有建立起一套有效地保护创新、调动人的积极性的财产权制度。在18世纪末之前,英国率先建立了鼓励创新和技术发明的专利制度。1624年诞生的《独占法》是英国的第一部专利法。并且在此时,英国已建立了有效的财产权体系(包括私有产权、专利制度以及知识产权保护制度)。

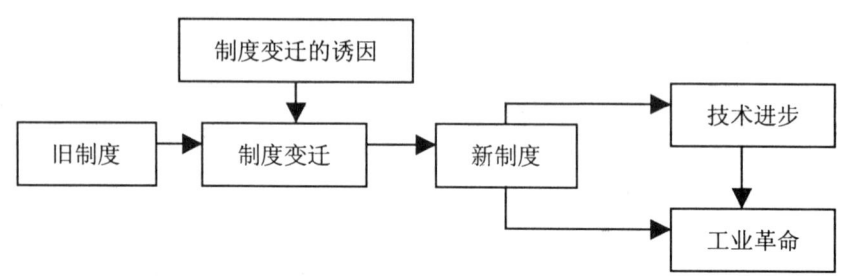

图3-3 制度与工业革命的简单动态模型

企业家将技术运用到生产领域起到了至关重要的作用。近年来经济史学家指出,中国之所以在技术高度积累条件下未能出现工业革命的主要原因是缺乏一个企业家阶层。诺斯进一步指出,在作为工业革命发生前提的充分条件中,恰好被古代中国所遗漏掉的正是一种催生企业家阶层的产权制度创新。[112]一个缺乏财产权保护制度的社会是根本不可能产生企业家的。按照熊彼特的说法，企业家是创新意识的人格化。科技创新活动需要有创新意识的企业家，而创新意识企业家阶层的形成需要有财产权制度的创新。知识产权法的出现就是财产权领域的一次制度创新。正是这种新型的财产权制度才得以出现大量的发明家，并使得这些发明家转化为企业家，从而启动了工业革命并创造了经济增长的奇迹。

那么，没有真正意义上的有效财产权制度的直接后果是：首先是遏止了发明创造。中国仅有的发明创造要么是在忠君思想的支配下创造出来的，要么是出于一种个人兴趣和爱好，而很少用个人收益与社会收益、个人收益与个人成本这样的思维轨迹来审视发明创造。当涉及保护个人收益的问题时，则用保密的方式，即传子不传女的方式加以解决，这样就大大降低了发明创造的社会效益。历史上的中国人从来没有想到要用"专利法"的形式给他们的"知识产权"以保护，这大概也是没有真正的财产权所造成的思维逻辑的惯性使然。其次，由于没有真正的财产权，不能形成市场经济，生产要素不能进入生产领域。也就无法以资本主义的生产方式推动生产获取利润，技术创新活动也失去了现实的经济意义。最后，没有真正的财产权，最容易产生中央集权。于是，中国历史上的法从来都是王法代替与市场经济相适应的法制。结论是非常清楚的，工业革命在西欧爆发在于财产权制度的建立，中国没有发生工业革命在于财产权制度的缺失。[113]

（2）中国古代"重农抑商"政策

（a）重农抑商思想的产生过程

综观中国"抑商"思想的形成过程，我们不难发现，中国古代社会对商业的态度经历了春秋战国时期的"农商并重"到秦汉以后"重农抑商"的变化。①

早在奴隶社会时期，中国古代工商业繁荣就已初露端倪，工商业和农业被置于同等地位。西周时期，由于受到当时生产力的限制，商业不发达，主要是农民之间相互的交换活动，而且主要是生活必需品的相互交换。商人阶层还是很小的，并且商人还不能聚集起大的财富，所以商人阶层还不能形成与地主阶层相抗衡的力量。另一方面，地主阶层这一利益集团正处于成型时期，而且，各封建领主为了发展自己领地内的经济以维护自己的

---

① 重本抑末的真实含义就是：重视农业和农民，这是关于封建王朝稳定的大事；工商业是必要的，但工商业的厚利诱使农民逐末去本。工商业者的奢侈生活对社会风气起腐化作用，必须抑制工商业者。

统治，相互竞争，需要利用商人的力量来发展经济，所以，占统治地位的地主阶层对商人采取了既鼓励又管制的相当宽容的态度。春秋时期，生产力获得了显著的发展，其主要标志是铁器的广泛使用和牛耕的推广，大大提高了劳动生产率。社会生产力的发展引起了生产关系的变革。鲁宣公十五年（前594年）宣布实行的"初税亩"，这是第一个从法律上承认土地私有制的步骤，土地所有权就此转移，中国封建社会也由领主所有制转向地主所有制。社会生产力的提高也促进了手工业的发展和商业的发展，春秋时期出现了以富商大贾为代表的新兴商人阶层来往于各诸侯国之间进行贸易。大量史料说明，从春秋到战国时期，新兴的商人阶层开始挟着雄厚的货币资本登上了历史舞台。在这一时期，商业资本对地主所有制取代领主所有制起了很大的推波助澜的作用。而且，各诸侯之间的竞争促使各国当权的地主阶层出于自身利益的考虑，对商人采取了宽容的态度。

到战国末期，领主土地占有形式已经完全为地主土地占有形式所代替。通过租佃土地剥削地租的封建地主制经济是中国两千多年来占绝对支配地位的经济形式，在这个漫长的历史过程中，占主导地位的利益集团一直是地主阶层。虽然，在这两千多年的时间过程中，经历了诸多朝代的更迭，但是中国的社会形态却呈现出相当的同一性及稳定性。在上层的是地主阶层，他们把握着政权，是社会上最有影响力的利益集团。在下层的是广大而分散的农民阶层，他们规模巨大却不能形成有影响力的利益集团，因此处于被统治地位，只能依靠发动起义或上层中的"有识之士"来表达自己的需求。"天子"是名义上最大的地主，但是，在与广大人民的关系中，起着实际作用的却是广大的地主阶层。通过租佃土地剥削地租的封建地主制经济是地主阶层利益的获取方式，而与此紧密相连的自然经济正是地主阶层获取其集团利益的基础所在，所以，维护自然经济、保障获取利益的基础便成为地主阶层执政的应有之义。战国中后期中国封建社会的地主所有制已经确立，同时商人阶层的迅速扩大，开始侵蚀地主阶层的利益基础——自然经济。战国、秦汉中后期，商品经济和商业的发达程度已经明显地超过了社会经济容许的限度，社会经济容量有限，商业资本没有出路，必然造成对土地的投入，兼并土地，从而破坏小农经济，这无疑威胁到了地主阶层的利益基础。

（b）重农抑商思想产生的理由

第一，富国强兵。战国时代的国与国之间的征战及并吞，使得每个国家不得不极力地致力于国富兵强的战略。当时的生产方式，真正能制造财富的只有农业。工商业所制造及售买的最主要的东西很少是日常人民生活的必需品，而是些非民生必要的奢侈品。[114]高额的商业利润诱使农民"避农"而趋利，如果不抑制工商，必然会产生农业劳动力流失、土地荒芜的现象，这又必然会导致地主阶层的收益锐减。李悝正是从农工商的关系角度提出了抑商政策和思想。荀子、王符喻等都道出了工商业对小农经济的威胁。[115]

第二，商人资本的过度膨胀对地主阶层的政权造成了直接的威胁。商人资本严重损害了农业的发展。确切地说商人资本损害了地主阶层的利益。商人由于受自然经济的限制无法将其资本大规模转化为产业资本的情况下，就将其积累的资本转向购置土地，使其商业利润地租化。商人对土地的大规模兼并，一方面破坏了封建社会的经济基础——自然经济，削弱了地主阶层的利益基础；另一方面通过商业利润地租化与地主阶层争夺利益，损害了地主阶层的既得利益，从而必然受到地主阶层的抵制，这必然会导致抑商政策和思想的形成。在战国、秦汉时期，相当一部分富商大贾是由奴隶主贵族转变而来，他们发家称雄，必然会威胁到地主的政权。"商民善化"即商人不仅善于投机取巧，而且奸诈不易统治。汉武帝时，富商大贾在"吴楚七国之乱"期间，以"关东成败未决，不肯佐国家之急"，有的甚至助纣为虐，支持叛乱。大商人利用其资本进行政治投机，侵蚀地主阶层的经济基础，必然会造成国家和地方政府的财政空虚，也不利于政权的稳定。总之，由于商人的壮大和发展将必然会削弱通过租佃土地获得地租的地主阶层的利益基础并对其政权造成威胁，所以，在地主阶层这一利益集团足够强大从而掌握了国家政权的情况下，通过各种手段来抑制商业的发展进而抑制商人阶层的发展与壮大便成为中国古代封建社会统治阶层的必然选择。

（c）重义轻利作为一个观念的形成始于儒家

儒家的代表人物当首推孔子、孟子和荀况。儒家学派没有什么专门的、系统的经济论述，其经济观点大多夹杂在政治、哲学、伦理观念之中，又因儒家学者多非长期从政，因而更没有经济实绩可言。孔子首先是位思想家，其政治观念以崇周复礼为基调，一生中对"仁"、"义"、"礼"作了极大的宣传。他有关财富、生产、经商、分配等经济问题的观念也是以此作依据来表述的。他的义利观是"义主利从"，而并没有把"利"推到"义"的逻辑的对立面去。和孔子相比，孟子倒是有不少关于经济问题的论述，但是并没有超出孔子的理论范畴。荀况和孔子一样承认"利"的客观存在及其存在的合理性,他和孔子一样是重义轻利的,二者只是在论述角度上有所区别而已。儒家的重义轻利观念直接影响到当时利益集团对商业的政策制定。比如汉代高祖刘邦的贱商政策和武帝刘彻的"算缗"令①。汉代大儒董仲舒,他在论述义利关系时,把孔子的"义主利从"的观念向前推了一步,发展为"贵义贱利"论。因为汉政权的一统天下以及后来的独尊儒术,使"贵义贱利"从此影响中国人的商业观达两千多年。重农抑商的观点是法家提出来的,其代表人物当推李悝、商鞅和韩非。但到了西汉末年,这种思想逐渐儒学化,并在人们的思想领域占据统治地位。李悝主张是"尽地力之教",农业是财富的唯一源泉,"农伤则国贫",鼓励农业劳动者要勤劳,但他把商品生产放到农业生产的对立面去了。秦孝公继位后,立志变革,商鞅实行两次大规模的变法。其经济政策的核心就是重农抑商。需要指出的是,商鞅只是为了重农而抑商,并非是为了抑商而抑商。从商鞅开始,重农抑商成了中华民族两千多年历朝历代的基本国策。对商鞅上述政策做理论上完善的当属后来的韩非,到韩非为止,重本抑末即重农抑商的观念便得到了完整的阐述。到了西汉盐铁会议后,它已经完全被儒家所接纳,贾谊、晁错等人的重农抑商的思想和行为是宗法韩非的。他们提倡这种思想的主要目的是为使民风淳朴,商人的智巧与儒家进德修业的理想不相合,为了防止人民相诈,使人民不去无尽地追求财富。

3.6 制度设计的次序选择

3.6.1 渐进式改革的延续

转轨经济的传统分析方法有四种,[116]一是将其与转轨速度联系起来,用速度来进行分类和价值判断,其对应激进改革与渐进改革的二分法;二是与转轨过程中的成本—收益联系起来,以成本最小或收益最大来进行分类和价值判断;三是与预先设定的转轨目标联系起来,并将这种目标转化为一定的可观察的指标来进行分类和判断,其思想来自"华盛顿共识"和"后华盛顿共识";四是与政治体制的变革联系起来,以是否改变政治制度

---

① 武帝元狩四年,当时用线串一千钱为一缗,算缗就是向商人和高利贷者加重征收财产税,对商人、高利贷者、囤积者所拥有的现钱、货物、放出债物、牲畜、房舍、土地、奴婢以及其他财产折算总额,每两千钱资本收税一百二十钱(即一算),税率由原2%提高到6%,这比非商人的财产税率1.2%要高出许多。一旦发现隐瞒财产,便罚守边一年,财产全部没收。

进行分类和价值判断，宪政规则的大规模改变被列为转轨的核心，经济转轨只是其中的一部分。除中国经济的持续高增长，大多数转轨国家的经济绩效与预期有巨大偏差。[117][118]推行华盛顿共识的国家几乎都处于经济危机的困境之中。拉美国家发生一连串的经济和金融危机，20世纪90年代的经济增长率平均比80年代降了一半，东欧实行休克疗法的国家无一例外地陷于大幅度的倒退。而"北京共识"的发展模式取得了突出的成绩，产生了具有世界意义的影响。①当然这两种模式始终遵循着市场经济比计划经济更有效率的假设前提。经验表明中国渐进式改革道路是正确的选择，况且中国成功的渐进式改革得到国内外大部分学者的认同。中国改革的成功是中国特殊国情的产物，特殊的经济结构、特殊的历史文化传统以及特殊的改革路线乃至于领导的特殊偏好都发挥了重要作用。渐进式改革符合"社会主义市场经济"理论决定的改革目标和改革内容。中国渐进式改革的基本特征是在旧体制存在的基础上建立新体制，人们能从旧体制和新体制中同时获益，新体制的成长为旧体制的改革创造了条件，逐步改革旧体制。渐进式改革越成功，新体制成分增长越快，经济增长率越高，渐进的道路的选择越坚定。中国的前期改革已取得了阶段性的成果，顺利地达到了各项改革目标，但是，改革的战略重点在"体制外"——非国有经济和农村。用新古典经济学的理论分析，渐进式改革符合经济学"有限理性人"的假设，以改革的成本最小化为目标。渐进式改革是增量改革，在改革初期是"帕累托改进"，有利于降低摩擦成本，减少改革阻力。但是在改革中有人受益而无人受损是不可能的，尤其在改革后期，往往存在着"非帕累托改进"。在双轨体制中，旧体制和新体制之间存在着矛盾和冲突，会造成效率的损失。确切地讲，在后改革时期我们碰到了"体制硬核"②，由于"体制硬核"

---

① 1989年，曾担任世界银行的经济学家约翰·威廉姆森执笔写了《华盛顿共识》(The Washington Consensus)，系统地分析了指导拉美经济改革的各项主张，包括汇率、利率、外贸和外资的自由化，建立和强化私有产权的法制体系，强化预算硬约束、削减财政赤字等，贯彻"小政府、大市场"的思路。2004年5月，美国高盛公司高级顾问雷默在英国思想库伦敦外交政策中心发表了一篇题为《北京共识》(The Beijing Consensus)的论文，在雷默看来，"北京共识"的灵魂是不断创新、大胆实验、坚决捍卫国家利益，它已经取代了广为质疑的华盛顿共识。

② 体制硬核是在旧的体制中处于支配地位，发挥核心作用的体制因素。改革的难度大，涉及面广。其具体表现在：国有企业改革、政府自身改革、分配体制改革、区域经济发展不平衡和经济波动问题。产权制度安排是完成各项改革的纽带。

的存在使得各项改革难以进行，效率下降，改革的边际成本增加而边际收益递减，比如，在农村改革当中，随着制度潜力的释放，其收益逐步递减。改革过程中已经沉积了不少过渡成本。后改革时期我们所要解决的关键是消除硬核制约，财产权制度安排是硬核中的硬核，是解决体制硬核中最关键、最紧迫的任务。

3.6.2 制度变迁的次序要求

近年来新制度经济学研究更多地关注制度出现的次序和对制度简单移植。"我们特别强调法治建设，并不否认公民和民主的作用，而是指出制度建设的一种适当顺序"。[119]尽管影响顺序的因素是多变而复杂，但次序的混乱与颠倒会产生巨大的改革成本。制度有顺序的要求，其实质是制度相互依赖，相互补充的体现。经济要素的多元化决定了制度几乎不可能独立存在，各项制度之间是耦合关系，各种不同的制度要不断地融合，共同运转，制度的有效性才得以发挥。"发展中国家的许多制度都是通过（殖民性）制度移植的方式建立起来的，而不是对当地条件的有机适应并自发成长，后者可能是更有效率的方式。"[120]尤其经济转型时期的国家的成就往往取决于新制度的有效性，同样的制度在不同的国家存着很大的差异，同样的制度在不同的国家有效性不同，有的制度带来了经济增长，有的却使经济陷入困境。历史的经验表明，制度对各国的经济和政治发展产生了重大影响。在发展中国家尽管新制度发挥了不小的作用，还是没有实现当初预想的效果。"制度移植的历史现实解释了为什么发展中国家建立起有效制度的可能性非常有限。"[120]影响制度有效性的因素是多方面的，经济学家一致认为由于政治、经济和文化环境的不同，移植制度会受到不同程度的排异现象，甚至出现对新制度的滥用。转轨国家往往容易引入发达国家的结论，而忽视隐含的前提。无论是"激进改革"方案还是"渐进改革"方案都不可能有一个"一步到位"的方法，因为经济转轨必然是一个过程。需要注意的是，不同的制度之间不是相互独立和互不相关的。由于非正式制度的不同，难免会出现同种制度在不同国家的不同表现。

从本质上讲，渐进式改革的成功离不开制度变迁的次序，它首先表现为单项制度局部区域的变革，其次是在整个社会制度系统中，制度变革有先后顺序。最初改革原本没有目标模式，就谈不上改革的顺序问题。随着改革的加深，就得发现顺序，利用改革顺序，降低改革成本，缩短改革时间。沿着渐进式道路，遵从顺序，顺序就是制度变迁的先后时间次序，渐进式改革的局部性表明，一项制度的变迁与另一项制度变迁总有先后，而且各项制度都有很大的关联性，也就是说制度之间要相互配套，不配套的制度往往发挥的作用有限，降低经济效率，延误改革的时机。要很好地配套制度就得有顺序，没有顺序意味着摩擦和体制复归的可能。例如，农产品要顺利地进入市场就得放开市场，进行价格制度改革；要政企分开，解决产权主体缺位，就得国有企业产权明晰；经理人市场的建立就得有完善的劳动力市场的支持等。一项制度变革必须得有其他制度变革的支持，这有别于激进式改革全面的、几乎没有时差的互补性改革。制度之间的互相依赖决定了改革的顺序完全可预见，一项制度离开了另一项制度的支持，随着时间的推进它给人们带来的利益会递减，甚至会消失。并且改革中遇到困难和阻碍是与相关制度的束缚有关。因此，我们沿着这一思路就找到下一步改革的内容。经济学家已经在关注改革顺序的问题。"渐进式改革的重要意义在于第一项改革产生的动力效应提出改革顺序问题。""如果改革的顺序恰当，在改革当中就会不断地产生改革的受益者的利益集团来支持改革，如果不注意顺序，一开始就会造成了许多受损者，他们就会阻碍改革。"[121]从易到难的改革本身就是渐进的、顺序的，是从"帕累托改进"到"非帕累托改进"的过程。在中国，改革的起点是以放权让利为核心的收入分配体制的改革，结果是建立了初级分权模式。在价格改革完成之后，接着进行以产权改革为中心的企业改革。在企业改革中，先发展非国有经济，然后再进行国有经济的改革。多年实践证明这些举措是正确的。因此，正确的改革顺序有利于提供良好的制度环境，有助于产生改革的利益支持者，并有助于进一步推动改革。改革初期着眼于结构调整、管理体制的改进和经营方式改变，解决了激励不足和监督难的问题，但并没有触及财产权制度安排，财产权制度的严重滞后，造成产权制度和其他制度供给不足。因此，财产权制度安排是渐进改革的顺序要求。

3.6.3 改革成本与中国改革的逆序选择

过渡经济学运用新古典经济学的成本—收益分析法来研究转轨国家制度变迁的动力，预期社会收益大于转轨社会成本，新制度所得到的净收益大于旧制度的净收益，转轨成为可能。改革的收益是由改革带来的国民收入的新增加额，而改革成本是由改革引起的各种社会资源的耗费。严格地讲改革收益在改革结束之后，新制度运行带来的经济绩效来衡量，现有制度的良好运行成为改革收益的参照物。事实上对改革发生条件的比较分析，自然就落在改革的成本上，通俗地讲是改革的潜在阻力。改革的成本越大，改革的阻力越大。改革阻力大说明社会经济活动中人际间的"摩擦"

增大，导致资源耗费加大。如果发生了冲突，这种"摩擦"是显而易见的。而不出现冲突时，往往会忽略改革成本。因此对改革成本的具体分类相当必要，樊纲[122]将其划分为技术成本和交易成本。技术成本是每个都要付出的，包括学习成本和转换成本。交易成本是因改革过程中发生的人与人之间的利益冲突而造成的经济损失或为之所付出的各种费用。通过费用补偿的办法来减少阻力，但那只是权宜之计，补偿增加导致交易成本的一时减少，同时导致改革收益的减少。因此渐进式改革沿着理想的制度变迁次序使交易成本在市场运行中减少。威廉姆森遵循阿罗给交易成本下的定义，即"经济系统的运行成本"，认为交易成本在经济中的作用相当于物理学中的摩擦力，包括事前和事后交易成本。在这里我们看到交易成本的普遍性和重要性。张五常认为交易成本是制度的运行费用。巴泽尔[78]把交易成本定义为与转让、获取和保护产权有关的成本。埃格特森的定义是个人交换他们对于经济资产的所有权和确立他们的排他性权利的成本。[93]按柯武刚和史漫飞观点[33]，交易成本是在产权（根据契约）被用于市场商务活动中的交易时发生的。尽管交易成本范式已有经济学家在广泛的领域应用，但交易成本定义外延的不确定和计量的困难使得在经济问题处理中，不能精确得出结论而遭到质疑。在制度分析中我们总能得出一种效率高的制度，它的运行成本肯定是较低的。因此制度变迁的目的是以交易成本较低的新制度代替交易成本较高的旧制度。传统计划经济体制规定了几乎所有经济当事人的利益界限，而且不允许在规定之后出现人与人之间的自由交易，政府行为替代了市场行为，这种高度集权管理看似可以减少几乎全部的市场交易成本，实质上忽视了代理人的机会主义倾向和政府有限理性以及不同偏好，忽视了信息的价值和经济人的自然天性，交易成本相当大，阻碍了经济增长。人类社会的经济关系说到底是一系列交换关系的集合，交换的基础是产权。在市场经济中，管理机构的任务是设法使组织资源分配的交易成本降到最小。对转轨国家而言，制度变迁在于减少社会交易成本，转轨的实质是产权结构的转变，是外部性内在化的过程，这种内在化的制度约束是这一过程的保障，合理的财产关系和财产制度构成这些制度的有力约束。盛洪[122]区分了两种不同性质的产权制度安排，一种是政府制度或法律制度；一种是市场制度或合约形式。这两种制度安排对应于诺斯提出的基础性制度安排和第二级制度安排。基础性制度安排具有公共选择性质，而第二级制度安排具有个人交易的性质，所以前者的变革的成本可能会比后者变革的成本要高。因而第二级制度安排最有可能最早发生变革。在中国的改革实践中，先是出现对既定产权的交易，然后才出现对产权界定规则的改变。中国渐进式改革正从产权制度到财产权制度的逆序演进①。[65]

尽管渐进式改革选择了先易后难的路径，在一定的程度上降低了交易成本，稳定了因改革带来的社会巨大起伏。尤其产权制度改革，在改革初期更多地表现为收益大于成本，而当经济发展到一定阶段，利益群体数量增加，产权关系越趋复杂，处理起来显得越来越困难，财产权制度的重要性显现出来了。当缺乏个人财产权制度时，每个人对自己的财产没有安全感，面临着较大的不确定性，容易产生对已有财产不利于经济增长的处理方式。增加非生产性投入，而减少生产性投资。最为典型的是大量资本外逃，根据 Gunter（2003）的研究[123]，中国的资本外逃 1997 年占到 GDP 的 7%，而到了 2001 年则只有 3%。曹元涛[124]采用 1985~1997 年、1986~1998 年、1987~1999 年、1988~2001 年、1990~2001 年、1991~2002 年的数据对资本外逃的回归结果表明，制度性变量对资本外逃的影响日益显著，这说明在改革开放的初始几年，由经济性因素导致的资本外逃在总的资本外逃中起决定作用，但随着改革的深入，制度性因素越来越对资本外逃产生大的影响。董志勇（2004）[125]的研究认为，中国的资本外逃造成了投资量、消费量和 GDP 的下降和大量的失业，而这些巨大的影响因为我国的经济持续增长和 FDI 流入所掩盖。资本外逃加剧了国家宏观经济的不稳定，延长了经济转型期中的阵痛期。因此，从总体来看这种逆序选择的成本是巨大的。要减小资本外逃的数量必须先消除制度性变量，具体来说，必须完善财产权制度建设。

3.7 制度、企业行为与治理绩效

3.7.1 制度与行为关系的制度经济学的观点

制度规则构成了人类政治交易行为或经济交易行为的激励机制，"关键的一点是，制度通过建立或多或少是固定化的人类行为的范式，或者设定人类行为的界限，或者订立人类行为的规则，或者约束人类行为，实际上都提供给当事者以信息。"[4]在制度与行为者之间关系上，以往的社会科学里有两种倾向，一种是指制度影响行为者的方式，主要是为行为者提供关于其他人的现在和未来行为的确实性，因此主要分析对象是在这种情况下

---

① 如果说西方世界的制度演进逻辑是从财产权制度到产权制度的话，与之相比，中国则正好是逆序演进的。

行为者的战略性行为；另一种是指个人的行为主要被嵌入制度而不是战略中去，因此主要分析对象是行为者所处的情境。制度经济学一直关注制度选择与人类行为之间的联系，对此的研究制度主义包括多种观点和看法。[126]第一，历史的制度主义。它在制度与行为之间关系的问题上持折中的立场。它把政治体系的结构理解为以非均衡方式组织的权力的联合，因此注重的是制度的发展及与其关联的权力结构而不是没有被限制的行为者。第二，社会学的制度主义。它的制度似乎等同于文化。它在制度与行为者之间关系问题上反对个人具有目的取向性和意图性，而主张个人根据社会上所承认的适合性的逻辑来采取行动并在这一过程中获得一致性。这意味着它倾向于文化的方式。它在制度变化问题上反对制度不向效率极大化的方向发展而向强化社会成员和社会组织的合法性的方向发展，即制度变化的逻辑不是工具性的逻辑而是社会适合性的逻辑。第三，理性选择制度主义。理性选择理论的源头是运用经济学方法来分政治问题的公共选择理论。它拥有特定的行为假定，即它假定为一个行为者拥有一套固定的偏好，为了追求自己利益的最大化，以通过精心计算出来的、非常具有战略性的方式采取工具性行动。它把政治理解为一系列集体行动的困境，即它注重于探讨集体行动中在什么样的制度安排下能够达到最理想的结果问题。它在制度与行为之间关系问题上主张计算观点，即虽然制度影响个人的行为，但更重要的是，在各种制约下行为者通过计算其要采取的行动的补偿函数来决定自己的战略性行动。它在制度的起源问题上，认为制度是行为者为了实现自己的目的而设计的，制度的持续性在于其制度能不能建立起成员之间合作关系。如上所述，理性选择制度主义在通过自己的行为假定有效地说明和预测现存制度的问题和设计新制度方面具有很大的优势。但是，理性选择制度主义为了更准确地把握规则、规范、文化等因素的影响，非常需要社会学的制度主义和历史的制度主义的帮助。换句话说，为了更准确地说明和预测社会现象，需要宏观和微观角度考察的有机结合。因此，这三个新制度主义学派之间的相互交流是非常必要的。制度影响个人的行为选择，即个人在特定的条件和制约之下，根据自己的目的来选择最有效的行为。

3.7.2 制度—行为—绩效的思维模式[127]

新制度经济学把制度与绩效之间的关系作为研究的重点，在不同的制度与不同的经济绩效之间建立了一种对应关系。其实在制度与绩效之间还有一个中间变量，即行为。在制度既定的短期中，制度制约着人们的行为，行为决定着经济绩效。当然在长期中，三者之间的关系不会是单行道，绩效又会反馈影响制度，或者使制度维持不变，或者通过非制度行为使制度发生变化。行为主体的博弈策略集是制度的函数。制度决定了不同行为主体的不同策略集。当制度不同时，行为主体的博弈策略集也将不同。制度决定了人们行为的博弈策略集，但并未直接决定人们的具体行为，决定人们在博弈策略集中选择何种行为的是人们的目标集及其所面临的特定局势。每个主体在特定时点总归会有一个目标集合。目标集包含各种目标及其期待值。可以把主体的各种目标分成制度目标和局势目标。前者表明主体需要什么样的制度，后者表明主体在一定制度下希望出现什么样的局势。主体所选择的目标的种类取决于他的价值观念和知识素养，从而受到文化传统、知识存量等因素的影响。目标的期待值取决于主体对博弈结果的预期，这取决于他的知识和经验。目标期待值有的可量化为某一具体数值，有的则难以量化，只有实现与未实现之分。前一类目标期待值可以用边际分析方法求解，后一类目标期待值只有角点解。目标集通过支配人们的行为影响社会的经济绩效，当这种客观的经济绩效与人们主观的目标相吻合时，制度将趋于稳定；当这种客观的经济绩效与人们主观的目标不相吻合时，在长期中制度将趋于变化。当然制度又会影响文化传统和知识存量的稳定或变化。

从博弈论的角度来看，特定局势便是在既定制度下各个主体采取一定行为后所达到的博弈结果。它并非消极地反映人们在既定制度下的行为，也反过来影响到人们的行为。人们的行为虽然在范围上受到制度的约束，但在制度允许的范围中，经常随特定局势的变化而变化。主体根据自己的目标集合和所面临的特定局势，在现行制度所决定的可行空间中选择最有利于自己的行为。可以把这种行为称作遵从现行制度时的最佳行为。当所有主体都采取各自的最佳行为时所导致的特定局势就是博弈的解。在这种局势中主体所处的境况可称作他的最佳境况。可以用框图（如图3-4所示）把制度、守制度行为和非制度行为、目标集合（包括两类目标）、及特定局势这几者之间的关系表达如下：在特定制度下，当所有人都选择个人的最佳行为时，所达到的特定局势可以看做是博弈的均衡解。这种局势给个人带来的有利结果便是该制度对个人的效用、给个人带来的不利结果便是该制度对个人的负效用。

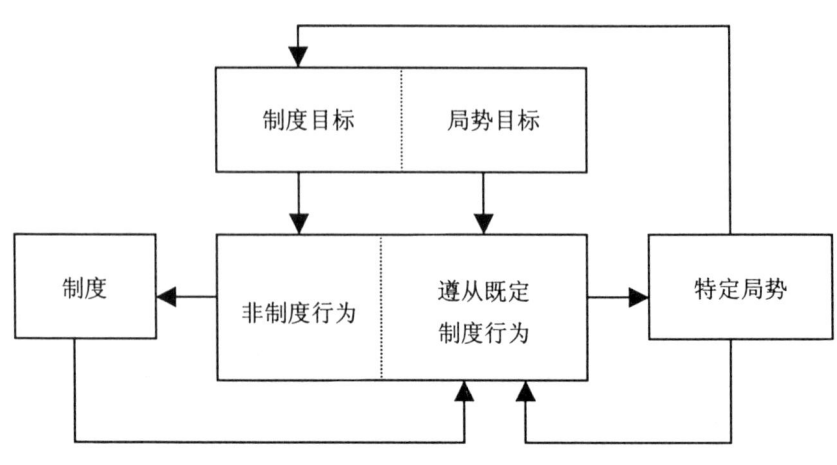

图 3-4 制度、行为与绩效模型

3.7.3 企业行为的制度原因

(1) 制度作为生产函数的内生变量

在新古典模型中技术进步被看做是经济增长的主要动力,但对怎么推动技术进步的研究莫衷一是。多数理论模型把技术进步作为外生变量,技术引致制度创新。但制度环境对技术进步的产生和运用有重要的影响。M. Sykuta(1999)等[128]以肯尼亚农业为案例对制度环境与技术进步的关系进行了探讨。他们发现,缺乏相应的制度环境,技术进步不能得到有效的应用和扩展。一项技术创新能否成功,主要依赖于使用者的组织结构和当地的制度环境,而与技术本身的性质或生产资源关系不大。

传统的企业理论认为,在一定的技术和知识状态下,企业根据其生产边界——对应于各种投入量所达到的最大产出量来确定其生产可能性曲线。这个生产边界就是企业的生产函数。设生产函数为

$$Q = F(L, K, \cdots, T) \tag{1}$$

式(1)所表示的生产函数的基本含义是在一定技术条件下,任何一组特定投入所能生产的最大产量,其中 Q 代表产量,L 代表劳动,K 代表资本,T 代表技术水平。厂商生产某种产品的产量取决于劳动、资本等生产要素的投入量和技术水平。对生产函数的重新定义是为了认识产业与产权和契约权利结构的依赖性,这一扩展的分析框架被用来讨论一系列围绕着劳动者在企业中的作用所存在的诸多问题,从"劳动者管理型企业"体制,共同参与决策和产业民主运动,到合作性和专业性合伙制,以及资本主义公司等一系列具体问题。

企业只不过是在个人之间凭靠各种复杂契约形式。各种投入（劳动者、原材料、资本等）的供应者与产品的消费者，总是直接或间接地进入一系列表明在企业组织的活动中每个参加者的权利和义务的契约。而且，投入品就是"供应"这一观念的本身已经意味着在资源中存在一种"权利"体系。由于这一套契约规定了由企业组织而引起的报酬和成本安排，在决定参加者行为并以此决定作为统一整体的组织行为时，这些契约就显得十分重要了。特别是对企业而言，权利和契约的性质会对产业发生影响，这也意味着企业的生产函数决定于权利的规定和契约缔结的法律或博弈规则。在现有的技术和知识条件下，企业可达到的最大产出就不再仅仅取决于"物质上"的可能，企业生产函数取决于企业赖以经营的契约缔结和产权体系。对某一物品的效用依赖于对投入物品的使用，而且这种使用依赖于权力结构。

新制度经济学认为制度是继三大传统支柱要素的第四大支柱，土地、劳动和资本这些要素，有了制度才得以发挥功能。制度从此由外生变量转变成内生变量。内生增长理论特别是新增长理论把技术进步内生化，拓展了索洛模型，更加贴近实际。但制度变量并没有内生化在生产函数中。我们把新的企业生产函数重新表示为[129]

$$Q = F_e(L, K, \cdots, T, P) \tag{2}$$

式（2）是式（1）的扩展。P 是一个描绘与生产有关的知识和物质技术状况的向量；e 是一个广义化指数，用来描述一系列的"组织形式"的选择，或者是一定的 e 条件下企业可选用的内部博弈规则；是描述企业赖以生存的契约和产权体系的有关方面的一个特征向量或参数向量。F 代表生产函数族，它的成员根据权利体系的特征值 e 而有所不同，所以式（2）代表了这个函数族的某一特定成员。排除不确定性，式（2）就代表了企业实际产出可能线的边界，该企业在 e 描述的权利体制中，采用了表示的适用技术，选择一种组织结构，并使用劳动 L、资本 K、技术 T 等投入品。权利结构 P 作为外生变量，表示企业赖以生存的政治、社会和法律体系。它概括了外部博弈规则，包括自愿契约的类型和由国家力量惯于强迫实行的组织形式。这种外生的权利结构变量 e 也界定了一系列潜在的、适用于企业的组织结构 P。组织结构或界定由各种要素的内部博弈规则的特征值包括合伙或合作形式、成本部门化或利润中心、分散决策程度、是拥有还是租赁设备、补偿计划（包括利润分享和激励机制）的性质、工会组织、就业条件、与供给者和消费者有关的契约的性质等这样一些参数。权利结构 e 和组织结构 P，在激励自我利益和个人最大化以达到实际上可能的产出方面起着重要作用。因此，企业生产函数依赖于组织和权利结构。

（2）制度的差异决定企业行为的不同

企业是由各种不同角色和职能的个人集合而成的组织机构，与一个自然人一样具有独立法律身份的连续实体。企业作为市场经济中自我经营、独立决策的经济主体，是整个社会经济的缩影，剖析企业行为方式、研究企业行为动机以及行为制约条件是我们掌握经济主体行为规则和特点、理解经济制度运行的先决条件。与一个自然人行为不同的是，决定和制约企业行为的因素有两个方面：一是企业内部因素，包括企业动力、利益、目标、决策、刺激、约束等；二是企业外部因素，即制度环境，主要是经营环境、市场条件、供求状况、政策法令以及法律制度等。根据如图3-5所示，企业行为主要受两个因素的制约，一是主体目标或动机，二是外部环境或市场结构。从经济分析的角度看，企业行为特征的把握首先取决于对这两个前提因素的设定。现代经济学对企业行为分析的深化和细化很大程度上是对前提假设的再设定取得的。

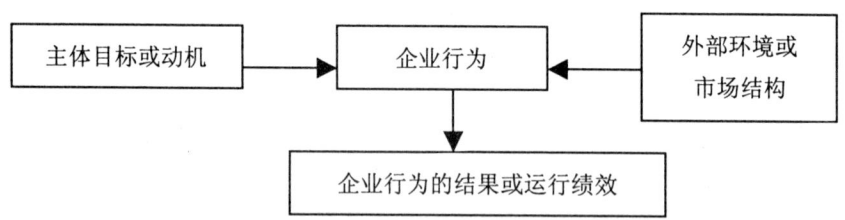

图3-5 制约企业行为的因素

不同的制度安排将导致不同的市场交易成本，进一步产生不同的绩效。由制度经济学学派建立的制度变迁理论甚至将制度视作影响各国经济增长和经济发展的最重要因素。制度与企业行为由于交易成本而发生关联。企业行为是企业作为利益主体（或潜在利益主体）为实现其自身利益目标对外部环境或信号所做出的持续的、规范的决策或反应，成本收益原则是其基本的行为准则。其中，成本不仅包括企业的生产成本，更重要的是企业所面临的交易成本，交易成本的大小将直接影响到规范企业行为的一系列契约的形式、内容与执行。正式制度和非正式制度都有助于保证契约的履行。产权经济学一直强调制度对契约结构的决定性影响，并重视契约结构相对于交易成本的内生性。

制度对企业行为的这种引导作用在转型国家更容易被观测。[130]这是因为，相比于其他国家的企业，转轨国家企业所面临的外部不确定性更高，企业必须时刻关注制度变迁过程中自身所面临的发展机遇以及制度变迁对企业发展战略、投融资行为、经营决策、交易成本的影响。正处于经济转轨期间的中国企业常常出现"行为短期化"、"双重依赖"、"扩张冲动"、"投资饥渴"等非理性的行为，但原因可能并非是企业的非理性，而是制度的差异。这些行为恰恰是现有制度条件约束的反映。例如国有企业研发投资意愿不强，其中一个原因是知识产权制度成熟法律保护不力，企业的科研成果容易被侵权。因为，企业行为是对制度的反应，按照成熟市场条件衡量的企业不理智行为有可能是转轨经济条件下企业适应外部制度环境的理性选择。在公有产权制度下，企业更容易受到政府的干预，国有企业普遍存在"软预算约束"现象。

　　总之，制度作为生产函数的内生变量，直接影响着企业的行为，并进而决定企业的绩效。稳定的制度（或制度结构）形成了一种既定的利益关系，制度变迁必然会引起相关利益的变化。制度变迁有时会引起所有相关主体利益的增加，这是一种帕累托式的制度变迁；制度变迁有时会引起各主体间利益格局的变化，不同的主体对制度变迁会采取不同的态度。同样企业制度规则的变化也会引起企业内各个主体的利益的变化，不同主体会对此产生不同（也可能相同）的态度，各个主体的态度最终会影响到企业的劳动、资本等要素的投入效能。总之，制度创新在很多情况下会引起企业生产函数的变化。制度创新有两个层面，即技术层面和制度层面。然而这两个层面往往产生摩擦和矛盾，改革往往是技术层面的超前和制度层面（主要是产权制度）的滞后，使改革中的利益博弈缺乏规则和制约机制。具体到一个企业来说，企业管理制度的变化会导致管理费用的变化，企业交易的规范化、标准化会降低交易时的谈判成本和执行成本。只要企业的正常生产经营不受影响，那么交易成本的降低，企业非生产性成本的减少，企业的绩效得以改善。这就是好的企业治理结构和良好的制度环境为企业提供了发展机会。好的财产权制度形成有序的制度环境。财产权制度的缺失会导致社会信用和企业家等资源的匮乏，增大企业治理成本，从而影响企业治理结构的绩效。另外，好的财产权制度促使企业建立完善的企业治理结构。因为随着财产权制度演进到产权制度，企业的产权结构也因之变化。按照企业产权配置，可以分出许多不同的层次与组合，各种组合则形成不同的企业治理结构。之所以形成这些不同的治理结构，其原因在于，每一种产权或控制权组合都包含相应的激励机制，由这些不同层次的激励机制的配合，就会形成相应的企业治理机制。不同的企业往往有不同的控制权配置结构，对于控制权的分配界定，通常关系到企业的实际所有权的归属问题。从手工工场制度到工厂制度，到股份公司制度，这一演变过程包含着丰富的内容，企业制度的变化可以从多方面体现出来，最直观的变化莫过于企业规模（资本规模）的扩大和企业利润量（资本所带来的剩余价值）的扩大。但是，最根本最深刻的变化是企业产权结构的变化，现代股份制度企业的出现是财产权社会化的集中体现。

（3）合理的企业治理是企业成长的根本保障

威廉姆森还将资产专用性、交易频率、交易的不确定性作为交易的三种维度，它们不仅决定了交易成本的大小，还可以用来区分不同的交易，从而设置适当的治理结构，以有效地降低交易成本。降低交易成本就必须降低不确定性、抑制机会主义行为、外部性内部化，合理的制度安排是降低交易成本的根本保障，制度最核心的功能是对市场经济中的经济主体提供激励与约束，如产权制度，通过对剩余索取权与控制权的合理配置，能够减少摩擦，提高效率。因此，企业内部与市场外部的制度效率影响着交易成本的高低。设计、实施合理的制度安排，保证制度的适应性效率，有利于对企业内外部的交易主体进行激励与约束，减少用在解决纠纷、冲突的成本，促进企业成长。

科斯定理认为，在交易成本大于零的情况下，不同的权利配置界定会带来不同的资源配置，因此产权制度是重要的。在所有的制度集合中，最基本、最重要的制度安排就是产权制度。产权制度实质上是产权关系的制度化，是划分、确定、界定、保护和行使产权的一系列规则。高效率的产权制度能够实现产权关系明晰，界定交易双方之间的权责利，减少不确定性；通过外部性内部化，对产权主体产生激励，进而可以达到降低交易成本的作用。因此，产权制度的完善是降低交易成本，促进企业成长的基础条件[①]。一般来说，现代企业形式大都实行股份制，存在大量的代理问题，因此有必要强调治理结构的重要性，法人治理结构及其配套措施是重要的制度安排，合理、完善、高效的治理结构将代理人的行为置于严格的约束框架下，减少代理成本。因此，企业要根据自身的实际情况，选择合理的产权结构和内部治理结构，完善相应的配套制度建设，最大限度地提升企业的价值，促进企业的健康成长。

---

① 汤吉军，陈俊龙. 交易成本与企业成长分析[J]. 江汉论坛，2010.7：31-34

第四章 财产权制度安排与企业治理结构

以往的研究人们忽略了财产权制度对企业治理结构的约束，引起了对产权改革的疑惑。随着在微观层面上对产权理论及其对公司治理结构问题研究的深入，人们越来越认识到健康有序的产权制度安排及其功能的发挥离不开外部的制度环境。这个制度的核心就是社会财产权制度安排的建立及其制约下的人们遵循规则的良好习惯。在财产权制度安排主导的制度环境形成之前，行为主体并不一定追求经济利益最大化，当然，这并不意味着行为主体是非理性的，事实上行为主体也是理性的，只是因为在缺少财产权制度的制度结构下，最大的经济利益并不能给行为主体带来更多的效用，转而追求的是闲暇最大、声望最高等其他目标。因此，行为主体是理性的非经济人。财产权制度的形成与理性经济人的追求相一致，并为企业提供了行为准则，规范了企业行为。当财产权制度及保护成为全社会的共同意识时，企业做大做强就有了保障，因为良好的制度环境能为企业提供丰富的信用资源和所需的企业家资源等，降低交易成本，提高资源配置的效率。

4.1 市场效率离不开财产权制度安排的建立

交易是市场化的行为，产权的交易过程会导致效率的提高，通过产权交换，每个当事人的福利增加，通过产权交易优化了资源配置。在科斯看来，即便存在完全竞争市场，它也只有在对产权有明确界定之后，才能发挥作用，通过产权制度安排，财产的权利应配置给那些能有效地运作其权利的人。产权交易要通过市场实现，在市场经济中，明晰的产权界定是经济当事人从事有效和自愿交易与生产活动的必要条件。产权明晰意味着财产的责任和风险落到实实在在的经济主体身上，同时使该经济主体拥有相应的财产权利。这也是建立财产权制度的要求。因此，任何不履行合约的行为必定会侵犯他人的财产权利，被侵犯的个人为了保护自己的权利就会采取相应的措施来设法使对方履行承诺而分散风险，产权制度安排体现了市场平等竞争的原则。明晰的产权是责任和权利的统一。没有责任或没有权利的产权界定是模糊的,只要权利界区清晰,交易自愿,资源配置就必然有效。显然,产权界定清晰,产权自由转让具有法律的保护,这是实现市场交易的重要条件。这就涉及产权的保护,一旦产权受到侵犯或干扰,应该如何补偿产权的所有者。"用平衡补偿规则解决私人性的损害问题,而用赔偿损失的原则解决公共性的损害。"[105]财产权的界定的根基在于有效的保护。财产权的界定是要花费成本的,不同的保护形式存在着不同成本。一是用私人的手段保护财产权,这可能为财产权的保护付出极高的成本,发生在财产权不受法律完全保护的情况下。二是私人向政府赎买保护权。当财产权的安全受到威胁时,个人保护不但成本高、分散精力,而且不一定能达到保护的目标,较理想的是向政府寻求保护,向政府赎买或行贿政府官员以求保护,所支成本足以以利润相补,甚至还产生垄断和特许权而获得更丰厚的利润。目前在产权不清的情况下,非公有企业均有这种倾向。三是法律保护。从社会学角度讲,财产权是人与人之间划定的社会关系,那么就需要以社会契约的方式加以界定和保护。法律体系便是这样一种社会契约形式,法律约定财产权的合法性和权威性。法律界定产生的成本,对财产权主体是微不足道的。财产权的界区明晰,影响到资源的配置效率。法律或具有法律效力的规章制度必须建立在市场自愿交易和分散决策的原则上。如果法律上允许自愿谈判,那情况就大不同前了,在市场经济中,财产权明晰使一切交易活动更容易,更顺利地进行,经济活动的活力和效率就完全体现出来了。产权可交易的实现,完全印证了科斯定理:只要交易成本不为零,就可以利用明确的财产权之间的自愿交换来达到资源的最佳效率,从而克服"外部性效应",而无须抛弃市场机制。换言之,只要产权明确地界定,交易双方就力求降低交易成本,使资源流向使用的产出最大,成本最小的地方,达到最优配置效率。

曼昆通过分析外部性得出这样的结论[131]:"在所有的情况下,市场没有有效率地配置资源,是因为没有很好地建立产权制度。这就是说,某些有价值的东西并没有在法律上有权控制它的所有者。""当(市场)没有产权引起失灵时,政府可以潜在地解决这个问题。"产权不清而引起"外部性","外部性"进一步引起市场失灵。于是就产生了政府管制,通过管制改善市场失灵的不良结果。但存在着政府失效,市场和政府各有长短,趋利避害,取长补短。总之,财产权制度的经济功能在于克服"外部性",降低社会交易成本,从而在制度上保证资源配置的有效性。法律体系是国家的物质基础,通过政府来制定法律、法规,政府在产权交易市场上维护产权尊严的功能是不可或缺的。同时产权界区清晰与完全竞争的市场环境关系是完全竞争离不开产权的明晰,而产权明晰之后在完全竞争的市场条件下,才能使资源配置有效率。

4.2 财产权制度与社会信用的内生关系

4.2.1 信用及信用制度

诺斯认为,如果没有信任,就没有市场。Carsten Herrmann Pillath[132]最近的研究表明外贸交易的实质在于承诺(promise)的交易,而不是主要商品的交易。Nooteboom[133]分析了信任发挥作用的原因,他们认为信任使参与交易的双方(或多方)之间可以产生一些比较稳定的预期,从而使交易具有可预测性。在经济学领域大部分经济学家在他们的经济学研究中忽视了信任这一因素。但在其他社会学科中,信任问题却得到了重视,对信任在构建一个社会良好的秩序以及整个社会的交易成本的重要性给予了充分的肯定。应该说,信任是与非正式制度紧密联系的一个最重要因素。江春从新制度金融学的角度重新界定了信用的含义[134],信用的实质是财产借贷或财产跨时交易活动即财产权利借贷。由于"信用"是"各自拥有独立财产权的财产所有者之间的一种财产借贷活动",信用的实质实际上是财产权问题。现代经济学中的契约概念,实际上是将所有的市场交易都看做是一种契约关系,并将此作为经济分析的基本要素。信用作为隐契约,附属于交易双方的正式契约。没有反映市场交易关系正式契约的存在,信用这种隐契约也就失去了其存在的基础。因此,市场交易是信用产生的前提。自然经济时期是物物交换,货币经济时期是以货币为媒介的交换,信用经济时期是以信用为媒介的交换。因此无论社会生活表现为信用贫乏还是信用高度发达,都不仅仅表明一种现象,而是体现着制度性因素的某种内在特质。从逻辑上看,产权是交易的前提,私有产权出现也是信用关系存在的前提条件。交易过程中的信用关系就是交易双方对各自拥有的信用在双方相互承认的基础上达成协议或缔结契约。

如果说单方面信用关系是一种不对称的信用关系,那么双方相互信用关系则是一种对称的信用关系。后者的一个显著特点在于:由于对称的信用关系在双向反馈中存在着相互依存性和自我强化倾向,因此它比不对称的信用关系更具稳定性。在双方相互信用关系中,由于关系的对称性,在一个动态过程中这种对称关系具有产生自我强化的倾向,因而具有自身的内在稳定性。最明显的一个表现是,随着交易次数的增加,对称的交易关系会衍生出新的信用关系，使得交易双方的信用关系更趋于牢固。不论是单方面的信用关系还是双方相互的信用关系，都仅仅是局限于两个经济活动主体之间的直接的信用关系。虽然每个经济活动主体都可以与多个其他经济活动主体建立起直接信用关系，但建立在这种直接信用关系基础上的交易关系总是有局限性的。在市场经济中，每一个具体的交易关系都离不开经济活动主体的信用行为，以及由此而产生各种信用关系。信用行为和信用关系影响着交易关系，决定着交易关系之能否发生，交易成本之高低，以及交易关系的可延伸范围。因此，良好的信用行为，从而可靠的信用关系，乃是市场经济得以正常运行的一个基础。信用关系本质上类似一个网络，具有极强的网络效应。即一旦所有的交易者都守信用，那么市场交易就会十分顺畅，可以大大节约交易成本，交易网络和交易规模迅速扩张并形成一种正反馈的良性循环机制，产生极大的正向的网络外部性，交易者也都分享到正外部性带来的好处。反之，如果网络中有人不守信用，那么交易的信用链就会断裂，交易网络迅速收缩，导致交易规模、交易收益锐减、交易成本急剧上升并导致许多交易无法达成，产生极强的网络负外部性，并陷入一种恶性循环之中，进一步导致更多的人失信或退出交易。最终致使良好的信用制度无法建立起来。由个体的理性行为导致集体的非理性，社会陷入了一种囚徒困境。[135]

信用制度作为人类有效的经济制度，具有约束由于人的自利性而发生机会主义行为的功能，即使这项制度存在缺陷，并且制度缺陷也必然是因为机会主义行为，但反过来讲，这种机会主义行为也正是一种标示制度状况的信号，为制度变迁提供方向。社会信用实质上是一个信息传递的问题。信用问题产生的直接起因在于信息不对称。因为没有有效的信息传递系统，守信的经济活动主体与失信的市场交易人就无法区别，无数不守信用的失信行为泛化为信用危机。从本质上讲，不守信用是一种违约行为，是侵害对方权益或财产权利的行为。市场经济活动主体在掌握信息的前提下是否选择违约，很重要的一点是取决于违约成本大小。当一个社会的信用制度不完善，乃至于根本不存在信用制度时，经济活动主体的不守信行为比起守信行为更合乎理性。因为不守信行为可获取某种额外的预期利益，同时又预期到自己的不守信行为并不会带来额外的损失。在这样一种预期下，不守信的行为当然是合乎理性的。[135]换句话说，当守信行为往往得不到足够的奖励，即企业（当事人）的守信收益小于社会的守信收益，而失信行为又得不到必要的惩罚，即企业（当事人）的失信成本小于社会的失信成本，信任缺失成为必然结果。

4.2.2 信用的经济内生性要求

信用应当首先从经济方面来理解，即信用首先是经济问题。[136]信用的最初之意是反映人与人之间交往关系的伦理范畴，信用作为一种经济伦理就存在，并被不同的经济主体所强调。但是随着剩余产品和商品交换的发展以及私有制的出现，就意味着在人类社会的历史上曾长期存在的信用的道德内涵逐渐弱化而退居到次要地位，而信用的经济内涵即财产的借贷行为和现象就得到了进一步的扩展和运用并逐渐占据主导地位，信用就发展为从属于商品和货币关系的一个经济范畴。然而在现实社会生活中，借债是否偿还，承诺是否兑付，仅靠道德的内在约束是不够的，还必须依靠法律的外在强制力，法律的约束是信用行为的第一约束力。信用作为一种经济关系，要通过商品的等价交换来实现，而等价交换的核心就是货真价实，公平买卖；参与交换活动的主体不是孤立的，而是广泛合作、相互依存的。这种合作性和依存性就要求活动主体讲究信用，认真履行诺言和契约。

信用是维持市场有序运行的一个基本机制，并且是一种比法律成本更低的维持交易秩序的机制。我们知道，现实世界里的各种交易与理想市场上的交易之间存在着差异。在理想的市场模式中，交易瞬时进行，时间因素不会对交易产生影响。但在实际生活中，交易并不总能即时完成。市场的运行之所以需要以信用为基石，是因为构成社会行动的各种交易与理想市场上各种交易间的时间差别。这种时间上的不一致性导致了商业化的信用交易中的不确定性。除非社会有一种机制，能将不确定性转化为风险，从而理性的计算是可能的，否则信用就不可能在社会范围内大规模地发展起来。自然，我们可以选择利用信任来控制不确定性。为把不确定性降低为风险，就得设计出将不确定性转化为风险的机制。制度完全能满足将不确定性转化为风险的标准化和稳定性的条件，当不确定性无法被降低为风险时，经济人就必须依赖信任来维持合作和经济交易。

新古典经济学提供的分析方法帮助人们在面对若干种备选方案时，能够从中选出最有利的方案，实现经济资源的优化配置。但是，最优方法并没有规定人们追求利益最大化的方式，而获取利益的方式可以是守信用的或不守信用的。理论上就产生对信用和信用制度的内生性要求。Zuker(1986)提出制度信任的观点。这种信任来源于对制度的信赖。[137]非正式制度安排产生于个体间的相互作用，它由社会主体的相互博弈中所推行，并在正式组织规则的架构内起作用，既可以限制也可以鼓励经济行为。作为非正式制度安排的信用,是一种鼓励持久交易的社会制度。正式制度安排与非正式制度安排的相容性愈高,社会的交易成本就越低。一种文化或社会可以分成高信任度或者低信任度。在高信任度的社会或文化中,自发性的社会交往发达,中间层的社团丰富而又多样化,能够无须借助于政府力量就可以由民间自动发展出强大而向心力高的大规模组织;而在低信任度的社会中,人们的自发性社交能力很弱,如果离开强有力的高度中央集权政府,民间往往不能发展出有效率的大规模组织。美国学者 Fukuyama[136]比较了中国、美国、日本、法国、意大利等国家的社会信任状况,指出社会信任这种社会资本是人类长期互动过程的产物。他把中国、法国和意大利列入低度信任的国家。作者称中国为家庭主义的国家,中国人只信任其家庭成员,而对家庭之外的成员则极度不信任。诚如费孝通先生所言,中国传统的社会结构本身就是一个以个人为中心的关系网络社会。被经常提及的证据就是华人社会的企业普遍规模小,几乎所有的民营企业都由家族经营,而且他们之间的交易也带有或多或少的人格化色彩。在这里,如此普遍和严重的低信任已经不仅仅是效率的高低问题,而是从根本上威胁市场和交易的存在。

中国传统文化属于低信任度文化,而"家"文化体现了中国传统文化的突出特征,这种文化是建立在血缘关系上的,对血缘的认同,家庭的认同,家族的认同,这是家族企业存在的思想渊源。费孝通早在20世纪中叶就提出著名的"差序格局"理论。他认为"差序格局"是中国社会结构的基本特性,在以血缘为基础的社会结构中,一切行为不以一个高踞于所有人、所有团体之上的超越性公平正义理念为基准,判断是非的标准是家族利益或个人利益,表现为对内讲道德,对外不讲道德。当家族或个人之间发生冲突的时候,由于没有统一的正义标准,只好用非理性的手段来解决。尽管我们不能说这种文化就是不好的,但是在某些方面是与市场经济的原则有冲突的。人类的相互交往,包括经济生活中的相互交往,都依赖于某种信任。信任以一种秩序为基础。而要维护这种秩序,就要依靠各种禁止不可预见的行为和机会主义的规则。[33]

4.2.3 信用博弈模型的财产权制度条件

如果面临一次性交往的时候,人们之间往往存在着严重的机会主义行为倾向,按照博弈论的话讲,即在一次性的博弈中,博弈双方的均衡是唯一的纳什均衡,这就是所谓的"囚徒困境"。但是,如果人们之间的交往不是一次而是多次,或者说当博弈可重复进行时,博弈就可能存在更多的解。

这时，博弈的解取决于所有参与人的预期。倘若每一个参与人预期其他参与人都会采取合作，并且不合作者将受到严厉的惩罚，可以预见合作解就会成为博弈的均衡。首先我们建立一个类似囚徒困境的静态博弈模型（如图4-1所示）。在市场交易中有AB两个参与人，AB两人各有两种战略选择：守信或不守信；B也有两种选择：守信或不守信。如果博弈只进行一次，对A而言，不守信总要好于守信。B当然知道A会这样做，因此B的最佳选择是不守信。结果是A不守信，B不守信。尽管这个结果是不愿意看到的结果，（守信，守信）不是纳什均衡，因为它不满足个人理性行为。如果双方信任可分别得100，现在分别得0，是低效率的均衡。如果人们之间都这样地进行一次性博弈，整个市场的信任就无法建立起来。

参与人A		参与人B	
		守信	不守信
	守信	100, 100	0, 200
	不守信	200, 0	0, 0

图4-1 AB两人的囚徒博弈

经济学认为在重复博弈里，相同的环境一次次地重复出现，信誉是在重复博弈中，当事人谋求长期利益最大化的手段，在这里声誉的作用和可信的惩罚威胁的作用是类似的，人们一般会更倾向于相互信任。KMRW声誉模型直观解释是，参与人选择合作的原因在于预期到未来收益超过短期被对方不合作带来的损失，只要博弈重复的次数足够长，参与人有足够的耐心，合作会持续下去。现在来看信任如何建立的。最重要的是如何稳定参与人的预期，声誉、承诺、财产权制度以及文化可能改变支付值，有助于建立相互信任。假如参与人的行为受到某种力量的约束，不守信可能会受到惩罚。它使你守信并且因为你守信，别人就信任你，双方得好处，但现在排除这种可能性。考虑刚才的博弈，假定博弈有足够的概率P进行下去，即能进行多次。参与人在每个阶段博弈的选择依赖于其他参与人过去的行动历史（如图4-2所示）：A先信任B，只要B没有欺骗A，A将永远选择信任B；但一旦B欺骗了A一次，A将选择不信任B。这里B有两种选择，如果守信得到的利益是长远的，根据公式总期望值为$100+100r+100r^2+\cdots=100/(1-r)$，r为下次交易的概率或贴现因子；如果不守信，得到利益只能是一次性的，以每期没有收入，总和为200，因此，如果$100/(1-r) \geq 200$，$r \geq 0.5$，B守信是自己的利益所在，那么"守信，守信"是一个纳什均衡。这种均衡的出现是因为 B 谋求长远利益而牺牲眼前的利益。通俗地讲，每一个人有积极性考虑长远利益时，信用就会建立起来。当越来越多的人选择诚信，就会生发出广泛的"集体惩戒机制"[①]，这使人们不易于打破这种惯例，从而改变原来的博弈结果—诚信成为新的博弈规则。显然，信任是人们理性选择的结果，重复博弈的次数和观察信息的难易决定了信任模型的建立，影响重复博弈的因素也就是影响信任形成的因素，因此决定信息成本的制度的完善至关重要。如果制度使信息传播速度较快，企业建立和维持信誉的动机就会增加，相当于他欺骗了一个消费者，通过信息的迅速传播，他就等于欺骗了所有的客户，在市场上再无立足之地。相反如果在信息传递慢的情况下，他的失信行为在让所有交易方知道之前，他有足够的时间欺骗其他人。工龄工资制度和经理人市场是该模型的成功应用。

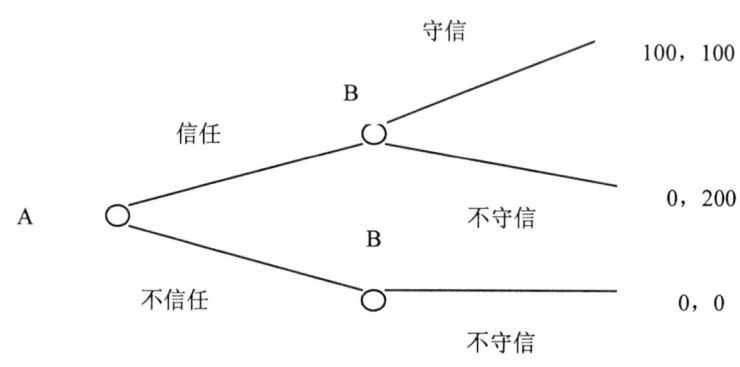

图 4-2　信任动态博弈：重复博弈的第一阶段博弈

4.2.4　财产权制度促使信用制度的建立

企业信用缺失直接后果是声誉机制失灵。在市场经济中，维持企业间守信的重要因素之一是依靠声誉机制。[138]这些声誉机制包括两个层面，一个是企业本身的声誉，而企业的声誉机制发挥作用的前提条件之一就是企业的产权要明确，只有企业的剩余索取者才有激励来维持企业的声誉；因此，由于国有企业产权归属不清，缺乏真正关心企业的市场主体，这个机制的效力发挥需要配套的产权改革。另一个层次是经理人的声誉机制，这

---

① 集体惩戒机制，即人们会排斥不诚实的人，并对发现别人不诚实而不排斥的人进行追究。

个机制对企业经理有很强的激励、约束力，可以保证企业经理的行为更好地与股东利益一致。这个机制发挥效力的必要条件是要有一个有效的运作的经理市场，其次也有赖于企业的股东（或代表）有激励从经理市场上挑选优秀的经理人员而不是偏离企业的利益去选任经理。由于国有企业特殊的产权特征，国有股权代表不能按照市场经济原则来选拔、监督管理层。这样导致经理层的行为也不符合市场经济的行为原则，而市场信用制度的建立与企业经理有直接的关系。由于国有企业的经理选拔主要是依靠政府部门的行政选拔，选择的依据往往是非市场因素，如政治因素等，而不是经理的经营能力，加之缺乏经理市场。这样的选拔结果导致：一方面经理没有受到任何市场方面的约束，经理市场的声誉机制不起作用，经理不关心市场对企业和经理本人的评价，企业的信用与经理本人的利益关系不大，所以经理没有激励去为企业以及他本人建立良好声誉的激励。[139]

信用问题从表面看似乎是一个经济伦理问题，在本质上却是一个经济制度问题。当今分布全球的市场经济是多样化的，不仅市场经济存在模式不同，而且其发展的阶段和成熟程度也不同。[140]市场经济本身并不自发地或必然地形成良好的信用行为和可靠的信用关系。从表面上看，信用实施的过程似乎是一个自律的过程，事实上在市场经济条件下信用能否有效地实施，并不是一个简单的自律行为，而是信用机制运行的结果。信用机制是市场的交易活动发展到一定程度形成的，就信用而言，应当说是随着商品的交换的产生就产生了，但是在市场经济中，建立在信用机制基础上的制约信用有效实施的信用机制的形成，是在市场交易发展到一定阶段上发生的。产权明晰形成对所有者和经营者的约束是信用实施的内在动力所在。如果没有真正的所有者，就不会有人积极维护企业的信誉，企业就不可能讲信誉。企业信誉形成是一个长期的积累过程，如果企业所有者具有不确定性或产权不明晰，那么企业就不可能存在长期积累信用的动力。人们恪守某种信用规则都是在多次的博弈中，最终按照经济原则选择的结果。

张维迎认为产权制度是信誉的基础。[141]财产权制度给人们提供稳定预期和重复博弈的规则。他认为，企业要成为信誉的载体必须满足三个条件：一是企业必须要有真正的所有者。企业的真正的剩余价值是它的信誉价值，企业的所有者就是企业信誉价值的索取者。如果没有真正的个人所有者，就不会有人有积极性维护企业的信誉，企业就不可能讲信誉。二是企业必须能被交易，即企业的所有权必须能有偿转让。如果现在的所有者在即将退休或由于某种原因不愿意继续经营企业时所有权不能转让，信誉的价值就没有办法实现,他就不会有积极性维护企业的信誉;三是企业的进入和退出必须自由。如果进入和退出没有自由,不讲信誉的企业不能被有信誉的企业所淘汰,自然就没有必要讲信誉了。在没财产权制度的制度环境下,无论是国有企业还是民营企业,追求短期利益是最优的选择,不可能为获得信誉带来的长远利益而拒绝眼前利益的诱惑,信誉机制自然不能形成。由此,他认为中国企业不重视信誉的原因在于产权不明晰和政府对经济的过渡干预导致人们对未来没有稳定的预期,这就破坏了重复博弈的条件。在产权制度建设方面,切实尊重并有效保护财产权(包括私有财产权和公有财产权)是市场经济体制最终建立的前提。明晰的财产权会使个人对未来形成稳定的预期,同时使人们之间的一次性博弈行为转化为可重复的长期博弈行为。

4.3 财产权制度与企业家的成长

4.3.1 企业的企业家与企业家行为

"企业家"的研究方法对新古典企业理论提出挑战,企业家理论将企业看做一种人格化的装置。在我们看来,没有企业家(精神),企业就不能存在。[162]早期的新古典主义经济学家认为企业家在经济中都起着关键的作用。他们强调企业家的功能,赋予企业家套利者、协调者、创新者和不确定性承担者的角色。企业家就是承担经营风险,从事经营管理并取得经营收入的人格代表。企业家作为一个责权利的统一体而存在的。企业家职能的分解,解决了所有权和经营权带来的承担风险能力的分布与经营能力分布不对称的问题,使私人企业向股份制企业成为可能。[142]杨其静又将企业家定义为一些个人或由若干个人组成的团队,即他或他们不仅发现并掌握着关于某种市场获利机会的稀缺性信息或知识,而且拥有特殊能力,能够将那些必要的生产要素整合为可以实施这种获利机会的特殊装置—企业,或者对因为现存企业进行重新整合而提高其潜在获利能力。因此企业家具备企业家人力资本的人才,企业家人力资本=提出创意的能力+整合投入品的企业家能力。[143]在他们的定义中我们看到企业家与所有者和经营者的区别。企业发起人、经理人和投资人都有可能成为企业家,但又不必然是企业家。企业家是企业创新中独特而又关键的角色。从身份上来看,企业家可能是从事企业运作的企业所有者,可能是受雇于所有者的职业经理人,也有可能是领导创新项目的科研人员。判断企业家的根本标准是:他们是否有效运用资本和技术等生产要素,并把要素组合起来实行创新。

企业家行为通常是指企业家在不确定环境中通过对稀缺资源协调作用的判断性决策所表现出来的战略性和冒险性行为。企业家行为依存于企业家和相关利益主体之间的制度框架，由于财产权制度的差异，非国有企业和国有企业家行为模式存在着明显差异。因为企业家行为模式就是对企业经营管理者的企业家行为的激励方式，而对企业家行为的激励程度取决于企业家所有权安排。根据格罗斯曼—哈特—穆尔模型，企业家所有权是对非合约性权利的控制，其控制程度取决于企业家能力对企业生产率的重要程度。因此企业家人力资本所有权的剩余索取权和剩余控制权决定了企业家的行为模式。它们是企业中权利"硬币"的正反两面，都是在合约中对无法预见的事发生后谁有处置权的规定。在阿尔钦和德姆塞茨的"团队生产"模型中，首先赋予企业家监督权以解决搭便车的问题，同时企业家判断性决策行为的主观性和对企业家的水平难以观察和评价的特点，企业家的道德风险更大，赋予企业家剩余索取权，企业家既可以成为生产监督者，又可以追求剩余收益最大化。古代中国对自由企业的剩余权没有法律保护，当时先进的技术都不能由企业家的组织发展为大规模商业化生产。在转轨时期强调企业家剩余索取有重要意义，剩余索取权使企业家的地位得到维护。综合来说，企业家是具有企业家才能并将其投入企业经营活动中的自然人，相对于企业而言，企业家是企业中最重要的人力资本。而企业家才能是企业家人力资本具有的性质，包括创新、承担风险、协调企业内部资源、获取信息、做出正确决策等经营企业所需的能力，这些才能有别于企业内其他人力资本的性质。但是并不是拥有企业家才能的人就会成为企业中的企业家人力资本，拥有这种才能但尚未将其投入企业经营活动中的人称之为企业家资源。企业家资源只有与企业的经营活动结合起来后，才成为企业家人力资本。

4.3.2 企业家的创新精神

企业家精神通过赋予企业家行为某种积极的伦理认可并确定企业家行为的规范使社会能够普遍认同和支持企业家行为。非理性的社会不能认同他们的行为和尊重他们的地位，这严重制约了他们的发展。企业家精神的本质是企业家行为理性化的过程，它包括企业家行为动机的理性化（通过为企业家行为寻求积极的伦理认可来达到）和企业家行为手段的理性化（通过规范企业家行为甚至生活习惯来达到），这种理性化的最终结果是诞生现代企业家的职业观念。马斯洛的需求层次理论表明，最基本的是物质的生理的需要，再高级的是社交友爱等需求，最高级的是自我实现的需求，即

"企业家精神"。企业家精神是一种创新能力,是对潜在利润的敏感,是面对市场的不确定性时所做出的种种决策,企业家精神的激发需伴随一定的制度环境基础,因此不存在"使用"过程中的机会成本,商学院培养不出清晰可见的"企业家精神"。

企业家不是一种职位或头衔,它的实质是一种精神。企业家精神是企业家的本质。企业家是参与企业的组织和管理的具有企业家精神的人。熊彼特[144]指出,企业家是一种特殊的类型,他们的行为以"创新"作为特有的目的。创新理论是熊彼特经济发展理论的核心。按熊彼特的观点,所谓创新,就是建立一种新的生产函数,也就是说,把一种从来没有过的关于生产要素和生产条件的新组合引入生产体系。在熊彼特看来,作为资本主义灵魂的企业家的职能就是实现创新,引进新组合。所谓经济发展也就是指整个资本主义社会不断地实现这种组合机制而言的。企业家在资本主义经济发展过程中起着独特作用,是创新、生产要素新组合以经济发展的主要组织者和推动者,把他看做是资本主义的灵魂。从经济伦理的角度来理解企业家精神,认为企业家精神归根结底是与市场经济要求相适应的伦理道德观念。他们更多的是从文化视角来思考企业家精神。企业家精神被认为是一种自发并不断发展的现象,对企业家精神进行论述也多是伴随对企业家的论述而展开。企业家精神对于企业的意义至关重要,否则企业就不能够成为企业;企业家精神也说明了创新是全面的而不仅是技术上的。这样,创新精神也就成了企业家精神的第一关键要素。

企业创新是以企业为主体,以市场为导向,为获取经济和社会效益,对企业的经营对象、存在方式、经营理念、制度安排、经济行为及生产要素等进行创新调整和创新组合的过程和行为。创新是现代企业的本质特征。从理论上讲,市场与企业间存在竞争性替代关系,企业要存在,必须以比市场更高的效率组织各种资源,而这种更高的效率只有通过不断创新才能实现。从现实来看,企业只有在持续创新中才能提高其市场应变能力和竞争能力,才能获得更多的利润和市场份额。因此,创新是企业生存与发展的基石,是推动社会进步和经济发展的主要动力。创新不仅仅包括直接面向市场的技术创新、产品创新和服务创新,还包括工作中的管理创新、组织创新和制度创新等。创新是整个组织所有成员的责任,所以制度的重要性凸显。

企业家精神是一种重要的生产要素,是长期经济增长的源泉。詹姆斯·施密兹发展了一个内生增长模型,[145]将企业家内生化于经济增长的关键因素中。企业家数量与企业家活动的程度，与一国的经济增长密切相关。拥有较多企业家的经济比那些拥有较少企业家的经济有更高的增长率。企业家的目的是追逐利润。有的企业家从事创新和模仿等生产性活动，有的却从事诸如寻租之类的非生产性活动，这种配置很大程度上取决于一个社会提供给这些活动的相对报酬。如果一个社会提供给生产性活动的报酬大于非生产性活动的报酬，那么生产性企业家比例就会大，反之则相反。在古代中国的四大发明没有带来普遍的繁荣，原因是社会体制不利于生产性企业家的活动。寻租活动使本来可以用于生产性活动的资源转移到非生产性的活动中，降低了技术创新和模仿等生产性活动的相对报酬，导致非生产性活动盛行。庄子银[146]强调企业家关于知识模仿对经济增长的贡献。鲍莫尔（Baul，1990）[147]提供了许多经济增长经历中模仿的重要性。在古代中国的经济中，尽管有直接的知识的生产，但模仿和运用这些知识不被鼓励，致使大量的重要发明，不能应用到经济发展中。相反中国的四大发明通过阿拉伯世界传播到西方世界后被广泛地进行生产性模仿和应用，对西方世界带来的好处是有目共睹的。在现代社会，亚洲"四小龙"经济的崛起过程实质是企业家对发达国家的创新和发明的有意识的模仿和应用过程。这正是日本经济在 20 世纪 60～80 年代成功的理由。因此政府通过减少管制，提高市场化程度、建立公正有效的法律体系等制度安排，完善激励性经济和非经济手段，改变不同的企业家的相对报酬，为生产性的企业家活动提供激励，进而提高经济长期增长率。

4.3.3 财产权制度对企业家的激励与约束

企业家和企业家精神是一种稀缺的社会资源，它对经济增长的推动作用不言而喻。作为稀缺的资源，它是社会中一部分人所拥有的自然禀赋，这种自然禀赋可能是对未来市场的一种预见，也可能是永久潜藏的创业冲动，总之，与其他资源相比，它是一种更难以被发现和捕捉到的东西。不同的制度结构决定着不同的企业家行为的收益结构，因而企业家行为在实际应付不确定性的过程中表现不同的方式。非正式制度安排在企业家效用函数中具有重要的作用。企业家效用函数由货币因素和非货币因素构成。货币因素表现为效用最大化，非货币因素表现为自我成就心理、社会责任感等。非正式制度安排直接或间接地影响企业家追求效用最大化的行为方式，在不同的非正式安排环境中形成的不同类型的非货币因素，会使企业家以不同的行为方式达到追求效用最大化的目的。因此，每一种特定的制度环境对应着一种最合适的企业家行为产生方式。从经济学的角度看，财产权的缺失，企业家无法从创新活动中获得与创新相匹配的收益，因而企业的资源便转化为满足个人欲望的资本。从本质上讲，财产权和企业家精神是一种既统一又对立的关系，财产权和企业家精神的统一是指财产权是企业家精神得到发挥的基础，明晰的财产权使得企业管理者清楚了解自己的奋斗目标，永远充满工作激情和创新动力。财产权和企业家精神的对立是指过分的激励以及没有良好的内在约束机制，最终会使得财产权处于萎缩状态，萎缩的财产权又反过来影响企业家精神的发挥，从而形成了恶性循环。

对企业家资源转化活动影响的最重要因素是财产制度。在中国封建社会中，科举制度导致了企业家资源向非生产性应用（科举试第）的流动。这种现象不仅仅出现在中国，欧洲中世纪的骑士制度与政教制度也导致了其中的企业家资源无法与企业经营活动结合而浪费，社会生产力也因此停滞不前甚至倒退。Baumol[147]针对这类现象提出了三条定理：（a）各时代、各社会决定企业家资源各种用途酬劳的游戏规则很不一样；（b）各个社会中企业家资源应用的方向因上述游戏规则的不同而改变；（c）企业家资源在生产性领域和非生产性领域的应用配置，对于一个社会的技术创新及其应用推广有着深刻的影响。Baumol 所提出的定理的实质，就是承认了财产制度对企业家资源向企业家人力资本转化的作用，并指出这种作用是最直接、最有效的。制度是确立人类社会相互关系的规则，在制度发挥作用的场合，其余的影响因素必然退居其次。科举制度从隋唐开始实行，在此之前，读书人阅读的内容并不过于偏重于四书五经，出仕的努力也不局限在科举上，但从科举制度实行后，社会人才资源绝大部分被推到这条途径上来，由此可知制度所拥有的强大力量。

（1）财产权制度引导企业家资源

每个人身上都或多或少具有潜在的企业家精神，但这种精神并不是自然而然就能显现和发挥出来的，它需要相应的人文环境和财产权制度安排。缺乏财产权制度的情况下，难以产生真正的企业家行为与企业家。社会中总是有潜在的企业家存在，但财产权制度既可能将他们的能量导向创新性的经济行为，也可能将他们的智慧引入其他非生产性领域。中国封建社会的科举取仕制度就把几乎所有文人的创新精神导向如何为文和如何做官这类加强封建君主统治的领域。

企业家追逐创新的基本动力是超额利润的可得性，如果在现行制度下企业家无法从创新收益中获利，创新的动力就会损减，或者企业家就会转移。例如，落后地区常失去其出色的企业家资源，制度环境不能为企业家提供必要的创新保障，于是，只要有条件，他们就会向更易于运用其创新精神的环境迁移。

在一个创新的重要性不断凸现的时代，具有创新精神的企业家的价值在不断提升。于是，企业家寻求合理的制度安排，使其人力资本收益内在化的动力也越来越强。事实上，对具有创新精神的企业家才能的发现过程就是一个制度不断创新的过程。一个国家，一个社会，越是能提供保护企业家人力资本的财产权制度安排，就越能激发整个社会中的企业家供给量，而且企业家也越是愿意对自身的人力资本进行投资，不断增强自身的企业家素质和能力。

（2）企业家资源的自由选择权

财产权制度的第一个问题是如何保证企业家资源的选择自由。企业家资源作为人力资源的一种，本质上有别于物质资本的特性，就是与其所有人的不可分离性。这种特性决定了人力资源的财产权利一旦受损，其资产可以立刻贬值或荡然无存。而如果不给予企业家资源以选择的自由，例如禁止企业家自由地在市场中寻找职业、强行限定企业家资源从事经营活动或不从事经营活动的用途都是损害了其权利，由此会带来这类资源的直接耗散，使企业家资源针对其工作会偷懒、懈怠、抵触，既不会投入到所规定的用途中去，也无法再用于其他用途。在计划经济中居其位而不谋其政的普遍现象就是这一规律的有力解释。因此中国必须建立起完善的财产权制度，使企业家资源拥有充分的自由来选择职业类型与具体的企业，从而保证了这一宝贵资源不会因受损而耗散。发达国家在这方面的先进经验是值得借鉴的。

（3）企业家资源的寻租行为

企业家资源在获得选择自由后，随之就要确定到底将其所拥有的人力资源投向何处。这就是财产权制度建设的第二个问题，也是最重要的问题。企业家资源的流向分为企业家人力资本和非企业家人力资本两种，对社会来说，转化为企业家人力资本是有利于促进生产力进步的，但对理性人来说，其做出选择时所考虑的是不同选择下个人收益的大小。如果财产权制度的安排导致作为非企业家人力资本的收益大于企业家人力资本，那么企业家资源必然会转化为非企业家人力资本。这实际上是企业家资源这种要素在面对不同的要素收入时产生的寻租行为。寻租行为产生的空间是市场在制度性力量作用下发生的严重扭曲。经济学中认为寻租活动会导致社会经济资源被大量无效配置,不仅造成社会财富分配不公平,还使国民福利产生净损失。企业家资源的寻租活动也不会背离这一规律,带来的直接后果就是企业家资源的无效配置,进一步使社会的经济与生产力发展迟缓甚至停滞。

4.3.4 企业家的选择

(1) 企业家的选择主体

企业家的选择实质上是所有者(或股东)对意愿企业家能力的识别和搜寻过程。企业家才能是一种隐蔽信息,具有不可观察性。在古典企业中,企业家的选择问题不大,而企业家选择的复杂性主要体现在现代企业治理中。资本主义较发达的国家,在市场经济的发展过程中,通过"资本雇佣劳动",自然形成了经理人市场,并通过竞争市场把不合格的企业家逐出市场,成为职业资本家/工人,同时寻找职业经理人组成"联体企业家"(张维迎,1995)。[148]合格的企业家应当具备相应的企业家才能,但人们的企业家才能是一项私人信息,从而人们有可能对自己的企业家才能"说假话"。良好的企业家选择机制应当能准确地区分企业家才能的高低,淘汰劣质企业家。与此相关的选择机制有两个,其一是让资本成为充当企业家的前提条件,即个人财产抵押机制,但这种机制会淘汰缺乏资本但具有相应企业家才能的人,而且这种机制只适合于小企业。其二是信号筛选机制,即由第三者采用良好的信号来准确显示候选人的企业家才能。最有资格享有企业家选择权的是那些真正享有剩余收入索取权的出资者。也就是让承担资产风险的主体选择企业家。张维迎[149]认为穷人比富人更有积极性谎报自己的经营才能,或者说,富人比穷人更老实——至少在报告自己的能力方面是如此。这一点表明,虽然我们无法直接观测个人的经营才能,但可以通过对个人财富的观测来间接判断一个想当企业家的人的能力。当一个富人想当企业家时,他一定是个有能力的人;当一个一无所有的人想当企业家时,我们却无法对他的能力作出判断。因此,当一个经济中没有个人财产所有权时,就等于失去了判别有经营才能的人的一种机制。国有企业中选择企业家机制证明了这一点。中国国有企业 1993,1994,1997,1998,2000 年行政任命的百分比分别为:92.2%,86.0%,90.9%,89.0%,80.7%(历年中国企业家调查系统调查报告),虽然总体上呈下降趋势,但仍占 80%以上。[150]国有企业的企业家在不同制度和不同形式上仍然由行政主管部门选拔,而行政主管部门又不是财产所有者,没有足够的动力选择一个好的经营者。

（2）企业家的市场化选择

采用使优秀人才脱颖而出的企业家选择方式非常重要。企业家市场根据经营者的能力信号，将具有不同企业家能力的经营者区分出来，配置到资源不同的企业中去，使企业价值最大化，而经营者个人也愿意表明自己的能力水平，找到理想的职位，实现预期效用，市场竞争选择有利于从经营者发送的信号中识别经营者企业家能力的高低，从而选拔到企业所需的经营者。不同的选择企业家的方式对提高企业家能力的概率大小是不完全一样的。实践证明，市场化选择的企业家，其能力高的概率要远大于其他的选择方式。刘芍佳和李骥[151]认为，企业聘选机制的好坏可以直接影响聘录好经理的概率，只有引入具有竞争优势的经理聘选机制，才能求得具备提高企业绩效能力的好企业家。假设人的能力服从正态分布，分布范围为（0, 1）代表完全没有能力，1代表完全有能力，则对于自然人企业的企业家能力期望值为

$$E(\theta_1) = \int_0^1 \frac{\theta e^{-\frac{(\theta-0.5)^2}{2\sigma^2}}}{\sqrt{2\pi}\sigma} d\theta = 0.5$$

式中 θ 代表企业家的能力，σ 代表企业家能力的方差。由于自然人企业的企业家选聘机制不存在，企业家能力为0或1的可能性都存在，所以企业家能力的期望值为0.5。相反，在任何产权与经营权分离的企业里，由于选聘机制的存在，使它排除了企业家完全无能力的可能，所以企业家的能力分布范围为（z, 1），$0<z<1$，聘选机制越好，z越高，这样聘任经理的实际能力与委托人所期望的经理能力的方差就越小，能力期望值 $E(\theta)$ 也就越高。企业家能力的期望值 $E(\theta) > 0.5$：

$$E(\theta_2) = \int_z^1 \frac{\theta e^{-\frac{(\theta-0.5)^2}{2\sigma^2}}}{\sqrt{2\pi}\sigma} d\theta > 0.5$$

现代企业的所有权与经营权分离的性质，决定了企业家作为代理人凭借信息优势，存在着违背委托人意愿的可能性，即存在道德风险问题。委托人必须设计最佳报酬合约，使企业家从自利的动机出发做出符合委托人利益的行动，即达到委托人利益与企业家利益相互兼容。

第五章　产权制度安排与企业治理结构[①]

产权是由财产权演进而来的概念，产权制度以财产权制度为基础，界定财产权主体在经济活动中运用其财产的各项权利和义务，以此约束和规范主体的行为。产权制度的产生是为了解决个人财产权向社会化的转变的问题，以及适应传统财产权的完整性和不可分割性被打破的状态。而近年来在公司治理中"利益相关者理论"的兴起则是私有产权社会化在理论上更进一步的表现。在公司财产中已成为联合起来的社会财产，物质实体的归属已不能分清，以行为权利的界定（产权制度）来保护财产。治理结构是这样一种契约制度，它通过一定的治理手段，合理配置剩余索取权和控制权，以形成科学的自我约束机制和相互制衡机制，目的是协调利益相关者之间的利益和权利关系，促使他们长期合作，以保证企业的决策效率。按照"股东至上"逻辑，一个必然的推论就是有效率的治理结构只能是资本雇佣劳动条件下的单边治理结构。在这一结构中，剩余索取权与控制权全部归雇主（或股东、出资者）所有。"股东至上"逻辑下的企业改革过于关注资本所有权问题，忽视了企业所有权的有效配置，结果始终走不出困境。"利益相关者"理论认为，对一个企业来说企业所有权比资本所有权更重要，也就是说，企业一旦建立，它的持续发展便相对独立于资本所有者，转而依赖利益相关者之间的合作。因此治理结构的目标不是单纯追求股东利益最大化，而是追求企业自身的适应性。

5.1　公司治理结构的演变

股东与经理人之间的委托代理关系使大多数的经济学家和法学家相信：公司治理应该更关注于保护股东的利益。在英美模式公司治理结构下，企业治理结构的长期传统是：股东是所有者，经理必须并且仅仅为股东的利润最大化服务。这种法律背景下，使得其他利益相关者的谈判力削弱。

[①] 企业治理结构是针对不同性质企业和不同类型的治理，不同于公司型企业的公司治理。

然而，近 20 年来的一系列相关的政治经济事件（尤其是几次大的金融危机和诸多的公司财务丑闻，美国安然丑闻）已经让越来越多的人意识到这种观点的狭隘和短视。1980 年开始的公司之间的恶意收购浪潮使人们对这种逻辑产生了质疑。这样的背景下，由于利益相关各方的积极参与，美国许多州从 20 世纪 80 年代末开始修改公司法，允许经理对比股东更广的利益相关者负责，从而给予经理拒绝恶意收购的法律依据。美国公司法变革的大方向是"经济民主化"，使各方"利益相关者"都能参与经济过程的控制和收益。日本和欧洲大陆的企业治理结构被认为更能体现利益相关者模式。1992 年，美国发生了一场静悄悄的革命，在 1992 年前后一年多的时间里，美国几家著名大公司的董事会先后解雇了六名声名显赫的超级总裁。究其原因就是美国公司治理结构的革命性变革。

5.1.1 利益相关者理论产生的理论辨析

进入现代社会，随着各国政治、经济、法律和历史文化的进一步发展以及相互间的交融影响，各种资源的稀缺性发生了相对转移，影响企业生存和发展的因素有所改变，并越来越复杂化。把股东作为企业唯一的所有者完全是缘于这样的认识：公司是属于股东们的实物资产的集合体，而经理和董事们则被视为雇佣工具。这种认识无助于人们真正认识公司是如何创造财富的。事实上，公司并非简单的实物资产的集合，而是一种法律框架结构，其作用在于治理所有在企业的财富创造活动中作出特殊投资的主体间的相互关系。企业就其本质而言，可以看做是上述利益相关者缔结的一组合约，其中每个产权主体向企业投入专用性资产，构成了"企业剩余"生产（或财富创造）的物质基础。可见，对"企业剩余"做出贡献的不仅仅是股东投入的实物资产，而且还有雇员投入的专用性人力资产，以及债权形成的资产等等，按照谁贡献谁受益的原则，这些产权主体都有权参与剩余分配，都应该属于企业的所有者。

现代企业理论认为企业是产权主体交易产权的一种合约性组织，是关于产权安排和一系列契约（合同）的集合。具体讲，企业是股东（或出资者）、债权人、经理人员及雇员等利益相关者相互之间缔结的"一张契约网"，企业的契约性决定了企业不仅要重视股东的权益，而且要重视其他利益相关者对经营者的监控；各利益相关者向公司或投入非人力资本，或投入人力资本，获取单个产权主体在市场交易中无法获得的合作收益。由于信息非对称性和人的有限理性的存在，企业的契约条款总是不完备的，机会主义行为容易驱使具有支配地位的成员损害其他成员的利益，并且不完备的模糊契约法律难以保护。因此企业契约总是一个不完全的契约，在合作中要素投入者发生利益冲突在所难免。国内外以公司治理来解决企业契约的不完全性。传统公司治理没有独立董事参与，实践证明，由于其内在机制存在缺陷，在股权极为分散的情况下，中小股东往往丧失对企业的控制权，大股东却常常滥用权力，内部治理中的权力制约失衡。同时，外部市场向契约参与者发出的信号滞后，外部治理本质上是一种被动的治理机制，无法有效抑制和约束机会主义行为，不能有效地防止内部人控制以及由此产生的道德风险，因此，独立董事以权力制衡者的角色进入董事会，并通过分解企业控制来弥补传统公司治理的缺陷。独立董事参与公司治理也是众多利益相关者分享企业控制权的一种替代形式。独立董事指独立于公司的所有利益相关者，通过对经营管理层的决策做出独立、客观、公正的科学判断，履行监督和决策职能，并且对其权力有法律保障的公司治理机制。独立董事代替利益相关者行使控制权，为完全企业契约推进了一步，节约了签约成本和监督成本，解决了信号显示时滞性问题。

在理论基础上，强调利益相关者的学者们得出了其"利益相关者公司治理理论"。[152]在该理论中：（1）他们首先提出了"利益相关者"的概念，它是指通过专用性资产的投入而为企业的财富创造作出过贡献的产权主体。（2）他们进一步认为企业的核心问题是自身的生存与发展，企业的生命力绝不是来自股东，而是来自利益相关者之间的合作。这就要求一项制度安排必须平等地对待每个利益相关者的产权权益。具体而言，就是通过剩余索取权的合理分配来实现各自的产权权益；通过控制权的分配来相互制约，以保护自身权益，免遭他人侵害，从而达到长期稳定合作的目的。

5.1.2 利益相关者理论的实质是增加对控制权的要求权[153]

公司治理结构是有效的实现公司目标的一套制度安排。公司目标是公司控制权的归属，是由参与者的博弈均衡决定的公司应该为相关利益者服务，公司的理想目标应该是最大化整个公司财富创造的潜能，而不应仅仅是为股东最大化财富价值。

公司应该为谁的利益服务问题的实质是关于公司控制权的配置。从目前的文献来看，"股东至上主义"认为控制权归股东。在公司的所有参与者中，股东投入的是非人力资产，公司经营者及职工投入的是人力资本，公司的价值是由非人力资产和人力资本共同创造的。然而，由于公司经营者及工人在公司的持续运转过程中，其专用性人力资本也将得到进一步加强，且这些专用性人力资本与公司的非人力资产是高度互补的，一旦专用性人力资本所有者离开公司,将影响公司的绩效。因此,为了激励专用性人力资本所有者付出生产性努力,应该赋予他们部分公司产权。比较而言,经营者的人力资本专用性程度要高于公司生产者,经营者对公司的存续价值也更大,其行为也更难以监督。所以,在公司的产权安排上,应该把公司资产的特定控制权及部分剩余控制权授予公司经营者,而工人则接受固定工资合约,接受经营者的监督。这样的产权安排虽然会降低工人的生产积极性,但这种损失可以通过加强对生产者的监督而弥补(Hart, 1995)。[154]

布莱尔坚持公司应该为相关利益者服务背后的公司产权安排的逻辑,"公司的资源应该用来实现所有那些事实上投资于企业并承担风险的人们目标,并应该服务于他们的需要。相应的,这些不同利益集团也应该被赋予充分的控制权来保证公司的资源被用来服务于这些目的。当控制权可以按上述方式分配时,所有的参与者都将拥有激励来监督这个被最大化了的'馅饼'的总尺寸,任何一个利益集团都将难以轻易地通过强加给其他相关利益者成本和风险的方式来增加自身的利益。"[155]布莱尔强调控制权的激励功能毋庸置疑,但是他并没有真正理解控制权争夺的背后逻辑。事实上,公司参与者能够分享多大的控制权,取决于其谈判能力,也就是说控制权是博弈层次上的一个概念,不可能完全通过静态分配来完成。从参与者之间的博弈行为来分析,控制权则表现出状态依存之特征。

事实上,公司参与者能够分享多大的控制权取决于其谈判能力,也就是说控制权是博弈层次上的一个概念,不可能完全通过静态分配来完成。从参与者之间的博弈行为来分析,控制权则表现出状态依存之特征。[156]令 X 为企业的总收入,W 为应该支付工人的合同工资,R 为对债权人的合同支付(本金加利息),Π 为满意的利润。假定 x 在 $0 \sim X$ 之间分布(其中 X 是最大可能的收入),工人的索取权优先于债权人。如果公司处于 $x>W+R+\Pi$ 状态,经营者拥有控制权;如果公司处于 $x>W+R$ 状态,股东拥有控制权;如果公司处于 $W<x<W+R$ 的状态,债权人拥有控制权;如果公司处于 $x<W$ 的状态,工人拥有控制权。[157]事实上,公司是参与者通过契约的形式而组成的一种合作性组织,参与者之所以愿意以契约的形式组成公司,其目的就是为了分享公司创造的组织租金。因而,公司目标对外总是表现为效率目标—组织租金者说是公司价值最大化。然而,参与者能够分享多少组织租金则取决于参与者的谈判能力或者说取决于参与者掌握的公司控制权的大小,离开了控制权,他们可能一无所获。所以,公司目标实质则是控制权的归属,效率只是其外在表现形式。

这种状态依存性控制权，更能体现控制权对公司参与者的激励，这种控制权的安排也更为有效，相反，如果将公司控制权平均分配于公司的众多参与者，不可能带来公司的有效运转。这是因为，如果将控制权分割给大量的为公司贡献了专用性资产（人力资本和非人力资本）的众多参与者，即使在产权已经明确界定和完全交易的情况下，"搭便车"问题反而阻碍效率的实现。从交易成本论的观点看，企业是要素所有者相互交易产权的方式，从而也是交易过程中一系列不完全契约的联结体。而公司的治理安排就是以契约的方式，规范公司相关利益者之间的关系，治理它们之间的交易来实现公司节约交易成本的优势。契约是否有效，关键就在于确定在出现未预期的情况时谁有权作决策，这就是所谓的"剩余控制权"。公司内部的治理结构就是在股东、董事会和经理人员之间配置剩余控制权，进而在此基础上决定剩余索取权的分配。通过选择有效的公司治理结构，使之对企业所有权进行配置，形成企业剩余索取权与控制权的对称，从而通过对产权关系的治理降低内生交易成本，确保企业决策效率。因此，从这个意义上讲，公司治理的实质就是明确产权关系的契约。

一般而言，产权以相互关联的两个基本的方法形成公司的治理结构。第一，产权在给定的环境下，决定生成企业的形态。和其他组织一样，企业也是在对应固有制度框架和交易成本形态下产生的。第二，公司治理结构受所有权制度的制约，换言之，治理技术和形式只能在产权制度所授予的管理结构的"资产组合"中选择。根据不同的产权规则会产生差异性的公司治理结构，即产权制度是各国公司治理结构多样性的重要原因。这两种治理结构的形成均是与其独特的意识形态和社会文化环境相联系的，两者的竞争优势从本质上看源于制度与环境的契合，很难说一种治理结构优于另一种治理结构。市场的全球化与系统之间的竞争对治理结构施以收敛化的压力，公司的治理结构在竞争中趋同。然而，各国的法律和产权制度成为收敛的强力制约，并从质上决定了治理必然呈现多样性。

5.1.3 人力资本要求控制权的理由[158]

（1）主流企业理论低估了人力资本的作用

企业治理结构理论是建立委托—代理理论的基础上。委托代理理论建立在资本所有权与控制权"两权分离"基础之上。物质资本所有者是所谓委托人，是企业天然的所有者。尽管事实上的资本所有权已不完整，但委托代理理论仍然建立在"股东至上主义"，（非人力的）资本所有者是企业的最终所有者，其对企业拥有控制权。虽然股东不直接管理企业，但股东是企业的所有者。企业的经营管理者不过是所有者的"代理人",所以经营管理者应为股东服务,行为目标应该与股东的目标一致:股东利益最大化。在"两权分离"的前提下,企业经营者的目标函数与所有者的目标函数存在差异:前者的目标是经营者利益和权力最大化,而后者的目标是股东利益最大化及其决定的企业利润最大化。这种差异可能导致经营者机会主义的败德行为,损害所有者利益。这就是"代理问题"。为解决代理问题,需要设计一套"机制"来保证企业目标不致偏离股东利益,并约束经营者的机会主义行为。这就是公司治理机制的由来。公司治理机制由"内""外"两部分构成。这两种机制形成一个整体就构成公司治理结构。

主流企业理论把"资本"所有者拥有和控制企业作为理论前提和逻辑起点的。这种企业治理理论以股东为中心又被称为"股东至上"或"股东至上理论",强调的是"资本雇佣劳动"。"资本雇佣劳动"论者虽然承认企业是包括人力资本在内的生产诸要素的一个"合约",但认为非人力资本由于其"抵押性质"是企业风险的承担者;而人力资本由于其"非抵押性"不承担企业风险,所以应由非人力资本享有企业的控制权。[159]科斯对企业权威的观点说明物质资本的控制权。人力资本一旦离开企业原有价值受到破坏,人力资本不愿退出企业,因而人力资本受到"威胁",非人力资本所有者可以控制人力资本,这就是"权威"的所在。可见,所谓"权威"不过是专属于物质资本的。因此,人力资本的概念也被引入企业理论之中,但它对委托—代理理论和以之为基础的企业治理理论没有产生什么实质性的影响。这种企业治理模式中劳动者处于被动地位,而管理者仅仅被看成是所有者财产的代理人。在"股东至上"的治理模型中,虽然经营管理者事实上参与了公司的剩余分配权和控制权这些被认为只有所有者才享有的权利,但是他们并不是所有者的身份来获取的,而只是所有者对代理人的"奖励"。这里没有管理者人力资本的地位,更没有普通劳动者人力资本的地位。周其仁[160]把人力资本与非人力资本在产权方面相提并论,认为"企业是人力资本与非人力资本的一个特别合约",认为企业里人力资本与非人力资本一样享有产权,因而企业的所有者不应该只是非人力资本所有者。方竹兰[161]则认为非人力资本在现代经济中容易退出企业,由于人力资本的专用性和团队化使其成为企业的真正风险承担者,因而应"劳动雇佣资本"。如前所述,企业由谁所有,由谁控制,取决于企业要素提供者的"谈判力"。谁拥有对企业最有价值的资源谁就有最强的"谈判力",这种谈判力就构成企业资源的"控制力"。换言之,拥有企业最有价值资源的所有者是企业的真正控制者、所有者。人力资本在企业中的价值有越来越大的趋势，尤其一些知识型的新型企业里，人力资本已成为最有价值的资源，因而人力资本在企业治理结构中扮演十分重要的角色。

（2）公司性质的变化引起对人力资本的关注

公司治理过程是企业多边契约关系各方之间利益相互博弈的过程，是基于资本权利（剩余索取权和剩余控制权）的利益分配和权力制衡机制。而资本权力的大小取决于资本对公司收益的贡献和对公司风险的承担，以及由此决定的在企业资本结构中的地位。显然，这里的资本结构是广义上的公司资本结构，是指公司总资本中不同出资主体的具体分布。人力资本作为创造企业财富的重要源泉自然也应包括在内。契约理论认为合约中要素之间的权益与责任的分配是事先在缔约前的谈判过程中讨价还价形成的。各要素所有者的谈判力的大小决定权益的分配结果。在资源配置过程中，要拥有相对稀缺的经济主体，资源的稀缺程度决定了要素的相对价格的变化，资源的相对稀缺程度越高，其具有的谈判力越强；反之，其谈判力越弱。拥有不可替代或替代性较弱的资源的要素所有者具有较强的谈判力。随着分工和专业化的演进、市场范围的扩大，资源的相对稀缺程度也在变化。一切控制权都来源于其拥有某种或多种资本的所有权，或者金融资本，股东和债权人对企业控制权的分享；人力资本所有权，以经营者控制和职工参与制等方式行使对企业的控制权；社会资本所有权对应于企业的外部相关利益者，比如，政府、供应商、消费者等对企业某种程度的控制和剩余分享。组织资本由于其不为单个要素所有者所有，其所有权及其相关权利由对组织资本的贡献者分享。因此，不但资本所有权与（特定）控制权是不可分的，企业合约组合的不完备性亦要求剩余控制权在不同资本所有者之间分配。

首先是股权结构的变化。股权结构的变化之一是随着公司规模的扩大，股东数量更多，持股更分散。这意味着在公司性质方面股东控制力的减弱和经营管理者的控制力增强。股权结构变化之二是对管理者激励而赠送给经营管理者的股票期权和技术入股比例的增加。显然，这种股份性质是与货币资本股不同的，因为这些股份并没有货币资本的投入。股权结构变化之三是机构投资者大量涌现。机构投资者的来源有金融机构，各种投资基金如保险基金、养老基金等。他们通过这些方式持有其他公司的股票或相互持股。公司持有股票从而使公司成为股东，成为"所有者"。但是，公司只是一个法人，按委托—代理理论，公司所持法人股最终为公司的股东所有。因此，这种"所有权"不是最终所有权，是与个人股权具有不同性质的特殊所有权。可是，从对公司的控制权角度看，法人股所获得的控制权反而会大于个人股。与此同时，法人股改变了公司原始股权在被持股公司的总股本中的比例关系，使原始股东法定的控制权减弱，公司的控制权进一步增强。由于公司股权结构的改变，现有的公司治理机制难以沿其治理目标——股东所有者利益最大化方向前进。股东所有权的实现取决于他是否获得控制权，控制权表现为对企业的监督和投票等。但是，现代公司真正拥有控制权的往往是董事、经理和雇员。董事本来应该是股东的代表，但现代公司董事会构成中除了股东代表，还有管理者代表、职工代表和来于公司外的非股东代表。这说明现代董事会并非只代表股东所有者。

公司性质的最大变化是人力资本成为企业重要的价值源泉。人力资本概念的提出并强调"人的经济价值"提高[39]，即人力资本在公司中起着越来越重要的作用，或者说，人力资本在公司的"谈判力"上升，对经济增长理论和企业理论的意义是深远的。随着资本市场的日益开放、竞争，资本供给渠道的多元化，资本的"谈判力"大大降低，资本产权弱化；同时，随着市场广度和深度的扩展，产品市场竞争的日益加剧，企业经营风险日益增加，企业家人力资本显得越来越重要和稀缺，企业家不但拥有自己人力资本产权，甚至剥夺掉部分资本的产权。这就是经营者控制企业或包括职工在内的"内部人"控制企业的原因。因此，我们在肯定企业家和职工的人力资本分享企业控制权和剩余分配权有其必然性和合理性的同时，也不要片面强调人力资本所有者的利益。无论是资本侵蚀人力资本的利益，还是人力资本（尤其企业家）侵蚀资本利益都必须纳入"企业治理"范畴。提出"人力资本产权理论"之目的在于改变只有资本是企业所有者的旧观念，判断资本的利益是否受到侵蚀，不能以资本独享企业所有权为判断标准，而应以企业是人力资本产权与非人力资本产权的平等合约作为标准。因此，企业治理的目标就不能简单地定为应该保护"股东"利益。要素相对稀缺程度的变化引起企业产权结构的变化，以及公司组织结构的演化，产生不同类型的企业，比如"股东至上型"、"股东和企业家控制型"、"企业家控制型"、"企业家与劳动者人力资本控制型"等。不同的企业公司类型对其治理的机制应该是不同的，不能一概而论。

从国际公司治理实践来看，人力资本在公司治理中也越来越发挥着重要作用。企业家稳定地留在企业并控制着企业，是企业能搞好的一个条件。许多在激烈的市场竞争中成功的企业，搞好最根本的原因就是对企业家人力资本产权的承认尊重和保护。投资判断性决策是一种非常重要的权利。英美公司很早就注意到企业家才能对公司经营的重要性，并采取股票期权的形式将企业家才能的发挥引向股东利益的实现。据了解，美国100亿美元以上的大公司，其首席执行官的薪酬构成是：基本年薪占17%，奖金占11%，福利计划占7%，股票期权占65%；1999年薪酬最高的50位总裁，其平均股票收益占总薪酬的94.92%。其绝对数也颇为可观，如通过购买手中持有多年的公司股票期权，甲骨文首席执行官埃里森2001年一年进账7.06亿美元，这个数字甚至远远超过加勒比海国家格林纳达2000年一整年的国内生产总值。进入20世纪80年代，出于避免因股权高度分散招致的被收购的风险，美国许多大公司开始实施职工持股计划。有统计表明，截至1988年美国350家最大的公司中有30%实施了职工持股计划，职工持股平均占股票总数8%。尤其在计算机类的公司中这一比例更是高达16%，著名的英特尔公司用于员工期权的股票占公司流通股14.3%，微软公司达43.9%。这种趋势将大大增强公司股权结构的稳定性，也在客观上为"人力资本"参与公司治理提供了便利条件。

5.2 股权至上主义治理理念在美国实践的衰落

主流企业理论的逻辑近年来美国暴露出的一系列令人震惊的公司丑闻和破产事件，如安然事件，及环球通讯、世界电讯、施乐、默克等事件，除诚信和相关的审计、法律制度缺陷外，有论者认为这根源于"股东至上主义"企业理论和公司治理理念。[162]据美国《长期计划》杂志1995年发表的一项调查表明[163]，75%以上美国企业经理认为，股东利益是第一位的，而在德国和法国，认为企业是为所有利益集团服务的经理占80%和75%以上，认为股东利益是第一位的分别不足20%和25%；在日本这个比例为98%比2%。这种经理人员的个人意见实际上反映了一定公司治理框架下的制度约束。美国公司治理的股东至上主义理念直接推动了美国公司的扩张，高额的投资回报刺激大量资本进入股市，造成股指在20世纪90年代成数倍的上扬，它无疑是推动美国股市价值、利率和美元汇率虚高的动因。因此，当技术创新和制度创新利润向正常利润方向回落，公司不能兑现原先给股东承诺的回报，公司陷入财务危机。

传统的公司治理理论遵循"股东至上"的逻辑。长期以来，许多国家在其制订的《公司法》中也体现为如下的公司治理模式：股东是公司的所有者，经理必须并且仅仅为股东的利润最大化服务。不可否认，这种"股东至上"的治理模式常见于业主制企业、合伙企业及一些股东主导型公司。这些古典企业生存了几百年。然而，现代社会大量处于统治地位的公司开始偏离"股东至上"逻辑，传统的治理模式在微观经济领域的地位日渐衰落。20世纪80年代由斯蒂格利茨等提出"多重代理理论"，即"利益相关者理论"。该理论认为，企业的目标函数不只是股东利益最大化，而应照顾所有"利益相关者"的利益。相关利益者应该分享企业剩余和控制权。尤其是1980年美国兴起的一股公司之间的"恶意收购"浪潮，更引发了人们对"股东至上"逻辑的声讨。恶意收购者高价购买被收购对象公司的股票，然后重组公司高层经理人员，改变公司经营方针，并解雇大量工人。被收购公司的股东因为收购而获得了丰厚的收益。而这种股东接受"恶意收购"的短期获利行为，往往是和企业的长期发展相违背的。在这一背景下，美国许多州从20世纪80年代开始修改公司法，允许经理对比股东更广的"利益相关者"负责，从而给予经理拒绝"恶意收购"的法律依据。这种修改引起了全美企业界的大论战，也促进了"利益相关者"公司治理模式的理论与实践的深化。[164]

5.3 利益相关者理论

随着人们对企业行为社会责任的关注，利益相关者理论的提出，公司治理过程中各类利益相关者对公司都有要求权。布莱尔[178]鲜明地指出，公司除了要为股东提供收益外，还应具有社会目标。公司中众多控制权一部分赋予股东，一部分赋予其他利益相关者。传统理论将股东作为公司的所有者是一种误解，企业并非简单的实物资产的集合，而是一种法律框架，其作用在于治理所有在企业的财富创造活动中做出特殊投资的主体间的相互关系。这些投资主体中当然包括股东，而且权益资本是总体投入组合中极为重要的构成部分之一。但投入并不仅仅限于股东，供应商、贷款人、顾客尤其是企业雇员等利益相关者往往都做出了特殊的投资，这些投资在很大程度上依赖于他们与该公司的持续长久的关系。

利益相关者是指与企业生产经营行为和后果具有利害关系的群体或个人。对企业而言，其利益相关者一般可以分为三类：资本市场利益相关者（股东和公司资本的主要供应者），产品市场利益相关者（公司主要顾客、供应商、当地社团和工会），以及组织中的利益相关者（所有公司员工，包括管理人员和一般员工）。每个利益相关者群体都希望组织在制订战略决策时能给他们提供优先考虑，以便实现他们的目标，他们都有各不相同的目标，但这些权益主体的相关利益及所关心的焦点问题存在很大的差别，且往往互有矛盾。企业所有权安排是所有参加人之间讨价还价的结果。因此，可以认为，企业是利益相关者之间的一种谈判机制，利益相关者之间的谈判结果将决定企业所有权的分配，而这个结果也将外化为企业治理结构。

利益相关者的产权模式与治理结构模式与传统的模式相比，最重要的是改变了公司最高权力机关的组成，由利益相关者取代了股东成为企业最高的决策主体。值得注意的是，在这一趋势中，重要的不是经营者所占的企业股权比重，而是知识被引入生产资料、生活资料以及劳动力再生产过程，并由此引发由以往资本雇佣劳动转向劳动雇佣资本的趋势。

5.4 利益相关者公司治理模式的评论

公司治理模式是一套治理公司交易关系的制度安排。其关键在于通过适当地配置剩余索取权和控制权（即公司所有权）来确保公司的决策效率和稳定持续发展。公司治理模式有效率的前提是剩余索取权和控制权的对称分布，即责权利的统一。利益相关者公司治理模式作为一种现代公司治理理论，其本身是对传统企业理论中"股东至上"逻辑的反叛。它塑造了一种新的"所有权观"。任何有利于公司财富增长的投资者（包括物质资产投入者和人力资产投入者）都可以确认为公司的所有者。公司生存与发展的目标不是单一的，即股东价值的最大化；而应该是多元的，是各利益者间利益关系的一种平衡。应该说，利益相关者治理理论对公司发展影响因素的分析更为系统、全面和贴近生活现实，更有助于把公司治理与公司管理紧密结合起来，从而更好地理解企业管理理论。尤其重要的是利益相关者理论对转轨经济中公司治理的改革有一定借鉴意义。充分考虑各利益相关者的利益关系，有利于调动各资产投入者的积极性，有利于企业最终财富的创造。

应该指出的是利益相关者治理模式也不是一种完美的治理模式，让经理们对所有的利益相关者都负责任相当于让他们对谁都不负责任。多重目标可能会使得政府所关心的问题与企业所关心的问题之间产生冲突；它也可能使得那些达不到任何这些目标的公司的经理们能够很容易找到掩盖其行为的借口；它还可能会导致企业经理仅仅追逐部分目标，如企业扩张或技术改善，而忽略了这些目标与效率或价值之间的平衡。德国和日本公司的利益相关治理模式在战后的几十年里，与以美国和英国为代表的股东至上治理模式相比的确有上乘的表现，也因此引起人们在对"股东至上"检讨的同时，形成一股追逐"利益相关者"模式的热潮。然而，在过去约20年的时间内，"股东至上"与"利益相关者"两种治理模式作用下的差距正显著地缩小。德国和日本公司注重证券市场发展，降低公司负债率以及减少交叉持股数额等一系列举措，显示出这样的迹象：德国和日本公司传统的利益相关者治理模式也正在发生着某些演变。

公司治理属于企业制度范畴，它是企业长期发展演变的产物，受社会政治、经济、法律和历史文化等诸多因素的影响。所有的公司治理模式都有一个自然的倾向，即亲近那些在公司经营中贡献最大的人，拒绝那些做不到的人。[165]在公司治理发展的漫长过程中，公司治理的实践证明，由于社会的发展进步，以及相应的影响公司治理的政治、经济、法律和历史文化等因素的发展变化，每个国家的公司治理模式也在不断地发展演化。利益相关者治理模式作为这种演化过程中的产物，既有其存在的合理性和可取之处，也注定了要面临着进一步演变的挑战。

5.5 产权结构对企业治理绩效的决定性影响[166]

一元化产权结构，阻碍企业的持续成长。一元化产权结构往往导致把产权关系和血缘关系融为一体，切断了人力资本和货币资本的结合，解决不了企业成长与企业家素质、接班人、技术、人力资本的要求。还产生资金难融、信息难通、市场难行、技改难做的现象，企业难以长大。企业权利开始让渡部分产权权利，形成多元化产权结构形式。企业的成长一定伴随着企业治理结构的演进，伴随企业产权制度的合理配置的过程。企业从私人业主制、合伙制、公司制的演进可以看到它们之间的演变很大程度上是一种自然过渡，是与一种财产权与控制权结构相吻合的过程，是一元化财产权制度向多元化产权制度深化的过程。单一财产权的企业组织不稳定性，规模不大，抗风险能力弱，竞争力不强，从事的行业大多是小作坊，企业要成长，就需要更高一级的企业组织形式出现。股份有限公司组织形式的出现正适应了这一要求。它使公司真正地成为一个法人团体，脱离了业主、所有者的限制而独具生命力，增强了抵抗风险能力与筹资的能力，在公司治理结构上实现了所有权与控制权的部分分离，初步形成了委托—代理关系，是最具竞争力的制度形式，企业治理的效率在各种经济环境中都有所表现。

5.5.1 产权结构与企业治理

对企业治理的分析属于产权理论在微观层面的一个重要应用。在目前已有的理论框架中,许多学者都从不同角度得出同一个结论,即企业组织的经济效率既取决于企业的内部规则,但更重要的是依赖产权的结构。詹森和麦克林(1979)[167]曾论证指出,生产函数依赖产权结构就像它们依赖技术进步那样。他们把企业定义为一组契约网络,这些契约详细地说明每个个体在生产合作中涉及的奖励和代价。现实的一套惩罚和奖励办法影响着理性人的行为,从而影响着企业的产出成果。进一步而言,如果把企业组织所体现的契约关系及其实施看做是有关各方之间博弈的话,那么可以说博弈的外部规则(即产权的法律分配)界定了可供企业使用的博弈的内部规则(埃格特森,1990)。[93]

产权理论在微观领域的一个重要成果是对企业中"委托—代理"关系的分析。更准确地说,企业中的产权形态是关于产权一般性内涵与功能在企业中的延伸和运用,其集中体现是对现代公司制度下由"委托—代理"关系生成的公司治理机制的分析。随着社会分工的发展和产业结构的调整,资本集中日益加强,单个出资人的投资已经难以满足实际经营的需要,因而出现了产权主体多元化的趋势。公司治理结构就是为克服委托—代理问题而提供的一种激励和约束机制。公司治理结构是产权主体多元化和产权权能分裂所形成的。公司治理结构的功能直接体现在两个方面,即对经营者的有效选拔与激励。在信息传递日益加速、经济活动中不确定性日益增加的现代社会下,决策因素对企业经营成败往往起着关键性作用,经营者对于企业的重要性大大提高了。正是在这一意义上说,作为选拔与激励经营者主要机构的公司治理结构,在企业中发挥着不可替代的作用。

由此可见,公司治理结构在本质上体现着一种产权关系,因而其效率也就主要体现在产权效率方面。"产权效率"是指某种既定产权安排能够带来的产出与其所形成的现实成本与机会成本之和的对比。显然,理想的产权效率体现为既定成本下的产出最大,或既定产出下的成本最小。具体而言,产权效率包括两个核心因素。首先,根据现代产权理论,产权最重要的功能在于把外部性问题内部化。因此,公司治理结构中产权效率的主要衡量标准是公司产权权能的安排能否达到一种理想状态,使各利益相关者的外部性最大限度地得到克服,委托人与代理人的利益函数、目标函数及各自行为驱动方式能够趋于一致。在这里,现代产权理论框架下的"委托—代理"关系所揭示的一个定理式命题,就是要求控制权与剩余索取权之间的匹配与对称。其次，由于产权效率是在各个产权权能主体之间相互行为模式中得以体现的，因此其实现无疑与所有者对经营者的有效监督和制约具有很大的相关性。而所有者是否具有监督和制约经营者的"动力"是问题的关键所在。在这里，"动力源"主要来自两个方面，一是剩余索取权的天然激励作用，二是所有权主体自身的内在利益驱动因素。在现实中，相当多的学者认识到了剩余索取权的重要性而忽视了所有权主体自身的性质对产权效率的影响；事实上，恰恰是后者对产权效率的实现更具有根本性、终极性意义。这一分析框架对受国有产权主导的转轨经济体中的公司治理行为具有很强的理论解释和扩展能力。以上面分析为基础，一种"完备"的或者说符合产权效率要求的公司治理模式需具备以下前提条件：股权主体必须是政治上独立、经济上自主，并且以经济利益最大化作为主要目标的经济主体。这是使所有者具有对经营者监督与制约内在动力的必不可少的保证。"政治性企业"缺乏明确的人格化的产权主体，其经济效率必然十分低下。[93]

5.5.2 产权结构与企业治理绩效考证

（1）公司治理中的企业所有权[168][169]

从企业的角度看，所有权以两种不同的形态存在着：一种是财产的所有权；一种是企业的所有权。"财产所有权不应与企业所有权混为一谈"。从合约经济学的角度看，财产所有权是指经济主体对投入企业的生产性要素或资源（在企业称为资本）的初始所有权。狭义的财产所有权指的是股权，广义的财产所有权既包括股权，也包括债权和人力资本所有权。财产所有权在企业具体体现为收益权和投票权（剩余控制权），是由所有权主体享有的。

企业所有权指的是企业权利主体对投入企业的资本（包括股权资本、债权资本和人力资本）进行实际运营的决策权，包括决策控制和决策经营。在法玛和詹森看来，通过企业所有权的配置和重新配置，即治理制度安排，可以有效地解决代理问题。一种可能的制度安排是，让有钱人充当决策经营者（企业家），掌握剩余索取权和控制权（张维迎，1996）[157]；另一种有效的制度安排是让决策控制与决策经营分离（Fama and Jensen, 1983）。[170]决策控制和决策经营分离的程度和形式在不同的国家是不一样的，它由董事会制度决定。董事会是公司的最高决策者和内部监督者，是由全体董事组成的公司法定必备常设机关。

财产所有权与企业所有权的区别可以用现实中的企业制度来说明。所有制作为财产所有权的制度安排，表现为资本结构或股权结构（所有权结构），股权结构是指股份公司总股本中不同性质的股份所占的比例及其相互关系，包括股权属性和股权集中度。企业所有制作为企业所有权的制度安排，表现为公司的治理结构。公司治理结构一方面受制于资本结构，另一方面受各个国家和企业所处的具体的制度环境的影响，如政治、经济、市场、法律、传统、习俗和意识形态等。德国、日本和美国作为三个具有代表性的国家，其所有权结构和公司治理制度具有较大的差异：德日以银行控股和职工参与控制为特征，对外部资本市场的依赖很弱，从而导致了所有权的高度集中；日本以债权人"相机治理"和法人交叉持股为特征，侧重于内部治理；美国则以经营者控制为特征，高度依赖资本市场和外部治理，所有权集中度较低。尽管德日美三国所有权结构和公司治理制度各不相同，但在20世纪80年代成为世界三大经济强国的事实，说明它们的公司治理制度安排是有效的。原因在于治理制度安排适应了各自的制度环境。由此可见，治理制度的形成具有路径依赖的特征。随着世界经济一体化和国际竞争的加剧，世界各国的治理制度出现了趋同的迹象。美国的治理制度吸收了国外的一些特点，但遵循着美国的制度演进路径，即通过构筑一个完善的董事会来进行。在德国，许多公司的监事会正在由一种表面上的形式向真正的监督机构变化。在日本，金融危机的爆发严重影响了日本企业的国际竞争力，日本不得不对传统的治理制度进行反思，提出要改革董事会制度，加强股东和董事会的治理功能，并同时完善激励机制。这些变化可能是有意识的、自觉的，也可能完全是因为适者生存规律的作用，但并没有改变各自的特点。它们只是由于制度环境发生了变化，才不得不在治理制度上作出相应的反应。这说明在治理制度的进化博弈中，路径依赖的重要性。

（2）股权结构与企业绩效[171]

（a）不同的股权结构具有不同的企业绩效。基于委托代理理论的模型，由于资本市场并非完美，股权结构与企业价值相关。因为股权结构反映公司风险承担和利益分配机制，影响对管理层的监控、成长机会选择、自由现金流投资等价值创造和分配行为。詹森和麦克林认为，股本结构会影响企业经营者的工作努力水平和其创造性的选择，从而影响企业的收入流和市场价值，如当内部股东经营者持有的股份降低时，其工作努力程度就会降低，而在职消费就会相应增加。股权结构是公司治理结构的重要组成部分，它对公司的经营激励、收购兼并、代理权竞争、监督等公司治理机制均有着较大的影响。股权结构包括两方面的含义：一是公司的股份由哪些股东持有；二是各股东所持有的股份占公司总股份的比重大小。前者说明股份持有者的特性，后者说明股权集中或分散的程度。股权结构是企业治理结构产生的前提和基础。当企业的股权结构不同，他们的行为就存在很大的差异，企业的治理结构就不会一样。[172]

在股权结构与企业绩效的关系方面，Jensen 和 Meckling（1976）[173]认为，提高对企业有控制权的内部股东的股权比例，能有效地产生管理激励，降低代理成本，提高企业价值。同时，代理成本的水平还取决于法规和合同设计。McConnell 和 Servaes（1990）[174]认为公司价值是其股权结构的函数，其经验结果表明 Tobin 的 Q 值与企业内部人持有股份之间具有曲线关系，当内部股东的持股比例从无到有并逐步增加时，Tobin 的 Q 值随其不断上升，并在内部股东持股比例达 40%～50%时实现最大，然后开始下降。从这些文献的综述中可以看出：①对企业外部投资人利益的保护是重要的。对投资人保护的法律、契约及其行使效力的差异会导致公司治理机制的差异，并影响企业的经营业绩。好的公司治理机制应能够使公司内部人与外部人的利益实现平衡，并与其对应的公司控制权相一致。②股权结构与企业绩效之间存在着区间效应，合理的股权结构能为企业带来更高的价值。

中国学者对公司治理、股权结构与企业绩效之间关系也进行了大量的研究。当前国内对这一问题的经验研究主要还集中在股权结构与企业经营绩效的关系方面。许小年（1997）[175]对沪、深两市上市公司的经验研究结果表明，国有股比例越高的公司，绩效越差；法人股比例越高的公司，绩效越好；个人股比例与企业绩效基本无关。何浚（1998）[176]分析了上市公司中的内部人控制问题，其经验结果显示，国有股在公司总股本中所占的比例越大，公司的内部人控制就越强。孙永祥、黄祖辉（1999）[177]的经验研究发现，随着第一大股东所持股权比例的增加，Tobin 的 Q 值先是上升，当第一大股东所持股权比例达到 50%后，Tobin 的 Q 值开始下降。陈晓和江东（2000）[178]认为，不同类型的股东在公司治理结构中发挥的作用是状态依存的，股权结构的多元化对公司业绩的正面影响取决于行业的竞争性。在提高行业竞争性的基础上，通过适当减持国有股比例，提高法人股和流通股的比例将能改善公司的治理结构。2000 年上海证券交易所研究中心的一份研究报告认为，"国有股比重过大与公司业绩呈负的相关关系，而法人股比重与公司业绩呈正相关关系。"国内研究的结论倾向于认为，国有股权的集中对企业价值产生负面影响，将国有股法人多元化有助于改善公司治理和经营业绩。

对新兴市场，Xu和Wang[179]研究了中国上市公司股份构成与企业经营绩效会计指标之间的关系，发现股权集中程度与公司经营业绩正相关，而且法人控股的上市公司比国家控股的上市公司表现得更显著，公司业绩与公司法人股比例呈现高度正相关，国家股比例则与公司业绩呈负相关关系。公司价值与外部股东的身份有关。如果基金是公司第一大股东，对公司价值会产生不利影响；但如果有银行参与该基金，则有助于降低不利影响。[180]事实上，实践中并不存在最优或合理的股权比例结构。不同的国家，由于其历史条件、文化、社会制度、经济发展水平等各方面因素的差异，在公司股权结构上也各具特色。无论在哪种治理模式下，公司所处行业市场的规范程度，信息披露的要求，相关法律、法规完善与否，董事市场、职业经理人市场的完善程度等外部治理因素都在规范公司治理中具有举足轻重的作用。

(b) 股权结构作用的发挥不可忽视市场结构。对于中国的转轨经济而言，当然有其特殊性，这就是中国特有的产权结构。因此，产权理论在中国受到了经济学家们的普遍重视，所有权的转变被视为是转变激励机制因而提高企业绩效的最根本方式。不过，在私有化的浪潮风靡全球时，经济学家们却发现，单纯的所有制的转变不能解决问题。大量的经验研究结果表明，在某些产业，所有权的转变取得了良好的绩效；而有些领域，则无法取得预想的效果。那么，就有人提出，所有权不是决定绩效的根本因素，市场竞争才是决定绩效的根本因素，于是，在经济学界，形成了关于所有权和市场竞争谁是更重要的决定绩效的因素的争论。这个争论实际上提出了一个重要线索，这就是产权和市场是密切相关的。任何关于产权绩效的研究都必须放在相应的市场结构框架内，否则势必会导致与产权理论假设不同的难以解释的结果。同样，任何关于市场绩效的研究，离开了产权这一重要因素，则会产生与一般市场结构理论相背离的很大误差。至少，在中国经济的研究领域内，这两者是密不可分的和互不可缺的。于是，市场结构问题的重要性就再度被提了出来。在中国，它与产权结构一起，应当成为研究绩效问题不可忽略的重要前提。在过去有关的研究中，最大的缺陷就是，往往人们只是单纯地研究某一方面，或是产权，或是市场，而没有将两者综合起来研究，这样就难免会产生偏差。

当把绩效问题放在市场、产权和两者互动发展的空间结构中时，可以发现所有权与市场结构是怎样相互决定的。当然，从结构到绩效，其间并非为直接的决定关系，而是必须通过企业行为才能传递这种决定关系。企业行为在这个决定绩效的链条中起着承上启下的重要传递作用。即使如此，企业行为也是有其必然性的结构基础的，不同类型的企业行为是相应于特定的结构变量的组合。产权结构是决定市场绩效的不可忽视的因素。在传统的产业经济学分析中，不考虑这一因素，从刘小玄建立的多元回归方程中看到所有制变量的决定作用。[181]

$$npr = -0.1017 - 0.1159 State + 0.0549 Cr8 + 0.0145 MES$$
$$(-2.2)\quad(-4.32)\quad\;(2.03)\quad\quad(3.12)$$

或者 $npr = -0.0880 - 0.1070 State + 0.1087 Hx + 0.0145 MES$
$$(-1.85)\quad(-3.98)\quad\;(1.87)\quad\quad(3.06)$$

其中 State 是产业内国有企业的比重，Cr8 是产业内最大 8 家企业的市场份额，Hx 是产业集中率的赫芬达指数，MES 是最小经济规模变量，npr 是净资产利润率，括号（）为 t 检验值。从回归方程中看出，国有产权结构变量的明显的负相关关系，当其市场份额上升一个单位，相应的利润率就会下降 11%左右，具有十分明显的消极影响，而其他变量对绩效是积极的影响。在中国产权结构和市场结构共同决定市场绩效。国有产权结构与具有垄断特征的市场具有较大相关性，而非国有产权结构与小规模的原子式的竞争市场更相容。对于竞争性产业，产权的变革是决定性的，垄断性的产业，消除行政性或制度性的市场垄断是决定性的。

5.5.3 不同模式的所有权改革产生明显的绩效差异[182]

公司治理制度系统是一个开放的系统，公司治理制度与文化、法律、所有制与资本市场之间存在紧密关联链，这种链有着明确的主次与次序分别，制度安排相互之间的影响并且有一定顺序。显然公司治理制度次序是文化→产权制度→法律→资本市场→公司治理模式，公司治理模式受制于前面的因素。从中看出公司治理是外部治理与内部治理的契合，作为制度环境的外部治理由文化、法律、产权制度和资本市场构成，内部治理形成企业自身的治理模式。①在这个关联链中，文化决定着主体地位的产权制度的选择，集体主义文化因培植公有制为主体的产权形态，在个人主义文化的英美国家，私有产权制度的出现理所当然。而不同的主体产权制度影响着法律保护的倾向。传统公有制国家立法主旨在于保护无产者的利益；私

---

① 蓝庆新，韩晶. 公司治理模式演进的国际比较分析——基于制度系统论的视角[J]. 经济社会体制比较，2010（5）：186-194

有制国家立法主旨则保证私有财产神圣不可侵犯。对于同样的所有制而言，文化对法律有重要的影响。因为法律是一种文化现象，法律与文化有着紧密的联系。在个人主义文化下，英美民族的普通法在发展过程中较少受到当时的政府干预，是在与国家对立过程中发展起来的，法律在发展过程中也主要是保护私有产权不受君权的侵犯，因而一般来说更倾向于保护出资者的利益，法律实施的效率也较高。反观文化特征是权力等级差别的大陆法系代表国家德国，集体主义精神强于英美，法律形成过程中政府起了重要作用，法庭依赖于政府，而不是像普通法那样与政府对立，因此，大陆法系对投资者的利益保护较少，法律实施的效率也较低。①

法律对资本市场的影响则更加直接，法律规制直接决定了资本市场的发展方向。不同法律体系下金融结构的差异，结果发现两者确实存在紧密的关联。实行以普通法为基础的法律体系的国家或地区，其金融体系以（证券）市场为基础，实行普通法的国家或地区对小股东的保护力度很强，会计体系以决策会计为主，要求公司财务信息公开，并且执法力度比较强，因而投资者愿意在这样的资本市场投资，资本市场发达，资本市场参与公司治理的能力就强，因而形成了市场导向型的美英治理模式；美国文化则注重个人主义、创新精神，其产品和服务在员工技能、知识运用或风险资本方面具有很高的密集度，而由资本市场驱动、以股东利益为中心的公司治理模式无疑最适合于这种文化和制度背景。相反，强调对贷款人的权利进行保护的德国式民法体系有助于银行中介机构的发展，而不注重对中小投资者的保护，中小投资者也并不愿意在资本市场投资，在这些国家资本市场的规模相对来说小一些。资本市场参与公司治理的重要性就弱于普通法系的国家，作为补充，大陆法系的国家形成了银行主导型的德日公司治理模式。德国的教育和产业制度的主要特征包括二元学徒体系、管理层与工会的充分合作、二元董事会结构安排、注重实践过程，这些特点使得德国企业在高质量、技术密集型产业中出类拔萃。日本公司的治理依赖于由会社组织所提供的紧密稳定的多层次联系，从而在世界范围内获得了广泛的竞争优势。

20 世纪 90 年代中期以来，公有制企业改制是中国经济改革的关键组成部分，总体方向是各级政府逐渐退出各类公有企业，尤其是中小型的公有

---

① 孙光焰. 公司治理模式演进趋势之争的方法论检视[J]. 法商研究，2008（3）：22-30

制企业；企业所有权由全民或集体所有转变为私有产权；以国有企业为例，1991年中国大约有10.47万家国有企业，工业总产值14 955亿元，对工业总产值的贡献率为56.17%。而到2003年年底，国有企业总数降低到2.32万家，工业总产值18 479亿元，在工业总产值中的比重12.99%。（如图5-1所示）

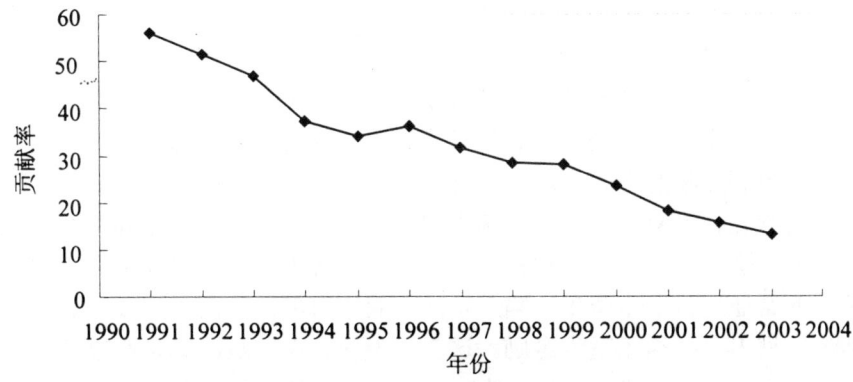

图5-1 国有工业企业贡献率

参考文献：根据历年《中国统计年鉴》整理。

在此期间，中国经济以持续高速增长。以产权改革为主体的企业改制似乎至少没有成为经济增长的障碍。但伴随着经济增长各种经济和社会矛盾也开始体现，尤其是居民收入差距的持续扩大。社会财富分配不公问题在很大程度上成了这些矛盾的焦点。这些矛盾继而演变为对产权改革基本方向的怀疑。2004年由郎咸平通过大众媒体引发了关于产权改革效率和分配的辩论，民众和众多中国知名经济学家卷入争论。郎咸平从批评个别企业产权交易的行为开始，转而质疑国有企业产权改革的整体方向，认为私营企业不能做大。最后以少数在香港上市的由大陆国家控股公司为依据，认为国有企业比私营企业效率更高。但他的判断在一定程度上影响了国资委对国有企业MBO的政策。如果我们细心留意郎咸平在很多场合强调的是中国目前法律不健全，现有法律不能很好保护国有资产。实际上，国内最熟悉的关于产权改革必要性的争论是林毅夫和张维迎的辩论。我们要得出正确的判断就不能忽略所处的环境的约束，在转轨时期的社会经济活动完全不同于发达市场的表现。

东欧、俄罗斯和中国的经济转轨更是为经济学家研究企业产权制度提供了前所未有的契机。就总体绩效而言，除独联体国家外，企业私有化促使企业采取了更多的改进经营的措施,企业的业绩有较大提高。Djankov 和 Murrell[183]通过对东欧和独联体转轨国家的国有企业产权改革的研究发现,改革后公司产权结构对改革绩效的决定性影响。并且对改革后不同产权结构的企业的绩效作了排列:外部大股东控股的企业效率最高,尤其是在有国外投资人参股的情况下;原内部经理人控股的企业效率其次,但已经较差;政府仍然控股的企业绩效更差,尤其是在扣除垄断因素之后;由企业内部职工较为平均持股的企业效率最低。企业的绩效在很大程度上取决于经理人的人力资本和对其激励的假设下,没有激励,企业吸收不到有才能的经理人,即使当前经理人有经营才能,也不会最佳使用。这可以部分解释为何政府控股的企业绩效得不到提高。同样,人力资本低下,不会经营,再好的激励也没有用。独联体国家中许多原内部经理人控股的企业中经理人的人力资本严重过时。他们只熟悉计划经济下的经营模式,而对市场经济下的企业运作非常陌生,陷入缺乏企业家窘境。外部人控股一般会引进新的经理人,并给予适当激励。这就是为什么在转轨国家企业原负责人的人力资本普遍过时的情况下,外部人控股会带来最高的绩效。

国内经济学界对中国企业产权改革的研究表明,[184]外资(包括港澳台)企业的效率最高,国有企业的效率最低,乡镇和集体企业居中;相对于市场竞争程度而言,所有制对企业效率更具决定性的影响。宋立刚和姚洋(2005)[185]在研究改制对企业绩效的影响时发现,引进私人股份的国有控股企业比纯国有企业的资本利润率高 2.69 个百分点,而私人控股企业比纯国有企业的资本利润率高 1.21~1.51 个百分点。改制对提高企业的赢利能力起到了显著的积极作用,但将改制产生持续的作用并扩展到其他领域还需要做进一步的工作。这是因为改制之后的企业治理结构没有得到应有的加强。改制刚完成时,企业职工得到自己的股份,因此他们的激励得到加强;但是,由于治理结构没有大的改善,企业不能为职工提供持续的激励,所以改制到后期的效果就变得不显著了。陆挺和刘小玄[182]通过对 451 家企业样本的研究得出:改制从整体上来讲提高了经营效率,而不同的改制方式对改制的绩效影响很大,内部人收购并经营者持大股的企业经营状况明显好于非改制企业和其他改制企业。显然他们的结论与 Djankov 和 Murrell 的研究成果相反。

如何合理的解释这中间的差异呢?我们认为改革的进程和次序在一定程度上可以解释这种差异。决定一个企业经营好坏有两个决定因素:对经营者的激励和经营者能力选择。一个好的公司治理结构既能提供足够的激励，使得经理人有动力把企业经营得最好，并回馈股东；又能通过经理人市场（包括内部提拔），让最有才能的人来经营企业。原计划经济国家在转轨之前的企业负责人对市场经济下如何运作企业是几乎一无所知的。他们的知识结构和人力资本只适合于计划经济体制内并不适合市场经济体制。东欧和前独联体国家的"休克疗法"，使产权改革几乎是紧随市场化和价格改革发生的。产权改革远远超越了市场化，国有企业负责人的知识已经不能适应市场经济的新要求。外部人收购往往伴随着经理人的更换，所以能带来新的人力资本；而面向内部人的改革却不能及时更换原有经理人。企业卖给原经理人尚能提供足够的激励，而职工平均持股的企业中则连激励都难于提供。这就出现外部人持大股好于经理人收购，而经理人收购又优于职工平均持股的现象。

中国产权改革不像东欧俄、罗斯那样的突变式的私有化，而是随着市场化的进程，民营企业大量出现，有效地增加市场竞争压力，迫使国企必须进行产权改革。中国国有企业的改革是市场取向的，企业作为真正的市场主体，其基本条件或资格就是企业产权的独立。国有企业的负责人在改革开放十多年后已经被大量更新，或市场化中逐渐增长市场知识。集体企业，尤其是乡镇集体企业的负责人很多本身就是在市场化改革中的企业创办人，具备足够的能力。在外部人收购控股的企业中，如仍保留原经理人，则他们的激励没有经理人自己控股高；若更换经理人，其间可能会产生一些矛盾或不稳定因素，新的经理也需要有时间去了解企业内部关系和其产品市场，需要经过一段磨合期才能完全适应。这可能是中国产权改革中内部人收购经营者控股的企业较有效率的原因。

第六章　中国企业治理问题研究

中国经济界和经济理论界对公司治理结构改革问题的研究始于20世纪90年代初，尤其是1993年11月党的十四届三中全会通过的《关于建立社会主义市场经济体制若干问题的决定》提出了国有企业改革的方向是建立现代企业制度的决策以后。现代企业制度建设的核心内容是对传统的国有企业进行公司化改革，并逐步建立起有效的公司治理结构，而明晰的产权制度则是有效的公司治理结构得以建立的必要前提。这可以认为，就是中国公司治理结构改革问题讨论当时得以兴起的基本背景。

然而在转轨过程中，出现了损害企业利益的行为[186][187]：（1）"在职消费"膨胀，这是增加实际剩余索取权的重要方式。（2）缺少理性的投资行为。要么短期行为严重，不考虑企业的长期利益和发展，而只考虑眼前的成绩、地位和利益，缺少长期投资和技术改造的动力。要么过度投资和耗用资产，由于实际剩余索取权通常缺少合法性和稳定性，它也涉及未来的重要决策，如投资和技术改造就被限制在经营者可预见的时间范围内，而这样的时间范围经常与企业长期发展的需要不一致。（3）侵占和转移企业资产。这也是剩余控制权大于剩余索取权、实际剩余索取权又大于名誉剩余索取权情况下很可能发生的问题。（4）抵制兼并或过度扩张。如果企业兼并和其他形式的重组损害了经营者的实际剩余索取权，抵制就成为他们的"理性选择"。反之，如果兼并有助于其扩大剩余控制权和实际剩余索取权，他们不仅赞成兼并，而且可能表现出过度扩张的倾向。在经济转轨时期，企业出现的这些问题，被学者认为是"内部人控制"现象导致的。①尤

---

① "内部人控制"问题是由美国斯坦福大学教授青木昌彦针对苏联、东欧社会主义国家特有的情况而提出来的。关于内部人控制的含义学术界有两种标准，一是所谓的格罗斯曼—哈特标准，即企业的经理或工人掌握了剩余控制权（法律和合同未作规定的企业资产使用控制权）；二是所谓的米尔格罗姆—罗伯特标准，即企业的经理或工人不仅掌握了剩余控制权，而且还掌握了企业的剩余索取权。一般的，我们把企业经理人员或员工在事实上或者依法掌握了企业的控制权，并使他们的利益在公司的决策中得到比较充分的体现的现象称作内部人控制问题。"内部人控制"在提高经理人员和一般职工积极性的同时，会导致公司治理结构的扭曲和经理人员损害所有者利益的败德行为，造成资源浪费。

其国有企业内部这种现象的产生是必然的和普遍的。中国企业的内部人控制问题产生的原因首先是公司内部治理机构中的缺陷。有相当多的公司的董事会和经理层几乎是由原企业的原班管理人员组成,由于缺乏对代表股东利益的董事会成员的考核、奖惩、任免等具体规定,董事会往往滑向内部人一方,而难以起到对经理层的监督作用。其次是国有资产的"所有者缺位",国家对国有资产进行多部门管理,缺乏能真正对国有资产保值增值负责的人格化代表的专职部门。最根本的原因是初始委托人对企业的剩余索取权与控制权不相匹配导致国有资产所有者代表的激励不足,缺乏监督的动力。另外,股东又不能"用脚投票"给经营者造成真正的威胁。由此看来,中国企业的内部人控制问题主要是出在委托人方面。家族企业在初期也存在同样的问题。因此,内部人控制更深层的力量来自"一股独大"。企业出现的这些问题用公司治理结构来解释,并通过完善公司治理结构得以解决。

在中国经济获得高速成长的同时,有研究发现,企业的经营绩效并没有取得相应的成功,与上市之前相比,公司上市之后的绩效是下降的(Chen, et al., 1999)。[188]而政府对企业所有权的高度持有被认为是导致这一现象的主要原因。政府部门已经认识这一缺陷,并发现国有企业的股份制改革没有取得预期的成果,因此开始允许上市公司的控制权进行转让。20世纪90年代初,通过改制,政府放开了对一大批国有企业的控制权。这使民营企业有可能成为上市公司的控股股东。改制总的趋势表现为国有资本的不断退出和民营资本的不断扩大。徐莉萍等(2005)[189]研究发现,当控制权转移之后,公司的经营绩效有明显的提高,但只有当新控股股东属于民营企业时,这种绩效的提高才更为明显。绩效的提高主要源泉是代理成本的降低。因此国退民进的改制方向与企业效率水平提高的方向是一致的。自1978年中国推行经济体制改革至今,大量国有企业已经从单一的国家所有制企业改制为产权更加分散的公司,民营产业从无到有得到快速发展,目前已超过整个经济总量的一半,储存了承接国有企业的实力。既然民营企业是国有企业的接力者,在研究国有企业治理问题的同时,我们应该更关注民营企业的企业治理,尤其是占民营企业重要地位的家族企业的治理问题。正如国有企业一样,民营企业也存在委托—代理问题。因而,如果民营企业也存在严重的公司治理问题,那么民营企业的运作效率比国有企业的运作效率低就是完全可能的(Vickers and Yarrow, 1990)。[190]国有企业与大型民营企业都面临官僚问题,且各自的监督机制都不完善,那么民营企业并不一定较国有企业管理得更好①（Chang and Singh，1997）。[191]因此我们在关注国有企业治理的同时，丝毫不能放松对民营企业的研究。在本章我们分别研究国有企业和家族治理问题。在研究中，反映了一个共同的特征是，转轨时期企业的治理结构是一个不断完善的过程。

6.1 中国国有企业治理的问题

公司治理问题的本质被认为是所有者与经营者的委托代理问题，公司治理问题的产生过程实际上就是企业产权关系的演变过程和相应的代理风险的产生过程。从古典企业历经"法人革命"和"经理革命"，再到具有相对完善的公司治理结构的现代企业制度，其实是一个伴随着企业经济环境变化的公司治理问题的产生和演化进程。公司治理结构的演进，总是伴随着公司、企业的发展而变迁，但是公司治理结构却是现代公司理论的新内容。简单地说，它是企业经营者、管理者、监督者之间的一种权利、义务、责任的分配，是适应现代企业产权制度的一种制度安排。正如钱颖一认为的那样，公司治理结构是一套制度安排，用来支配若干在企业中有重大利害关系的团体的关系，各利益团体从这种制度中实现各自的经济利益。国有企业的治理结构问题本质上是企业制度设计的问题，反映了国有企业的运行效率，以及持续成长的可能性和国有企业治理演进的方向。

6.1.1 国有企业产权特征

就像存在私人商品和公共商品一样，整个人类社会本来就存在私有产权和公有产权这两种不同的产权结构。如果它们各自能对应合适的资源或产业，不同产权并不会影响资源利用的效率。在一定程度上公有产权制度是为弥补市场的缺陷而设立的。以公有产权为主的企业是国有企业，国有企业的资产类似于"公共领域"的资源②，拥有了国有资产的经营权便有了攫取权。国有企业是指国家代表全体人民拥有企业财产的占有、处分、使用和收益权的一种所有制形式，每一个公民都不能直接单独支配和处置国

---

① 关于国有企业与民营企业间绩效问题一直处在争论中，有一些学者认为，国有企业比民营企业面临更多的公司治理问题。有一点是统一的，治理问题是影响企业效率的原因。

② 巴泽尔首先提出产权的"公共领域"的概念。"公共领域"的资源很难得到清楚的法律界定，私人总想尽可能地攫取一部分公共领域的资源的价值。

有财产，同时也不是直接责任主体。国家所有制的产权主体既不是自然人也不是法人，国家所有既不是自然人所有也不是法人所有，而是从抽象的全体人民所有变为抽象的国家主权者所有。以致所有权主体成为抽象化的概念，国有资产难以找到人格化的所有者，于是将归全民所有的国有资产委托给国家来管理，由国务院代表国家统一行使国有资产所有权，并由中央和地方政府以及各级国有资产经营管理机构分级管理国有资产，形成企业所有权代理。[192]

国有制是以国家为主体占有生产资料的制度形式，而国家本身不可能是单纯经济性质的主体。[193]因此，国家作为主体占有资产，这种对资产的权利不可能是纯粹经济性质的权利，必然首先是作为超经济的权利存在，在制度上不可能首先接受市场规则的约束，而是要接受国家超经济规则的约束。这样，政治的、行政的等超经济规则便在制度上替代市场规则支配国有资产运动。社会绝大部分资产权利的运动不可能受市场规则支配，市场经济便不可能成为调节这一社会资源配置的基础性力量，国家权利则成为调节资源配置的基本力量。在这里，国有企业在取得全体人民委托权的时候并没有通过市场交易与人民签订明确的契约，而是通过赋税融资、收入融资和负债融资等不平等的手段取得，表现为国家是国有企业财产的所有者。

国有企业的产权特征完全反映到代理人的行为特征，并产生两个明显的问题。一方面问题是，国有资产所有权代理人作为委托人的身份不明确，导致其行为约束软化。应当看到，西方企业的所有者——股东及其代表董事会是真正意义上的所有者，他们与企业有着直接的利害关系，从而具有真正的动力去设计并建立一套科学有效的企业治理机制来约束代理人的行为。而在中国，尽管从广义上讲，各层次所有权代理人都对企业拥有所有权，但拥有的所有权是极少的，甚至是象征性的，这使得他们的个人利益与企业兴衰关系不密切，因而缺乏足够的动力去制定企业经营管理所需的各种治理机制。作为所有权代理人，他们的目标往往不是企业的利润最大化。从其身份来看，他们仅仅是国有资产的代理者，而不是人格化的所有者，他们的行为与经营者（代理人）一样，可能并不关心国有资产的保值增值，而是关心他们从事资产管理所能得到的个人收益。同他所管理的国有资产相比，国有资产所有权代理人所能得到的职位待遇是微不足道的，这又导致国有资产所有权代理人在对企业经营者的监督过程中，可能为了获得更大个人利益而向企业让步，甚至可能与企业经营者结成同盟，合谋侵占全民所有的国有资产,严重影响国有资产的保值增值,从而出现国有资产所有权代理人行为约束软化现象。

另一方面的问题是,代理人(企业经营者)行为约束软化。在建立现代企业制度过程中,国有企业代理人也出现了这样那样的问题。第一,在由计划经济向市场经济转换的过程中,在对国有企业经营权代理人的选择上,主要沿用原计划经济下的政府行为而非经济行为,对政治因素的考虑远大于经济利益。相应的,国有企业代理人的身份往往是政府官员,他们是政治人而非经济人,因此他们追求的目标不仅是经济目标,还有其他目标,如社会地位、权势、名誉等个人目标,他们完全可能以损害所有者和企业利益来达到这些个人目标。第二,国有资产所有者全体公民与国有企业代理人之间形成了一条长长的代理链,导致作为国有资产所有者和初始委托人的公民对企业的绩效不能迅速作出反应,公众的财产和利润增殖动机逐级减弱,公众无监督、约束的积极性;各级国有资产代理人行为约束软化,难以保证其不被同化为"内部人",以致代理人缺乏应有的组织监督和约束;代理链过长,代理成本高、效率低。第三,现阶段,许多国有企业的经理身兼董事长和总经理两职,既是委托人,又是代理人,在这种情况下,即使他们给自己制订了优厚的激励制度,但往往失去了监督和约束。第四,即使是已经改制的股份公司,由于其大多数董事、经理和监事都由原公司的领导担任,外部董事、监事很少,这些原来的同事及上下级关系的董事、监事和经理在新的公司中很难形成真正的制衡力量;广大小股东由于自身地位,既无动机又无能力去影响公司的决策;法人股东由于地理因素,且往往也是国有企业,因而也难以对公司的决策施加影响。上述种种因素必然导致国有企业中的高级经理人员缺乏应有的监督和约束,信息严重不对称,以致其权力极度膨胀,事实上掌握了公司的控制权,出现"内部人控制"现象,导致行为约束软化。

6.1.2 中国国有企业改革历程和企业治理演进[194]

中国国有企业改革的第一阶段是围绕着扩大企业自主权进行的。这是立足于改革初期我们对传统计划经济和国有企业制度的理论认识。当时的中国经济理论界仍然是传统社会主义政治经济学的一统天下,在这个理论体系中,根本没有真正意义上的市场和企业、交易和契约的地位。当时,在基本理论上的突破是,承认社会主义经济是"商品经济",但又加了"公有制基础上的有计划的"的限定,强调"利用"价值规律。对体制弊端的认识仅限于国家"集中过多,管得过死","集中表现为企业缺乏应有的活力"。因此，经济体制改革的中心环节是增强企业活力，目标是"使企业真正成为相对独立的经济实体，成为自主经营、自负盈亏的社会主义商品生产者和经营者，具有自我改造和自我发展的能力，成为具有一定权利和义务的法人"。改革措施的选择主要是放权让利，扩大企业的自主权和实行企业经营承包制。1983～1986年实行的两步利改税，旨在理顺国家和企业的分配关系。1986年国务院发布《关于深化企业改革，增强企业活力的若干规定》，全面推行多种形式的经营承包责任制，给经营者以充分的自主权。可见，这个时期的改革认识是，国有企业的问题不是企业制度问题，而是激励不足。改革的方式是自上而下地推动。但是，国有企业改革始终没有突破计划体制的框架，没有触及国有企业制度的根本问题。

  在这一阶段中，国有企业改革其所以未能触及制度层面，也与当时的经济形势密切相关。当时，中国仍然处在短缺经济状态，非国有经济刚刚开始发展，其力量相对弱小，到1991年，非国有经济在工业总产值中的比重为43.8%，占工业劳动力的比重为33.1%，占预算内财政收入和固定资产投资的比重分别是36.1%和34.1%。其对国有经济尚未形成竞争态势，只是起着一种补充作用。因此，国有企业通过放权让利，扩大自主权的改革，增强了对经营者和职工的激励，促进了国有经济的发展。尽管整个20世纪80年代，国有工业的比重每年以2个百分点的速度下降，但是整个国有经济仍然呈现出高速增长的态势。国有企业改革在条件和时机不成熟的情况下，还是颁布了一些重要文件，改变了国有企业治理的原有模式的思想。1992年国家体改委颁布《股份有限公司规范意见》，这是我国第一个关于股份有限公司的规范性文件。1993年通过了《中共中央关于建立社会主义市场经济若干问题的决定》，提出了建立现代企业制度。1994年《公司法》的颁布，对现代企业制度做出了法律规定。一些国企开始重视公司治理结构的问题。

  国有企业改革的第二个阶段是在建立现代企业制度的口号下进行的。随着对外开放的扩大，经济理论界开始引进现代企业理论和产权理论，对国有企业制度的非企业本质有了新的认识，看清了国有企业的制度特征。不存在独立的决策权，微观计划是宏观计划的分解；政府协调企业的投入产出主要依据数量信号，而不是价格信号；没有独立的经营和发展目标；在财务关系上的预算软约束；企业对职工承担了近乎无限的责任，而职工则全面地依赖企业，认为国有企业不是企业，而是兼有生产、社会保障、社会福利和社会管理职能的社区单位。[195]1993年《关于建立社会主义市场经济体制若干问题决定》的颁布，不仅确立了改革的目标是建立社会主义市场经济，而且明确了国有企业改革的目标，是建立"产权清晰、权责明确、政企分开、管理科学"的现代企业制度。这个时期采取的改革措施先后有，抓大放小，垄断分割；实行股份制，颁布公司法，建立和发展证券市场；成立资产管理公司，实行债转股；退二进三，资产剥离；优化组合，减员增效，下岗分流，以至买断工龄；建立社会保障制度，分地区实行统筹等。可以说，这一阶段的改革虽然从不同方面分别触及国有企业制度的主要问题，但并未找到系统解决问题的出路和办法。

随着邓小平南方讲话而来的新的改革浪潮，极大地推动了非国有经济的发展。从1993～1997年全部工业总产值年平均增长率为18.5%，而国有工业只有7.6%。到1997年，国有企业的工业总值比重降到25.5%。非国有经济不仅发展迅速，而且在各个领域对国有经济构成竞争态势。在非国有经济的竞争压力下，国有企业纷纷陷于困境。与前一个时期不同，这个时期的改革真正有所突破的不是上面的推动，而主要是来自下面的创造，包括抓大放小、产权交易、购并重组等。党的十五届四中全会明确指出，法人治理结构是公司制的核心，这就是党的决议中第一次出现"法人治理结构"的概念。2003年10月，党的十六届三中全会提出："大力发展国有资本、集体资本和非公有资本等参股的混合所有制经济，实现投资主体多元化，使股份制成为公有制的主要实现形式。需要由国有资本控股的企业，应区别不同情况实行绝对控股或相对控股。"

第三阶段从2003年党的十六届三中全会至今。针对我国国有控股上市公司股权分置的情况①，我国又在2004年初开始积极推进股权分置的改革。对国有上市公司的各个方面都产生了一定的影响。比如上市公司的治理结构、上市公司的并购重组等等。何如认为，"这样的股权分置改革，对于我国一些具有复杂股权结构的上市公司来说，对公司治理的影响是比较明显的。"②股权分置改革通过非流通股股东向流通股支付对价（补偿），即流通

---

① 股权分置是指中国成立股市之初，在制度设计时，为保持国有股东的控制权，规定上市公司约1/3的股份可上市流通，即流通股，其余2/3的股份暂不上市流通，即非流通股（国有股或法人股）。多年经验证明，股权分置影响了证券市场预期的稳定，使公司治理缺乏共同的利益基础，也不利于国有资产管理体制改革的深化，成为完善资本市场基础制度的一大障碍。

② 何如. 股权分置改革操作实务与后股权分置时代[M].北京：华夏出版社.2006：38

股股东每 10 股可获得 3 股的补偿，而非流通股股东则获得非流通股上市流通权。股权分置改革带来积极的影响：价格围绕价值波动的规则受到尊重，股市的投资价值得以提升；优化资源配置，逐渐恢复股市应有功能；改革破除了系列制度瓶颈，催生资本市场高效发展；中国股市半封闭状态逐步开放，资本市场将更加"国际化"。

　　如果再详细地划分，国有企业改革先后经历了五个阶段，每个阶段侧重点不同。一是放权让利，扩大企业自主权，激励企业经营者的劳动积极性和资源利用效率。二是试行经济责任制，解决吃"大锅饭"问题，明确与国家的经济责任权力和利益。三是通过简政放权，改革税制和实行厂长（经理）负责制，增强企业活力。四是实行各种形式的经营机制，围绕重建企业的经营机制。五是建立现代企业制度。企业的产权重组、产权置换、所有制改革在同时进行，形成以公有制为主体的多种经济成分共存的新格局。通过政企分开，实现所有权和经营权相分离，落实企业的经营自主权和责任。国有企业改革是逐步深入和逐步发展的过程。最初目标是解决企业效率低下的问题，转化为转换经营机制的问题，将国有企业推向市场。国有企业改革主要生产非公共品的国有企业，是以实现资产经营的竞争性、资产形式的流动性和资产所有者对资产经营者的约束和监督三大任务进行的。目前国有企业还存在着不可忽视的问题，经济效益差，下岗职工再就业难，缺乏活力，可持续发展的后劲不足。归根到底是产权不清的原因，国有企业产权不清，已得到大多数经济学家的认可。下一步改革重点应放在明晰产权，解决产权主体虚置问题，解决委托—代理问题，即委托人不具有剩余索取权和承担风险的责任，完善法人治理结构，解决激励不相容的企业内部结构问题。

　　6.1.3　转轨时期的国有企业改革理论分歧

　　（1）国有企业改革理论框架的梳理

　　（a）产权理论架构下的公司治理。从亚当·斯密的《国富论》发表以来，经济学家一直在关注产权问题。产权理论经历了从古典产权思想到现代产权理论的发展。1960 年科斯发表《社会成本问题》一文中提出了科斯定理："科斯定理的确把产权命题与资源有效性有机地联系了起来，从产权和由此而来的交易成本角度，重新对资源帕累托有效准则进行反思，重新探讨实现资源有效性的条件，把交易成本，社会成本、产权及相应的法律形式范畴纳入资源有效性考察逻辑之中。"[196]科斯以解决外部性入手，改变了传统福利经济学解决外在性征收"庇古税"的思想。科斯成功地运用了传统微观经济学的成本收益分析方法对企业理论进行了开创性的研究。在科斯之后，威廉姆森[197]、德姆塞茨[198][199]、阿尔奇安[200]、张五常[201][202]等经济学家对产权理论的发展作出了重要的贡献。稳定了交易成本理论对企业产权的解释能力，我们看到研究产权新进展中，经济学家已经从市场和企业的替代和企业纵向一体化的方向转移到企业内部产权结构问题，即横向一体化，最具有的是委托—代理理论、团队生产及道德风险和代理成本理论和证券控制中的对公司权利与风险责任的对称理论，以产权理论为轴心的这些理论有个共同的研究目的范围，即关注企业内部控制权的剩余索取权的掌握，以及企业内部的"激励"与"约束"，以达到降低代理成本，提高企业绩效。尤其委托—代理理论在企业建制中得到了充分的应用，本质上是企业内部权利制度性的分配关系，即所有权、支配权和管理权的制衡关系。尽管有德日式和美英式的模式，都是集中解决出资者、管理者（包括董事会和经理）和职工三者之间的权利及约束关系。当一个个体或者一个组织（委托人）授权另外一些人或者组织（代理人）代表他或他们行使某项工作或职权的时候，委托人和代理人之间就构成了代理关系。代理人进行决策，支配委托人的资产，代理人比委托人有更全面的信息，形成信息不对称，引发了逆向选择和道德风险，代理成本由此产生。这就是代理关系中的基本问题，代理成本是由于委托代理各方不同的利益目标而产生的。代理人作为理性的经济人，在契约不完全的情况下，代理人不会总是根据委托人的利益采取行动，相反，存在利用控制行为谋取而损害委托人利益的可能，代理问题是建立现代企业制度的一个关键的问题，是切中企业产权结构（微观组织）的要害的问题。我们所熟悉股东与经理层（管理层）的代理关系是典型的现代企业建制模式。股东以利润最大化或公司价值最大化为目标，而经营管理者除公司价值最大化外，还有其他与利润无关的目标，并不能保证公司价值实现股东满意最大化。委托方又不能精确的监督代理人的行为，经营者的目标多元化，甚至会同决策失误，给公司的生存带来威胁。因此对代理人的激励与约束显得极为重要。不适当的制度安排导致激励和约束的失效，从而导致公司效率低下。要通过制度设计改变这种倾向，必须使对各权能主体的激励与相应的责任均衡。因此以产权理论倡导的企业产权结构建制对中国现代企业制度的建立有重大的参考价值。

（b）竞争理论倡导下的公司治理

（b1）超产权理论。[203]超产权理论是基于对产权理论的有效性的怀疑而提出来的。20世纪80年代,英国最早推行国有企业私有化,但其中有成功和失败案例。英国经济学家开始怀疑私有化产权的前途,提出超产权理论在内在逻辑与实证解释上更有说服力。该理论认为,在促使企业追求经济效益方面,市场竞争比产权更富有决定性作用。面对变化的竞争环境,企业为求生存必须不断完善内部治理机制,而产权改革充其量只是企业改变其内部治理机制的手段之一。超产权理论以竞争理论作为逻辑起点,该理论包括竞争激励论、竞争发展论、竞争激发论、竞争信息完善论四个方面。在竞争比较充分的市场上,企业私有化后的平均效益有显著提高;超产权论在批驳私有产权有效论时指出,剩余索取权和资产的排他性占有虽然可以建立私有产权所有者对资产效益关切的激励,但是这种关心在没有竞争的情况下并不必然转化为努力提高经济效益的行动。在垄断市场上,企业私有化后的平均效益改善不明显。它的主线是市场竞争是放大器,企业面临"生"与"死"的关口,是一种生存激励,驱动企业改善机制,提高竞争力,由此得出利润激励与经营者努力投入必是正向关系。企业持久成功取决于治理机制能否不断改善来适应市场竞争。而竞争最终结果是企业治理机制与效益趋于类同,否则治理机制差的企业会被淘汰。充分地创造市场竞争,完善市场的进入与退出机制,把国有企业推向商业化和市场化的道路。超产权理论并不排斥产权影响治理机制的短期结论,认为在短期内由于市场竞争还未达到最后均衡,企业之间会存在机制和效益的差别,这种差别可能受产权归属或其他因素影响,但这种差异最终会被竞争消除掉。

超产权理论在建构过程中没有完全否认产权理论的重要性,激励机制只有在竞争条件下才能发挥作用,国有企业私有化在充分竞争市场上的显著表现说明了这一点。超产权理论是产权理论的丰富和发展,但并不能取代产权理论。产权理论对企业治理机制从企业内部入手,而超产权理论更多的是强调企业外部环境影响,即产品市场竞争和要素市场竞争。前者是企业改革的直接手段,而后者是间接手段。从企业长期生存与发展考虑产权理论对企业更具有支持力。从制度经济角度分析,产权理论与超产权理论并不冲突,产权理论是基础性制度环境,市场交易是产权的交易,而产权不清,交易受到限制甚至无法交易,没有交易的市场就不能产生竞争,也可以说竞争来自产权清晰。而超产权理论主张的竞争环境正是产权理论的一种互补性制度的要求。竞争机制越完善,产权制度发挥的作用更清晰,这是超产权理论的意旨。所以对这两种理论的割裂是没有根据的,也不符合制度经济学关于制度的互补性原则和关联性原则。超产权理论不重视产权的理由是，在竞争条件下，企业倘要生存，必须重视利润，而扩大其规模、创新以及模仿别人创新同样能实现其利润，不一定非要完善治理机制，同时生存一般也并非必然是利润最大化者。而过度的竞争不但好处不多，反而会带来损失——"租值耗散"，甚至会造成大量资源和劳动力的浪费，经济学家一直在讨论有效竞争的市场结构不无道理。

（b2）自生能力论。[204][205]林毅夫（2001，2002）对转轨国家的比较以及中国国有企业改革的研究首次提出企业的自生能力（Viability）理论。林毅夫认为，国企面临的困境是国家在选择产业时进入了一个不具有比较优势的区段，而以新古典经济学理论为指导的企业改革，忽视了研究中的暗含前提，即企业是有自生能力的。自生能力是"在一个开放、竞争的市场中，只要有着正常的管理，就可以预期这个企业可以在没有政府或其他外力的扶持或保护情况下，获得市场上可以接受的正常利润"。（林毅夫，2002）新古典经济学"理性人"的假设可推演出企业是理性的假设，即投资人考虑企业建立与否的决定因素是能否盈利。如果一个企业没有获得正常利润，原因是缺乏正常的管理，"其中可能有公司治理方面的问题，激励机制或是产权的问题，也可能有政府对市场的不正当干预的问题"（林毅夫，2002）。目前企业经济理论集中在这样的框架下，但是国有企业产生的背景不同一般，政府为了尽快赶上发达国家工业化水平，违背比较优势原则而建立起来的，资源配置效率低大部分企业难于创造剩余，在补贴和保护下生存。主流经济学对发达国家和发展中国家研究中采用同样的框架。林毅夫认为转型国家在信息不对称，激励不相容，缺乏市场竞争，预算软约束情况下，引起的道德风险效率低下，在企业自生能力没有解决之前，并不能实现期望目标。即是解决了上述问题，新古典经济学理论并不能保证企业的生存与发展，相反，解决了企业自生能力，企业的生存问题将不会困扰政府。企业不具有自生能力是转轨国家普遍存在的现象。因此自生能力论放弃新古典经济学中企业具有自生能力的暗含假设，"把企业是否具有自生能力作为任何发展和转型问题的理论分析和政策制定时的具体考虑变量"。（林毅夫，2002）自生能力论的逻辑框架是进入没有比较优势的产业，该产业区段的国有企业先天不足，不具有生存能力，政府不得不干预资源配置的方式来保护和扶持，最终诱发了竞争环境不良，公司治理缺失，出现寻租、收入分配不公和资源配置效率低下等问题。"自生能力与比较优势的概念高度相关，两者都决定于一个经济中的要素禀赋结构。"（林毅夫，2001）要素结构禀赋的提高势在必行。目前国有企业改革陷入困境,并且影响到整个经济改革的许多方面。按照自生能力论的逻辑观点,强调企业选择具有比较优势的产业区段的重要性。"中国具有比较优势的是劳动相对密集的产业或产业区段。"(林毅夫,2001)国有新兴的家电产业的成功,正是它们进入产品劳动相对密集的具有比较优势的产业区段。政府转变其经济职能,维持开放的竞争市场,按比较优势的动态变化来制定产业政策。自生能力论并不否认产权理论的重要性。"当然自生能力是企业在竞争的市场中经营成功的必要条件,而非充分条件。"换句话说自生能力是企业首先要解决的问题,其次以完善激励机制,治理结构和产权改革相配套,企业才会在竞争中长期发展下去。我们看到自生能力论是企业选择产业上下工夫,强调在没有政府干预的情况下,在竞争中脱颖而出。自生能力论并不与产权理论相矛盾,只是强调改革中的优先顺序不同问题。产权理论着重强调企业建立之后如何完善内部治理结构,而自生能力论没有必要回答这个问题。把"市场竞争"作为给定条件。国有企业经理人员没有通过经理市场的选拔,而是通过政府任命。因此没有完善的劳动力市场是该理论忧虑的。

(2)产权理论和竞争理论的争论准确地说是改革顺序分歧之争

尽管对国有企业制度的弊端有了比较清楚的认识,但改革理论存在很大分歧,经济学界对经济转轨的路径一直有所有权取向和市场取向这两种相互竞争的观点。事实上这种分歧只是关于改革顺序的争论。产权改革和市场完善并不能互相替代,相反是相互依赖。产权理论主张完善企业内部治理机制是易于操作的,但如果市场化程度不高,则企业治理机制无效。超产权理论主张创造竞争市场,企业经理机制的改善在产权不清的情况下是难以实现的。产权结构变化无论在短期还是在长期中对企业绩效都有重要的影响。治理机制越完善,在决策中会少犯错误。从新制度经济学来看,竞争的这一功能需要有一个良好的企业内部治理结构的基础,否则,竞争将不能发挥治理功能,此时的竞争将表现为恶性竞争。[206]

我们发现产权理论和竞争理论的关系是很清楚的。[207]首先,市场竞争论认为竞争是利润激励机制驱动经营者努力投入的先决条件。决定经营者努力投入的机理在于创造一种危机感,这就需要一种竞争氛围。市场竞争具有放大功能,竞争越激烈,利润激励经营者工作的积极性也越大。同时,竞争还促使企业治理结构的改善。其次,竞争所促动的企业治理机制是决定企业长期绩效的一个基本因素。企业治理机制制度安排要依靠所有权。如果经营者不拥有企业的所有权,他们就会倾向于自身利益,从而偏离股东财富最大化的现代企业融资理论的假定。所以，要改变这一趋向就必须借助一种有效的市场制度安排。市场的约束力量诸如产品市场的压力、经理市场、资本市场以及企业控制权市场等都会迫使经营者不致背离价值最大化目标过远。市场竞争愈激烈，愈有助于经营者与股东行为趋同。另外，竞争理论特别强调经营者的能力及其所掌握的资源对企业绩效的影响。显而易见，一个小企业和一个大财团的总裁在同等努力程度下，所产生的绩效规模是不可相提并论的。经营者的努力程度除了受外在激励因素的驱动，更取决于其内部治理结构的激励。这一程度是随着市场竞争程度的加剧而提高。从产权与竞争的关系看，两者是相互依存的，如果仅从单个的企业行为分析，企业绩效主要取决于市场竞争机制，产权决定的企业有效治理，竞争是由构成市场主体的产权特征所决定的，竞争程度则依存于不同个体企业的产权行为。从产权和交易的关系上评论过这一争论，一方面，交易是建立在产权确立的基础上的，一切交易都是产权的交易；另一方面，产权的确立和变更又必须通过交易，只要交易发生，就会有产权的变更，只要产权变化，交易也在其中。交易和产权是同一个事物的两个侧面，二者是互为前提、互为因果和互相联系的。

政府作为产权主体，追求的公共目标不是资产增值目标。在这种情况下，即使假定充分、公平的竞争环境可以形成，但对平均利润率指标作出反应的主体却并不追求利润最大化目标，因而不会对这一指标做出合理而恰当的反应，竞争本身并没有必然提供所有者监督经营者的激励。由此进一步而论，竞争所产生的结果必然是那些不能对经济环境变化作出及时、合理反应的国有企业被淘汰，竞争实际上也就是作为产权改革的一种手段而发生作用。既然如此，强调竞争与强调产权改革这二者也就没有实质性分野了。强调竞争作用的"超产权论"和"自生能力论"，在中国现实经济环境中，无论如何也"超脱"不了产权改革，竞争只能以产权改革为前提并伴随着产权改革进程而发挥作用。中国经济改革的成败，归根到底还是要取决于产权改革的广度与深度。[208]在转型时期，不同的转轨战略某种程度上都是竞争政策和私有化政策的不同顺序组合，例如，苏联和东欧国家采取了激进式的私有化政策，而中国基本上采取了市场取向的渐进式改革，在此基础上进行企业的股份化改革。施东晖[209]认为，从理论层面来说，市场竞争和所有权结构之间的互补关系意味着产权论和市场论的观点不应相互排斥而应融合。所有权结构改革有助于强化市场竞争对公司绩效的正向影响，深化产权改革是国有企业进一步改革的核心政策。

（3）国有企业改革中形成两种观点。国有企业改革陷入困境，并且影响到整个经济改革的许多方面。国有企业改革是经济体制改革的中心环节。目前，对于国有企业改革根本出路的讨论有两种代表性的观点，一种超产权理论和自生能力论主张"市场竞争决定论"，它们强调市场竞争程度与企业绩效呈正相关，而与产权的归属没有必然的联系。在充分竞争的市场中，企业面临"生"与"死"的抉择，企业代理人的努力程度通过平均利润反映出来，所有者监督和考核代理人的信息成本会很低。竞争决定论在否认产权的重要性的同时，却暗含产权清晰的假设存在，否则经营者没有更多的理由去关心企业的死亡，在软预算约束下，国有企业从来没有想过死亡。另一种观点是新古典产权学派主张"所有权安排决定论"，它认为适当的企业所有权安排是公司提高经营绩效的基础，对企业剩余索取权和剩余控制权由出资者单方面占有是最有效率的企业所有权结构，莫过于出资者和经营者的合一，即古典企业，由于在其他方面的局限性企业组织结构走向现代企业制度结构。现代企业的发展事实表明出资者并不是单方面享有企业的所有权，比如员工结构报酬制度，高层经营管理人员的多元化激励机制，职工持股计划等。利益相关者理论能较清楚地解释这些现象。企业所有权应由企业内部出资者、债权人、经理人员、员工和公司外部的上下游企业、政府、消费者等众多的利益相关者共同分享。利益相关者理论源自企业发展公司目标的多元化，尤其是公司为社会创造财富的责任。我们知道新古典经济学提出的理性人和最大化行为的假设，作为现代企业理论的前提，企业为了生存和发展，理所当然地去实现利润最大化目标，而利益相关者的利益是能在盈利的前提下得以保障，分享本来就是一种激励机制的体现，与企业实现利润最大化并不矛盾，因此有学者[210]提出出资者主导下的利益相关者理论，既符合雇主的利益，又符合其他利益相关者的利益，是一种双赢的策略。的确上述两种观点是中国在国有企业改革实践中都缺乏的方面，我们既需要形成充分的市场竞争环境，也需要产权明晰。但改革似乎在单兵突破，相配套的其他改革滞后，而且改革仅限于经营机制的调整，未上升到产权改革和如何完善市场竞争制度创新上，从前面的论述来看，前者是企业外部环境的完善，后者是企业内部治理。其实企业内部发生的事件显然离不开企业外部环境。上述两种观点在讨论时分别把另一观点作为暗含的前提，作为一种外生变量，而在国有企业改革实践中，这两个都是不可忽视的重要变量，市场竞争不完善，产权又不清，很明显加大了改革的难度。实践证明单独依靠一种理论来制度设计，效果并不理想。公司治理的初衷是在兼顾利益相关者的利益前提下，最终实现所有者利益最大化。因此，这两种理论指导下的制度设计是相互加强的关系，而不是取代关系。

6.1.4 国有企业治理的低效率

（1）中国国有企业的代理关系[168]

国有企业的治理结构导致国有企业内部治理结构失效。[211]企业内部治理主要是针对所有权与经营权分离的股份公司内部各种代理问题的解决机制，它规定着企业不同要素所有者的关系，划分他们对企业的权利义务关系。企业治理结构的核心是以董事会为核心的内部控制机制。

中国目前公司制企业的代理结构主要为：全国人民代表大会—中央人民政府（国务院）—国有资产管理局—股东大会—董事会（监事会）—企业经理层—职工；而西方国家公司制企业代理结构则一般为股东大会—董事会—经理层—职工。可见，中国公司制企业的委托—代理层次比西方国家多出近一倍，而委托—代理层次是决定代理成本与代理效率的主要方面。国有资产代理的多层次、多主体扩大了委托与代理的距离，增加了剩余索取者的人数，扩大了信息不对称。由于每个层次的代理者都不同程度地存在机会主义行为倾向，所以每一级代理人的权利、义务在多层代理中被逐渐稀释，最终使得委托人不能实现其委托的目的代理效率也逐层降低。董事会的选举完全由上级任命或选举之前与主管部门协商，征得上级主管部门的同意，董事的任命或解聘也不是召集股东大会来决定。因而实际上董事会的产生具有相当大的随意性，在很大程度上由政府部门指派，由于没有完善的立法及合理的报酬，董事往往不敢或无意发挥独立行事的功能，在实际运作过程中也表现出越来越多的"行政趋向"而不是"盈利趋向"，最终失去了董事会应有的作用。[212]

由于国有企业经理人员通常是由上级组织在对每个员工、干部进行长期的业绩考核与评价基础上选拔出来的，很少如私有制企业那样从经理市场上聘用，国有企业经理人员与行政组织、企业组织之间形成了一种双重博弈关系，即国有企业经理人员与行政组织的重复性博弈、国有企业经理人员与企业组织的一次性博弈。这种双重博弈关系下的国有企业激励制度的特征是，行政组织成为对国有企业经理人员实行强激励的主体，而企业组织是弱激励的主体。[213]因此，中国国有企业对企业领导人几乎没有激励机制，企业家承担的责任、风险与所得利益不对称。这种约束机制的缺位主要表现在：经营决策的成败与经营者没有直接利害关系；企业破产的威胁很少,往往亏损企业的厂长经理可以被调到另一家企业干同样的工作。从出资者、决策者和经营者三者的互动关系来看,存在着"内部人控制"的问题。"内部人控制"导致了出资者、决策者和经营者在企业中应该扮演角色的颠倒和错位,使得企业失去了利润动机进而损害了出资者的利益。

(2) 有别于私人企业的委托—代理关系

从20世纪80年代开始,在西方发达的资本主义国家对公司治理制度进行调整的同时,中国等原计划经济国家开始了向市场经济的转轨。经济转轨的过程也是产权变革的过程。产权变革在增进竞争、刺激经济增长的同时也带来严重的问题。于是,转轨经济中的公司治理问题提上了议事日程。但转轨国家在设计公司治理制度时,常常忽略了治理的成本,并且总是以股东权益最大化作为衡量治理效率的标准,忽视了债权人和职工的权益,更不消说其他利益相关者。

冯根福撰文指出,十几年来,中国股市屡陷困境,上市公司问题层出不穷,公司治理的诸多举措效果都不理想,其中一个重要的原因是,学术界多年来在分析中国上市公司治理问题时,简单地沿用了西方占据主导地位的上市公司治理理论——"单委托代理理论",而对于股权相对集中或高度集中为主要特征的中国上市公司而言,若按照双重委托代理理论的要求重构治理结构和治理机制,可能会取得更好的公司治理效果和更有利于全体股东利益最大化的实现。中国国有企业的股权结构的主要特征是股权高度集中,而且在今后相当长一个时期内,中国大部分上市公司的股权结构仍然是股权相对集中或高度集中。由此,冯根福将现有委托代理理论区分为股权分散的企业单委托—代理理论与股权集中的双重委托—代理理论,中国国有企业存在着双重委托—代理关系,即控股股东或大股东与经营者之间的委托代理关系和中小股东与代理人之间的委托代理关系。中国上市公司的控股股东或大股东恶意侵占中小股东利益问题相当严重。而德国、日本等发达国家的上市公司的股权集中度相对低一些,加上有较为完善的保护中小股东利益的法律体系和良好的公司治理文化,它们较好地解决了这一代理问题(冯根福,2004)。[214]这种委托代理之间存在一种为各自利益(效用)最大化的博弈行为。国有企业的问题是各层委托人与代理人的动机和行为组合的结果。

国有企业的这种多层级的委托代理关系与西方国家企业的委托代理关系有着很大的差别。其表现在以下几个方面[215]:其一,国有企业初始委托人的最优监督缺位。根据委托代理理论,初始委托人拥有企业剩余索取权,其所得剩余与代理人的工作努力程度成正比，因而初始委托人具有最优监督积极性。在私有制企业中，初始委托人的最优监督表现为出资者的股权约束，包括在股东大会上"用手投票"和在证券市场上"用脚投票"。而国有企业拥有企业剩余索取权的初始委托人是抽象的，不是具体的自然人或法人，难以有效实施对企业的最优监督。其二，与任何委托代理关系一样，政府作为一级代理人与初始委托人全民的效用函数也是不一致的。初始委托人的效用函数是追求资产的收益最大化，而政府除了追求国有资产收益最大化外，还努力追求自身政治租金的最大化，当二者发生冲突时，政府更倾向于实现后一目标。于是，当国有企业委托代理链条中加入政府代理环节后，政府必然向企业输入体现自身偏好的目标，对企业的经营活动进行干预，国有企业的政策性负担由此产生。国有企业政策性负担的存在，为经理人员因偷懒或经营不善等原因造成的亏损提供了借口，经理人员努力信息往往被掩盖，政府与经理人员之间的信息不对称。这进一步激励了经理人员的机会主义行为动机。另一方面，国有企业政策性负担的存在，本身就使得国有企业不能与私有制企业在同一条起跑线上公平竞争，在二者经理人员努力程度相同下，国有企业效率也会低于私有制企业。其三，国有企业忽视人力资本产权，对人力资本所有者包括经理人员和广大员工激励不足。[216]人力资本所有者随心所欲地控制人力资本的投入，可以轻而易举地将一部分人力资本隐藏和闲置起来，这部分隐藏和闲置的人力资本既不易被他人察觉也无法被其他主体开发利用。因此，对人力资本所有者只能激励不能压榨，且激励不足必然带来人力资本的投入不足。而在现代经济中，人力资本的相对地位急剧上升，成为企业非人力资本保值、增值和扩张的保证，国有企业人力资本投入不足势必导致国有企业效率的损失。其四，国有企业对经理人员激励制度的变异带来了国有企业经理人员行为的变异。由于以行政组织为主体设计的激励规则内容必然以晋升激励为主，在双重博弈形成的激励制度下，国有企业经理人员的行为取向既不完全遵循在一次性博弈中成员"偷懒然后离去"逻辑采取行动，也不完全按照在重复博弈中成员"一报还一报"方式寻求合作，而会把"努力实现晋升，然后退出企业"作为最优选择。为实现晋升，经理人员会不懈地努力，这种努力包括生产性、非生产性、甚至破坏行为，即便是生产性努力也往往不会考虑企业的长期发展，因为一旦晋升，经理人员就会离开企业，更何况其非生产性、甚至破坏行为的努力，只会带来国有企业资源的浪费。国有企业效率低下与国有企业经理人员行为的变异直接相关。

改革开放之后，国家逐步向企业内部下放了经营权，而国有企业的股权由国家设立的中央和地方各级国有资产管理局来行使。国有资产管理部门作为国有企业的"股东"拥有控制权（决定重大投资、选择经理的权力），但是国有资产管理部门本身又是政府部门，并不是独立进行资本运营的企业或基金，国有企业的剩余在法律上是属于国家的，因而国有资产管理部门的官员们并没有剩余索取权，这就造成国有资产管理部门没有积极性去挑选、激励和监督国有企业的经营者。在这种情况下，企业的经营者就可能利用信息优势侵犯国家的利益，即"内部人控制"现象。虽然在所有权与经营权分离的伯利—米恩斯企业模式中都存在代理成本问题。但是，这个问题在国有企业中却特别严重。这是因为，除了信息不对称和经理行为本来就难以观察外，国有企业控制权的掌握者—政府官员根本没有多大积极性去搜寻信息，监督企业的经营者。所以，在国有企业内部腐败问题往往很严重，企业的经理们通过做假账、在职消费占有了大量货币与非货币的好处。而且，国有企业的经理为了保住自己的位子，主要精力不是放在提高企业的经营水平上，而是热衷于与政府官员搞好关系，甚至与他们合谋，侵吞国家财产。因此，国有企业效率低下的众多原因都可归纳为国有企业各产权主体行为的变异，而其背后是国有企业的产权制度安排。

（3）扭曲的公司治理

国有企业改革从转换经营管理和经营机制入手以来，经历了放权让利，拨改贷，承包制，股份制改革过程，着重解决激励不足和经营机制呆滞问题，但并未取得满意结果。国有企业改革的着眼点始终是单纯地改进政府对企业的控制和激励，而不是试图建立一个符合现实约束条件的科学的治理结构。不难看出，这是典型的"股权至上"逻辑在支配着改革的进程。按此逻辑，国有企业之所以要改革，就在于国家资本的所有权权益不能得到充分保全，而改革的焦点自然就是如何解决"所有者缺位"问题，以加强对企业的控制；该逻辑的另一结论是治理结构可简化成委托代理关系，作为所有者的委托人可以采取适当的激励约束机制来促使作为代理人的经营者尽可能按委托人的利益目标行动。因此，在"所有者缺位"条件下，经营者可以合法地取得绝对的自由处置权。可见，国有企业治理机制是扭曲的。[217]

尽管自 1998 年以来中国实行国有企业大面积改造，但在产权结构扭曲[218]和市场价格扭曲①的双重作用下有效性不足，反而造成国有资产的流

---

① 超产权理论暗指市场缺乏竞争，价格信息失真，价格机制失去有效性。

失。回顾国有企业的改革史，1992年之前，"国有企业改革围绕着企业收入目标与政府财政收入目标的冲突这一主要矛盾展开，""1997年中共十五大在提出所有制改革命题之后，国有企业改革才真正进入到产权关系的改造领域。"但我们遇到了"占统治地位的国有制和内在逻辑与市场经济作为资源配置的基本机制的内在逻辑之间冲突。""市场经济作为资源配置的基本方式，要求社会各主体的企业在制度上必须是政企分离的，至少在产权制度上保证企业产权具有纯粹的经济性质，而不能具有任何超经济的性质，而国有制就其产权性质而言，恰恰不成为其单纯的经济权利。"[196]产权不清，政企不分是国有制企业超经济的权利和责任所致，因此国有企业本身的产权界区清晰非常重要，直接关系到降低市场交易成本，外部性内在化，提高企业效率。目前，中国上市公司存在的问题归纳为股权结构不合理，一股独大，股权和债权存在不适当的比例；公司行为非理性，要么打着投资的幌子，在证券市场募集资金，要么扩张行为膨胀，盲目多元化经营，对经营管理人员的激励和约束不相称，内部人有机会和乐于控制，财务软约束，公司绩效差相当普遍等。所有这些问题以产权理论的角度分析似乎是产权不清，代理问题突出。导致中国国有企业低效率都与模糊产权管理体制和责权不清的产权委托代理关系有关。公司治理已成为中国国有企业改革的中心问题。不要因为公司治理的扭曲而放弃这一企业治理制度。根据张维迎论述，造成国有企业业绩不良，资产流失的局面是产权结构的扭曲，全体人民的所有权相当于没有有效手段监督、激励动机的产权，实质上，国有企业的所有者是"没有行为能力"的。而国有企业的真正控制权掌握在政府部门任命的厂长、经理们手中。经营者往往具有控制权而不具有风险承担的责任。因此国有企业的经营偏离了传统企业理论下的"经济效益最大化"的目标，相反，经营者在"个人利益最大化"的驱使下，出现"败德"行为。[218]林毅夫主张国有企业产生问题的真正原因不在于产权制度，而在于缺乏充分竞争的外部环境。[219]从中国国有企业产生的源头考察，国有企业并不是市场而是政府的产物，经济学认为历史是重要的，国有企业的产生是集中国家稀缺资源使用而有效率的行为，并且在赶超战略的驱使下，首先是国有企业集中在重工业优先发展战略。企业不具有自主权，控制权高度集中，企业与市场没什么联系，或者说并不存在市场，企业生存在一个扭曲的客观政策环境中，单一的国有制企业并不利于资源有效配置，企业效率低下，没有竞争力。国有企业很快暴露其缺陷。深层次研究国有企业面临困境，发现国有企业背负的政策性的负担，扭曲了市场竞争，从而切断了市场正确反映企业经营绩效的充分信息渠道，企业经营亏损与政策负担亏损混淆不清，无法判断经营者的努力程度，企业预算继续软化，政企难以分开。信息不对称，激励不相容和责任不对称的问题依然存在，诱发了经营者严重的机会主义行为。目前产权结构扭曲和市场价格扭曲在国有企业中表现得极为突出。就前面我们对国有企业改革理论的论述中表明，它们分别是内部治理与外部治理的问题。其最终是要完善国有企业激励、监督机制，内部治理和外部治理是相互强化的关系，很难区分一个比另一个更重要，我们只知道一个不能离开另一个就足够了。因此一个有效率的企业组织结构是在产权清晰和市场充分竞争的基础上建立的。

6.1.5 国有企业利益相关者治理模式选择

中国现代企业制度建立以及相关立法理念体现的仍主要是 20 世纪 60 年代的英美模式。在理论探讨中，仍然过分强调投资者或者股东利益，而没有充分考虑到转型经济中各个利益相关方的谈判力以及利益要求。考察企业效率水平的根源应从各个利益相关者的谈判力（外部法律和制度环境）和特征入手，在立法上应该为合理的企业治理结构的产生留有余地。[220]在关于企业治理结构以及相关立法变革方向上，布莱尔[155]指出自由契约式的理念："公司治理制度和规则的任何一项改革都应该鼓励，而不是禁止在合约设计、组织形式及劳工关系上的尝试，应该为其提供一种合理的试验范围，而不应在组织形式或企业与其职工、供应商和用户之间的合约组合上带有过分倾向性的选择。"利益相关者治理模式作为"经济民主化"趋势的体现，将被反映在今后的政府政策中。

中国国有企业治理结构是在中国经济体制转轨时期发生的，因此必须结合一定的历史和现实条件进行分析。相对于发达市场经济条件下企业演化过程，中国国有企业的公司化进程和法人治理结构是"逆向生长"的[221]，即在已经存在的国有企业的基础上，由传统的工厂制度向公司制转变，从放权让利、利改税、承包制到进而建立起政企分开、出资者所有权与法人财产权分离的企业法人财产制度和公司治理结构，是一个以人为设计和干预为主导的制度创新和突变的过程。

中国的公司治理结构基本定位于在不变资本控制下的单边治理结构，即股权基础上的单边治理结构。片面地强调了公司股东参与公司治理的价值，而忽视了与公司利益相关的公司职工、公司债权人对公司经营活动的关注以及参与公司治理的愿望，这些在体制转轨过程中形成的"漏洞"与"空挡"，这就成了发生"内部人控制"、经营者腐败等治理问题的重要原因。优化中国国有企业产权治理结构离不开产权制度的改革。完善国有企业的公司治理结构绝不仅仅是产权的改革。要根据其所有权结构及其他的相应基本的约束，建立相适应的治理结构。

公司的可持续发展关键在公司治理模式的选择。公司治理模式是一套治理公司交易关系的制度安排。其关键在于通过适当地配置剩余索取权和控制权（即公司所有权）。公司治理模式有效率的前提是剩余索取权和控制权的对称分布，即责权利的统一。企业的核心问题应该是自身的生存与发展，企业的生命力绝不是来自股东，而是来自利益相关者之间的合作。这就要求一项制度安排必须平等地对待每个利益相关者的产权权益。市场经济中处于主导地位的公司企业并不单纯的追求股东权益最大化，而是以公司法人财产为依托，追求一种"适应性"，以获得企业自身的永续发展。这意味着每个利益相关者应该具有平等的机会参与分配企业所有权，即企业的效率首先建立在利益相关者平等的基础之上。在中国国有企业改革过程中不难发现，被忽视掉的恰恰是产权主体的平等问题。以政府代理人和企业经营者之间的权利争夺为核心，而忽略了债权人、工人等在企业中的权利。结果，国有企业的治理结构不是建立在科学的基础上，而是建立在没有监督能力和监督动力不足的政府代理人，以及经营者的无外在约束的自律行为上，这对经营者机会主义行为没有约束力，同时经营者与政府代理人"共谋"创造了条件。"合作逻辑"并不否认每个产权主体的自利追求，而是强调理性的产权主体把公司的适应能力看做是自身利益的源泉。因此，一个体现和贯彻"合作逻辑"的治理结构必须让每个产权主体都有参与企业所有权分配的机会，但这是机会的均等，而不是权力的平均化。现实的企业所有权分配结构总是不平均的，这取决于产权主体相互之间的谈判。共同治理的核心就是经济民主化，通过公司章程等正式制度安排来确保每个产权主体具有平等参与企业所有权分配的机会；同时又依靠相互监督的机制来制衡各产权主体的行为；适当的投票机制和利益约束机制则用来稳定合作的基础，并达到产权主体行为统一于企业适应能力提高这一共同目标之上。共同治理模式是在充分考虑制度环境约束及传统路径约束的前提下的现实选择。同时，共同治理模式是"可塑"的，具有自身的适应性，在不同的外部环境和内在组织特征下，它具有不同的具体机制。从这一角度看，共同治理又是长期的治理结构发展的指导模式。共同治理模式包括两个并行的机制：董事会和监事会。董事会中的共同治理机制确保产权主体有平等的机会参与公司重大决策；监事会中的共同治理机制则是确保各个产权主体平等地享有监督权，从而实现相互制衡。综上所述，国有企业治理结构的创新模式可用如图6-1、图6-2表示，两种模式的共同特点体现了多主体、多层次、多方位地参与企业所有权分配的特征。[222]

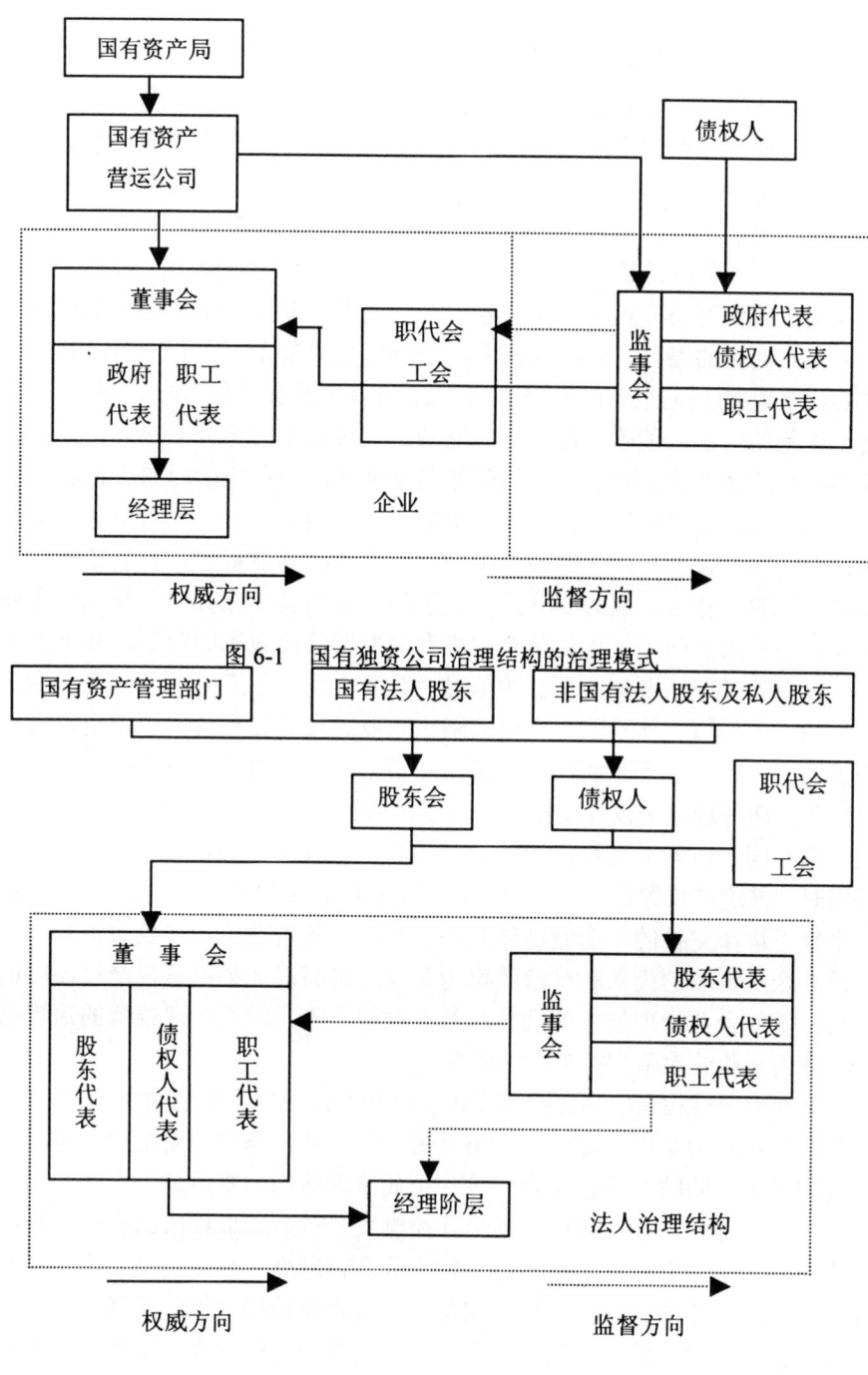

图 6-1 国有独资公司治理结构的治理模式

图 6-2 股份有限公司治理结构的治理模式

6.1.6 中国国有企业治理结构模式创新

国内外经济学家非常关注国有企业改革的进程，并且提出各种经济理论用来论证和推演改革的最优措施。但是没有一个良好的唯一的方法。正如市场经济较完善的发达国家一样，他们的公司结构也有极大的不同，以德国为代表的德日公司治理结构模式和美英为代表的美英公司治理模式各有千秋。用新制度经济学的理论解释这种现象似乎更有服力。新制度经济学认为正式制度与非正式制度有着强烈的联系。非正式制度往往制约（影响）正式制度的路径。转型国家所处的环境更为复杂，尤其中国沿着渐进式的改革道路，虽然改革成本相对较低，在新制度完全没有取代旧制度时，会出现新的问题，使改革过程更为复杂。经过多年理论界的探讨，国有企业的症结昭然若揭。我们现在的问题是如何解决改革中的问题，也就是产权不清，如何使产权清晰；市场竞争缺乏充分信息，如何使市场信息更充分，而不在寻找一种最优的理论中产生，并抛弃其他理论，我们要学会理论融合，取长补短。因为不管是产权不清还是信息不充分都涉及国有企业的激励与约束的问题，也就是企业生存与发展的最根本的问题。并不能证明产权清晰了市场会有更充分的信息，或者市场信息充分了产权就清晰。相反他们的作用主体不同，产权清晰由企业、政府和市场共同作用，市场信息充分由政府转换职能和企业诚实守信来建立。国有企业改革的成功需要导入这两种理论来设计制度安排。在这里我们关注它们相互补充的一面，也就是在同一市场中互相依赖性。中国的国企改革必须在加速市场化建设的同时，推进产权置换。事实上，国有企业所表现的是一个"综合症"，在一个缺乏运作完善的市场经济体制和充分竞争的条件下，产权改革并不一定诱导企业资本的投入和经营者努力程度的提高；如果不重视产权制度的建设，任何企业治理结构的调整都有失败的危险；没有合理规范的治理结构，任何企业的改革都很难产出效率。

企业治理结构是一整套制度安排，这些安排决定了企业的目标、行为，以及在企业的利益相关者当中，由谁来控制企业，怎样控制企业，风险和收益如何在不同的主体之间分配等。企业治理结构的本质是一个关于企业所有权的契约，企业所有权包括企业控制权和剩余索取权成为企业治理结构的客体。企业所有权安排作为一种企业产权制度安排，直接决定了各利益相关者在企业中的行为特征。因此，国有企业治理结构创新就是要改变企业所有权安排，最终改变国有企业各利益相关者的行为。既然国有企业效率低下的根源在于国有企业产权制度安排造成各利益相关者行为的偏离，那么要想提高国有企业效率就必须进行国有企业产权制度改革，以校正各利益相关者的行为。对于现代公司来说，更为普遍的是剩余索取与控制权分散地对称分布于利益相关者。因此，在国有企业改革过程中强加以"股东至上"逻辑，不符合现代公司治理结构的发展趋势。国有企业治理结构创新，就是要实现国有企业治理结构从"资本雇佣劳动"式的单边治理模式向利益相关者治理模式转变，让国有企业的经理人员、广大员工和作为出资者的全民一起成为国有企业的所有者，三者共同拥有企业控制权和剩余索取权，共同决策并分享剩余。

  国有企业治理结构创新、实现利益相关者共同治理是提高国有企业效率的有效途径。国有企业改革的实践推动了国有企业改革理论的发展，而国有企业改革理论又指导了国有企业改革实践的前进，如此往复。可以预见的是，企业治理结构创新必将成为国有企业改革的下一个突破点，而国有企业治理结构创新的方向则是企业利益相关者共同治理。因此我们得出一个全新的企业改革思路：用"利益相关者合作"逻辑替代"股东至上"逻辑。新的改革逻辑强调，国有企业改革要走"经济民主化"的道路，利益相关者平等地分享企业所有权，使各方利益相关者都能参与经济过程的控制和收益，即通过剩余索取权的分享强化利益相关者与企业的利益关系，通过控制权的分享形成多边制衡机制。

  因此，国企改革不仅仅是产权改革，更重要的是要在产权改革的基础上，建立和完善科学、合理、有效的企业治理机制。由上述可见，现阶段的国企改革，不仅要重视企业内部激励、监督、约束等治理机制的建立，还要重视与企业外部治理机制相对应的法律法规的健全完善、用人制度的改革、经理市场的建立以及资本市场的深化改革等问题。只有这样，才能使现代企业制度在国有企业真正建立并有效运行起来。国有企业要建立现代企业制度，必须解决两个方面的问题，一是明晰国有企业产权关系，二是建立相应的国有企业治理机制。中国经济改革一个典型特征是其渐进性，即先增量改革后存量改革、先体制外改革后体制内改革，并且遵循先易后难的次序。产权是作为人们之间的社会联系中介而发挥作用的行为性权利，处于不断地动态调整过程中。产权改革一直是国企改革的主旋律，并已取得一定的成绩，为现代企业制度的建立创造了条件。然而，由于国有企业委托代理问题和内部人控制问题的存在，产权改革后的企业如果不及时建立起一套科学、合理、有效的治理机制，极有可能出现损害所有者利益的行为，这也正是中国国有企业建立现代企业制度效果不甚理想的根源所在。

可见，产权改革仅是建立现代企业制度的前提条件，一套有效的治理机制才是现代企业制度的核心。国有企业必须在产权改革的基础上，建立起一套科学、合理、有效的治理机制，以解决国有企业委托代理问题的内部人控制问题，从而为现代企业制度的有效实施创造条件。

6.2 家族企业治理问题研究

家族企业一直是古代经济发展和文明进化的基础，同时在西方文明的形成过程中也发挥了重要作用，古希腊的经济活动主要是由家庭控制或在家庭基础上进行的。在罗马帝国和随后的中世纪以及新大陆发现时期，这种情况没有发生大的变化。在工业化时代的早期，家族企业又推动了经济发展的进程，即使在当代，家族企业的重要性也不容忽视。家族企业作为一种古老的企业制度，无论在发达国家还是在发展国家都占据着十分重要的地位，家族企业是非常普遍的企业组织。最保守的估计，"由家庭所有或经营的企业在全世界企业中占65%~80%之间，世界500强企业中有40%由家庭所有或经营。家庭企业创造了美国生产总值的一半，雇用的劳动力也占一半。在欧洲，家庭公司支配着中小规模的企业，并在一些国家占较大型公司的大多数。在亚洲国家，家庭公司大都居主导地位。在拉美，由家族建立和控制的大型企业在绝大多数产业中都占主导地位。"[223]在发展中国家，家族经济也在私人经济中占绝大多数。目前，在非公有制经济中，中国家族式经营的企业至少占到90%以上。作为非公有制经济主力的民营企业，其股权机构和经营管理也以家族式为主。因此，可以认为，家族企业是私营企业普遍采取的一种治理模式。

到目前为止，关于家族企业尚无一个权威性的统一定论。孙治本[224]指出：当一个家族或数个具有紧密联盟关系的家族拥有企业全部或部分所有权，并直接或间接掌握企业的经营权时，这个企业就是家族企业。在这个定义中，拥有所有权是其内在的基本条件，而对经营权的掌握则是区分家族企业的不同发展阶段的主要依据。根据家族关系渗入企业的程度及其关系类型，可以把家族企业分为三种类型：(1)所有权和经营权不分离，全由一个家族所掌握的；(2)掌握着不完全的所有权却仍掌握主要经营权的；(3)掌握部分所有权而基本不掌握经营权的。这三种形式在欧美及华人家族企业中都存在，所不同的是，当企业规模达到一定时，欧美国家的所有者一般都取第三种形式，而华人家族企业往往取第一种形式。

储小平给华人家族企业下了一个更全面的定义[225]：华人家族企业是家

庭/家族资产占主导的家庭/家族关系契约和要素契约的结合体,是家庭/家族成员对企业的所有权和控制权保持拥有的一个连续分布的状态,而不是某一种具体形态,是家/泛家族文化规则在不同程度上导致组织行为的经济组织。它包括从所有权与控制权不可分离地被家族成员紧密持有的形式,到企业上市后,家族成员对企业资产和经营管理保持临界控制权的企业。其规模可小至家庭作坊式,也可达到成为一个"企业帝国",其形态有:(1)单一业主制。(2)纯家(庭)族制。(3)泛家族制。(4)家族控股的股份公司。这是指企业资本中有小部分为非家族成员所拥有,而且至少有一个以上陌生的外来专业人员担任部门经理或以上管理职位,也就是说,家族成员已开始与"外人"职业经理分享企业控制权。(5)家(庭)族成员在公司所有权和经营权中保持临界控制权的上市公司等几种形态。这些在世界华人家族企业中都可以发现其存在形式。

6.2.1 家族企业生存和发展的经济学解释

(1)家族企业组织成本的节约。家族企业其内部组织结构具有浓厚的家族色彩,在企业的初期发展阶段,相对较小规模的家族企业中建立科层制规范的成本是很高的。无论是企业主,还是受雇成员,甚至企业里的工人,对这种高度结构化的规范认同有一个适应过程。因此,把现成的家庭伦理规范移植到企业中,就能大大降低组织成本,节省内部组织的交易成本,而且企业中的所有成员对这种规范也很熟悉,有自然而然遵从的习惯,由此监督成本也就相应较低。

第一,家族企业的最大特征是所有权与经营权合二为一。家族不仅是资本投入者,还是企业的经营管理者,产权链条极短,基本不存在或很少存在委托—代理关系。所有者即是经营者,减少了企业内部的委托代理成本。企业的等级结构是集权式的,基本上没有展开等级分解。家族企业所有权与经营权的集中在家族企业创业初期曾极大地促进了企业的发展。第二,家族关系中的信任与忠诚,家族成员之间彼此信任感很强,可以大大减少市场交易成本。家庭资源配置中的交易成本相对较少,它既不需要讨价还价,也不需要签订契约,监督的成本也很少,家庭成员之间存在着一种习惯性默契,伦理规范同时也是经济行为的规范。在企业内部或外部,凡利用价格机制的交易行为中,都会发生大量的交易成本,如契约签订的谈判成本,契约不完全导致的成本等等都会由于家族关系的参与而大大减少。另外,当法律、道德、规范缺乏对经营者的有效约束的时候,任用家族成员是最为可靠和保险的,可以极大地节省管理的成本。而家族企业间的外部性问题就不是那么突出,"机会主义"的道德风险也比较小。由于这种"信用机制"的作用,交易呈现出一种长期持续性交易的状态,并在这种交易中自然而然地产生一种能够协调双方利益。第三,家族企业有决策迅速的特点。家族企业领导层次较少,具有扁平化特征而且富有弹性,反应灵活并能迅速适应市场变化的战略决策模式等都具有节约组织内交易成本的效应。从管理的角度来说,缩短了上下级之间的距离,减少了中间环节,信息传递加快,既节约了管理成本,又使决策高度集中。其四,家族制管理有利于减少企业的协调成本。建立在家族血缘、亲缘关系基础上的家族企业,企业利益就是家族利益,家族成员就是企业员工,员工在心理上对企业高度认同,互有归属的感觉。容易使彼此之间更为融洽,思想上更容易相通,行动上也更趋一致。但是,当企业规模发展到一定阶段,特别是随着企业规模的扩大,面临着需要用社会信用大规模筹集资金,以加快企业一体化进程时,家庭式企业的组织成本就会上升,企业资源也就难以得到有效的配置,这时企业的组织创新就是不可避免的了。

(2)家族企业中资产专用性不强。[226]海外华商很少投资于专用性资产,尤其很少将其资产限于唯一用途。与此相反,企业的资产通用性则很强,随着市场的变化和企业产品结构的调整,他们很容易将其资产转移至其他用途。正是由于企业的这种资产非专用性、设备多用途的适用性,避免了专用性资产签约双方为保证合同的履行在"事前"或"事后"支付较高的监督和履行成本的可能性,避免了专用性资产交易双方因一方违约而极易造成对方蒙受资产损失的情况发生。因此,海外华人企业在较低的资产专用性状态下基本上不存在将市场组织内化为企业组织,从而推进制度演变与企业组织推进的内在动力,而更愿意保持一种小规模的、更多地利用市场机制进行交易的传统企业制度。

(3)社会信用制度的残缺。任何企业的创办、成长都必须得到正式的法律契约信用制度和社会伦理信用的强有力的支持,否则就只能以封闭的家族或家族制形态在夹缝中生存。另外,国有金融机构与私营企业之间信用链条的断裂,使得企业难以得到正式金融信用制度的支撑。社会转轨的特定状态,传统的社会人际信用规则受到极大破坏,使得私营家族企业主对企业信息的披露有很大的顾忌,害怕承受信息披露的风险,这使得家族的资本、人力和亲情连接成为创办企业最主要的依赖,企业资本只能保持家族制状态。

6.2.2 家族企业发展的障碍

（1）家族企业产权特征的两面性

家族企业的产权没有归属到个人，只是划分到家庭或家族层面。家族企业对外界而言具有清晰的产权界定，其所有者为家族成员或与家族关系密切的人员。但从家族企业内部而言，其产权边界不清。也就是把产权主体看做是家族时产权是清晰的，而以家族成员为产权主体时产权又不清。家族企业很少对家族成员之间的产权进行界定，这就为日后埋下家族成员间产权纠纷的隐患。当家族成员间因产权不清所造成的交易成本随着成员间利益矛盾、意见不合而急剧上升时，产权在自然人之间做出界定和分割的要求就提上议事日程，也因此而导致家族企业的分家。

家族企业原始产权主体界定模糊主要表现在两个方面：一是家族成员之间产权界定不清。家族企业创立之初，吸收家族成员进入企业，但很少或几乎没有一家企业对家族成员之间的产权进行界定。二是家族企业与外界产权关系不清。在家族企业发展的初期，家族成员之间产权不做出明确界定有其存在的必然性与合理性。必然性表现在，这种产权安排深受文化传统中家族观念的影响。与西方国家崇尚个人主义不同，我们国家的文化传统极为重视家族观念，家庭、家族的财产应归整个家族所有，无须在个人之间做出划分。这一产权安排的合理性表现在，它能有效利用家族成员廉价的人力资本，较低的监督成本和低廉的融资成本来完成企业早期的资本积累。但随着企业发展到一定规模，家族成员之间产权界定不清的弊端就充分暴露出来。虽然家族和家庭在社会结构中被视为最稳定、最具凝聚力的结构。但家族成员间的亲缘关系是可以被经济利益关系冲击而松动的，家族或家庭成员间的忠诚也是可以被资产利益所侵蚀而出现叛逆。只要企业资产不在自然人之间界定清晰，其产权的排他性总是不严格的。而且伴随企业的发展，迟早会提出在单个成员之间界定产权的要求，这是"经济人"的本能，即使父子之间、夫妻之间、兄弟姐妹之间也难以逾越这种本能。

（2）单一的产权结构具有不可克服的缺陷[227]

企业主家庭或家族在企业最终所有权结构中占绝对优势。企业的投资主体虽有多个，但除家族外的投资者在企业产权主体结构中的比例微乎其微。企业资本的社会化程度很低。从现实情况看，家族企业的业主即是企业的所有者，企业主一般拥有企业的全部产权，包括剩余索取权、监督其他要素所有者的权利以及经营的决策权，产权结构表现为单一所有者。

这种一元化产权结构缺少社会化的监督机制，企业承担的风险过大，制约着企业进一步筹集发展资金，也阻碍了高层管理移位于专业经理的培育经营者专业化的进程。一元化产权结构中，企业无法摆脱个人和家族而独立经营，企业的发展受到个人和家族的严重制约。随着企业经营范围的扩展、规模的扩大和涉及领域的拓展，所有权与经营权的集中既造成所有者不堪管理重负，又容易导致决策的失误。企业发展的历史表明，企业规模的扩大总是与更加深入的专业化分工协作相伴随的。随着企业管理的复杂性不断上升，用有专门知识的支薪经理阶层取代家族成员的压力就日益增强。否则，就会加剧日益加深的专业化分工与专业化管理水平低下之间的矛盾，企业追求规模经济就会面临着管理瓶颈的制约。

首先，产权的高度集中极易导致家族对企业的干预。正如国有企业产权主体结构单一摆脱不了国家对企业的干预一样，家族企业产权结构单一也必然导致家族对企业经营的干涉。这是因为单一产权结构的家族企业，往往把产权关系与血缘关系融为一体，以血缘关系来组建企业的内部管理，结果使企业摆脱不了家族血缘关系的干预，造成企业的经营困境。其次，产权主体结构单一使家族企业获得资金来源的途径受到限制，不利于企业规模的扩大。从家族企业的投资主体看，家族企业的投资主体通常只包括家族成员以及与家族有密切关系的亲友，这种以家族为中心构筑的小圈子无法提供企业进一步发展所需要的巨额资本。投资主体单一化与加快资本积累之间的矛盾呈现不断激化的趋势。

（3）家族信任资源的两面性。家族信任形成很强的集体凝聚力，但家族关系往往引起对外部关系的排斥，从而缩小企业的交易范围，比如局限在家族成员内部挑选经营者，选择范围有限，结果家族关系在企业内部的存在降低了竞争，导致了低效率。家族信任使企业内部缺乏有效健全的监督机制，增大企业内部的财务风险，这是家族公司最致命的弱点。同时过于依赖和信任企业主的决策能力，增加了经营的风险。职业经理不易在家族企业中出现的原因还是缺乏信任。向职业经理人授权的过程实际上是一个企业机密资源和机密信息与人分享的问题。也许是文化传统的原因和社会转轨状态的特性，华人家族企业主更倾向于成为企业机密资源和信息的集中垄断者。不少私营家族企业主对企业客户状况、营销网络、竞争状况、原料采购、价格等信息差不多都能了如指掌。在很多情况下，企业主不会轻易地让非家族成员的经理知晓掌握这些信息。

（4）尹枚将华人企业普遍存在长不大的问题归结为所有权与控制权分

离的工具及其透明度。从治理结构来看，随着企业的不断成长，就需要有外部投资，要吸引外部投资，不可避免地有所有权与控制权的分离。问题并不在于所有权与控制权是否分离，关键在于其透明度。[228]如果这种分离方式是公开的明确的，投资者知道向该企业投资之后意味着什么，就有利于吸引外部投资者，从而有利于企业进一步扩展和发展壮大。如果这种分离是不透明的，投资者风险增大，不利于吸引外部投资。由于华人企业的显著特征就是家长式治理结构。这就是说，华人企业的控制权往往牢固地掌握在创业者家族手中。这种控制权的获得和维持根本不具有透明度，这种企业往往很难在资本市场获得外部资本，由于不能获得必要的发展资本，其规模当然不可能大，只能适于中小型企业。

总之，家族企业是有利有弊。家族规则有利于创业，不利于发展。[229]当市场竞争的各种条件要求家族企业突破自身的界限，需要以家族资本去有效融合社会的财务资本，需要与非家族成员共享企业的资产所有权、剩余索取权和经营控制权时，或者甚至需要完全放弃家族控制时，家族企业主不能与世推移，依然在家族财务资本和人力资本的封闭圈子内运作，依然用家族的规则来管理企业，那么这时的家族企业组织就是不合理的，其管理也必然是低效的。在制度经济学看来，家族成员及其之间的忠诚信任关系作为一种节约交易成本的资源进入，家族伦理约束简化了企业的监督和激励机制，这时家族企业就能成为有效率的经济组织。但是，当家族企业在市场竞争中，其内部有限资源和家庭或家族成员管理能力不高而导致的内部交易成本大于那些非家族制企业的竞争对手、造成竞争力低下时，那么家族企业就是不合理的和低效的。我们也可以常常发现，在家族企业中，由于亲情关系的纠缠，家族规则往往不能或难以抑制家族成员的违规行为，因而造成企业的衰亡。

6.2.3 家族企业成长中的治理结构

在家族企业，控制所有权往往被某一家族所掌握，该家族对企业决策具有重大影响，但这些持有大宗股票的家族成员要受到某种家族关系的约束。家族企业的这种特殊性质使其表现出特殊的治理结构。家族企业治理结构是一套制度和机制，其目的在于规范家族内部以及家族与企业之间的各种关系。并且，家族企业内部的这些治理机制可以是正式的，也可以是非正式的，还可能随着时间、企业生命周期、家族生命周期、所有权分配的变化而调整。但几乎所有家族企业治理结构都表现出某些共同特性。

家族企业治理结构最典型的特征就是参与人的"多重角色"。在家族企业中，我们至少可以列出家族成员、所有者、管理者（或经理人）三种角色，某个参与人可能只充当一种角色，也可能充当两种角色，还可能同时充当三种角色，这就是有别于其他企业治理结构的典型特征。企业治理结构中的全部或主要职位为家族或准家族成员。在公众公司，所有者、董事会和管理层/员工三环的相互交叠可形成7种角色；然而，当加入家族这一维度时，情况变得相当复杂，治理角色上升到15个，翻了一番还多，充分揭示了家族企业治理的复杂性，必须处理好家族、股东和企业管理多重角色关系。"家长"出任企业最高阶层职位，治理结构的其他主要职位也全部或部分为本家族或至少为准家族成员所占据，董事长、总经理等重要职务大都具有父子、兄弟、配偶等血缘或姻缘关系。1994年评选出的1000家最大华人企业中，董事长和经理之间有亲属关系的占82%，只有18%的企业雇佣没有亲属关系的职业经理。在台湾81家大型家族企业集团中，企业核心职位由同一家族成员承担者有56个，占近70%，属于两个家族者有18个，占22%。[230]

（1）家族企业治理结构中的非正式制度

西方的企业大都经历了由古典企业制度向现代企业制度迈进的组织变迁过程，而华人企业却保留了以家族控制为特征的传统企业制度，基本上没有展开大规模的制度变迁与组织演进，特别是没能建立起由职业经理人员管理的法人治理结构，企业仍然由家族控制，因此，从企业制度的角度而言，他们仍然属于"传统企业制度"。与西方文化重视正式制度的建立与遵守不同，中华文化传统更加重视被称为社会潜网①的非正式的制度或非制度化的行为约束在人们行为中的作用。华人"偏爱"家族企业，与儒家学说、中国人传统的家族观念有密切的关系。儒家文化注重"伦理"，"伦理"即是处理人际关系的行为准则。人人应按自然所形成的等级和地位行事和为人，把个体融汇于群体之中，为群体尽责和奉献。中国传统文化中的"重义轻利"的观念在家族企业形成过程中作为非正式约束为其特定的制度安排发挥了不可或缺的作用。在中国，"家"是社会最基本的组织形式——既是生活单位也是生产单位。其他的社会组织都是"家"，这个组织的推导和延伸。传统中国的人际关系是以血缘为序列，以父子为经，以兄弟为纬的立

---

① 社会潜网这个概念指的是在经济生活和社会生活中协调人们行为的各种非制度化的规则。社会潜网对资源的配置是通过广泛的社会交换来实现的，在这里，信用、地位、声誉权力等都可作为稀缺资源或特殊等价物参与这种交换，这正是私有制条件下华人企业制度与西方企业制度表现出较大差异的原因所在。

体关系网,几乎所有组织的人都可以纳入这架网中,但不同人之间的关系却是不同的。人们在以血缘、亲缘和地缘所组成的这个特殊的组织里才会感到安全,彼此之间才容易产生信任,从而产生运动的合力。[228]

(2) 家族企业治理的利他主义和代理成本

委托—代理理论的核心思想是企业所有权与经营权的分离导致了一个基本的代理关系的存在。由于嵌入了家庭关系,家族企业的代理关系与一般企业有很大不同。基于血缘关系的家族是宗族的典型形式,由于天然的血缘关系,家庭是利他主义的典型。利他主义增进了沟通和合作,减少了家族代理人间的信息不对称。利他主义在家族内创造了一个自我实施的激励系统,鼓励家庭成员相互关心,并增进和维系了家庭纽带,其结果是家庭成员个人利益和家庭集体利益的高度合一。当企业依家庭而建时,家庭中的利他主义行为及相应的家庭秩序自然会移植到家族企业之中,从事不同管理事宜的代理人之间的亲属关系在相互监督和促进自律方面具有优势,使家族治理具有其竞争优势。据此家族企业代表了一种低成本(或高效率)组织形式。利他主义在家庭中是普遍而有效的,但在市场中是没有多少效率的。利他与利己的冲突、感情与利益的纠葛正是家族冲突和企业衰败的根源。[231]在家族企业里,利他主义和自控行为明显增加了代理问题的复杂性。

(3) 家族治理的独特性: 关系治理

从本质上看,代理理论所主张的是一种契约治理观点,即委托人(所有者)通过正式契约去约束和激励代理人(经理),然而,代理理论忽略了所有者与经理之间的良好社会关系所带来的治理效应。对于家族企业来说,这种社会关系更为密切。由于家族企业治理结构的多重角色普遍存在,大部分所有者、董事和经理属于同一个家族,亲属关系在家族企业治理结构中非常重要,因此密切的社会交往使家族企业可以建立非正式的、自我实施的治理机制,以补充正式治理制度的不足。通过家族关系而建立非正式治理机制就叫做关系治理。关系治理是家族企业内部治理的一个独特的维度,与更为正式的企业治理互补。关系治理主要处理家族成员关系、家族成员与家族企业的关系以及企业文化等情感性问题,这些因素也直接地影响着家族企业的生存与发展。家族成员是靠血缘、婚姻或领养关系联结在一起的,成员之间的关系融洽还是紧张会给家族和企业带来不同的结果。显然,前者有利于家族企业的健康发展;后者会压抑家族和企业的成长。Olson 等[232]作了一个估计,每一家族企业减少 4%的家族紧张度会带来 0.04%或 400 美元年收入的增加。代理理论预测家族企业治理不存在代理成本是基于家族成员"同心同德"的基本假设。家族成员因为受教育、思维、行为方式的不同实际上是不同质的,代理理论关于家族企业所有权人与管理层利益一致的命题在经验现实中不可能一般化。利他主义使家族企业中产生代理问题:长辈的照顾与慷慨会使后代"搭便车"、推诿责任以及保持对长辈的依赖即使是最核心的家族成员关系(直系亲属中的父母与子女关系)也不能保证利益的完全一致,更不要说延伸了的家族成员关系以及所谓的"泛家族成员"关系①。Mustakallio[233]发展了一个融合代理理论("契约")与社会理论("关系")的模型,以说明家族企业治理结构如何影响其战略决策的质量,如图6-3所示。

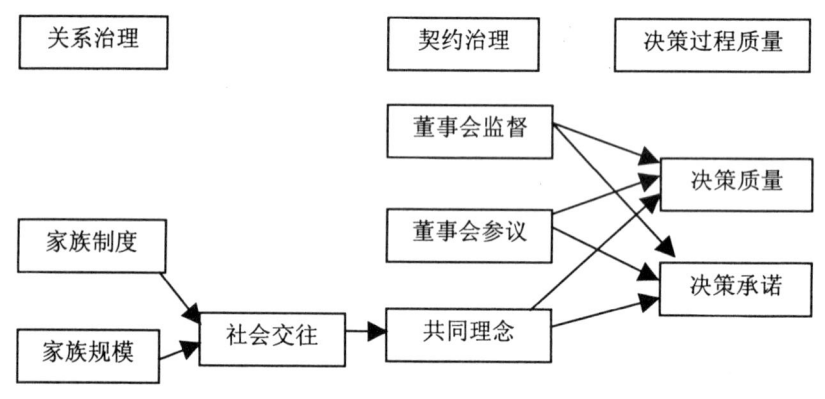

图6-3 家族企业的"契约—关系"治理模型

(4) 家族企业不同生命周期的治理结构[234][235]

从世界范围看,家族企业是最早出现的企业组织形式,经过漫长的经济史的发展,家族企业也经历了一个与企业治理有关的演变过程。家族企业治理模式是指企业所有权与经营权没有实现分离,企业与家族合一,企业的主要控制权在家族成员中配置的一种治理模式。在这种治理模式下,企业的所有权主要控制在由血缘、亲缘和姻缘为纽带组成的家族成员手中,主要经营管理权由家族成员把持,企业决策程序按家族程序进行。在不同

---

① 所谓泛家族化,是指家族企业通过结亲、结友、带徒等方式将参与长期交易的部分成员,尤其是优秀人才纳入其家族或"准家族"网络,在伦理、情感以及回报等原则上施以与家族成员相同或相似的行为原则。泛家族化是华人家族企业治理的显著特征,这在华人社会信任度低及中国当前职业经理市场不规范情况下是一种适应性的选择。

生命周期，企业治理结构特征不同，如表 6-1 所示。

表 6-1　家族企业治理结构的特征与演变

时期	平均寿命（年）	主要组织形式	治理结构特征		
			两权关系	优点	缺点
创业期	3～5	个人独资企业；合伙企业	两权集中于创业者	组织结构简单；信息传达环节少；节省委托代理成本	缺乏正式的管理制度；企业过分依赖独揽大权的创业者；决策有专断性和随意性
成长期	4～6	个人独资企业；合伙企业；公司	股权开始分散；两权出现分离；	组织结构简单；信息传达环节少；节省委托代理成本	缺乏职业经理人员；管理效率受到影响
成熟期	5～8	家族控制（或参股）	两权进一步分离；董事会中非家族成员增加	家族色彩淡化；信息公开；企业开放	目标偏移；内部人控制

资料来源：杨大楷，韩其成. 家族企业治理结构的演进逻辑与效用分析[J]. 经济经纬，2003（5）：46-49。

6.2.4　家族企业治理演变的实质是控制权的转移

事实上，现代工商企业的兴起，正是体现在企业的控制权由企业主及其家族成员垄断逐步向管理者阶层转移的过程中。引入外来的职业经理是家族企业治理结构演变中的重要一步。家族企业内部治理结构演变的决定力量是企业控制权的转移，即由企业主及其家族成员手中向非家族的外来经理人员转移。这种控制权一定是实际控制权，即能够掌握和控制企业有关经营管理方面的关键信息以及对资源使用拥有决策权。只有实际控制权发生了转移，将管理岗位必须拥有的信息权力和决定权、指挥权、缔约权、奖惩权完整地赋予占据这个岗位的人，才能真正优化私营企业内部治理结构，才能引起企业在组织形态方面由纯粹的家族式企业向现代企业制度迈进。实现企业实际控制权的转移，不能忽视对非家族的经理人员或职业经理人行为的规范，必须建立在一整套对非家族的经理人员行之有效的激励—约束机制之上。[236]

控制权的转移体现在企业内各种管理岗位对非家族经理的顺序开放上，而这种开放也同时导致了企业形态的演变。在企业主直接管理监督员工的生产方式被委托代理式的职业经理体制取代的过程中，家族企业内部岗位是逐步依次向外来的经理人员开放的。[237]中国长期以来职业经理人阶层和信用环境的缺乏，导致民营企业家不敢贸然选择外部经理人员的进入，基于这样的信用环境，家族企业的企业主与职业经理人之间的信任关系难以在短期内建立，民营企业主在选择经理人员首先必须是忠诚可信的，因为如果不忠诚可信，那么经理人员经营管理能力越强，可能对企业所有者造成的损害也就越大。

家族企业选择家族治理结构还是选择委托代理治理结构，以及多大程度上实行职业经理治理是与其实行委托代理制所增加的代理收益和代理成本紧密相关的。家族企业倾向于采取以家族为核心的亲情治理，是因为家族企业面临更大的涉及资产安全的风险成本。由于家族企业内部管理不规范，加之社会环境不稳定，对私有产权尤其是企业产权保护不力，因此采取委托代理制将使家族企业有可能面临高昂的资产风险成本。企业家族内部治理结构自发性的制度演变，将依据资产风险成本最小的原则进行。从业主制或合伙制企业，到家庭作坊式的企业，到由企业主家族成员垄断经营控制权和企业所有权的纯家族式企业，到有朋友、乡亲等熟人担任部门经理的准家族式企业，再到引入陌生的非家族经理人员的混合家族式企业，经过一个家族企业的临界点，最后变成股权分散化的公众公司。在这一过程中，起主导力量的仍然是企业实际控制权或关键信息的转移。必须强调的是，家族企业内部治理结构演变的决定力量是企业控制权的转移。

作为初级阶段的家族企业，通过集中所有权而集中控制权，创业家族通过控制所有股份或绝大多数股份，从而获得对企业的绝对控制。高级阶段的家族企业，这些企业均通过证券市场向外部吸收资本，其公司资金来源已经多元化，创业家族并不一定掌握控制性股份。由此看来，股份已经分散化的大型华人企业之所以能够实行家长式治理结构，将控制权牢牢掌握在自己家族手中，并不能简单地认为是所有权集中的后果。控制权并不只是来源于所有权，多种法定或非法定的，正式或非正式的手段均可以产生控制权。欲对公司进行绝对控制，无须只是通过集中所有权，还有多种途径可以利用。

6.2.5 家族企业可持续成长

（1）家族企业制度变迁的约束条件[238]

中国家族企业产权制度变迁供给由于受到供给主体偏好、能力的制约，现有制度安排存量的限制和制度环境的影响，产权制度变迁供给严重滞后与不足。

（a）制度供给主体的制约。在制度变迁供给过程中，不同个体的变迁供给权重是不同的。一般来说，处于层次结构较高位置的个人比处于较低位置的个人拥有更大的制度供给权重。在分析制度变迁供给时，假设主要决策者的个人成本—收益预期将决定变迁供给的意愿。在家族企业中，产权制度变迁的供给主体自然就是家族企业主或其他影响企业决策的家族成员。家族企业主或家族主要成员的预期成本和收益将影响制度变迁的供给。家族企业产权制度变迁虽然由于各种外部利润的诱致，企业进行产权制度变迁有利可图，但家族企业主，从企业制度变迁中获得的收益往往由于害怕失去企业的控制所抵消。许多家族企业主成为产权的变迁障碍。

（b）制度供给环境的约束。（b1）文化传统等非正式制度安排的影响。"家"文化体现了中国传统文化的突出特征，几千年"家"文化传统的社会心理积淀对企业的组织与经营行为、对家族企业的生命周期都产生着重大影响。深受"家"文化影响的家族企业的制度变迁中，文化传统的影响就更不可忽视了。家族成员的相互信任和帮助有利于企业初期的创业。当企业的发展超越了家族成员的管理能力的限度，这种"家"文化一定意义上限制了外来人员的引进，阻碍了家族企业进一步发展。（b2）法律、法规、政策对制度变迁的制约。国家通过制定法律、法规对产权进行界定和保护，从而形成了人们稳定的预期，节省交易成本，相应降低制度变迁的供给成本。但法律、法规不完善对家族企业的制约、束缚仍然很多。法律、法规影响着制度变迁的选择范围。（b3）其他相关制度安排的影响。社会制度结构是由一个个制度安排构成的，任何一项制度安排都是嵌在整个制度结构中的一个环节，它与其他制度安排相互作用、相互影响，因而一项制度安排还受到与其相联系的其他制度安排的影响。家族企业产权制度变迁要与整个市场制度相联系。不论是所有权与经营权的分离，引进外部管理人才，还是吸引外部资金，由单一所有权结构转变为多元化所有权结构都离不开外部市场制度。在计划经济向市场经济转化的过程中，各项市场制度安排，如经理市场、资本市场等还不成熟，一定程度上加大了家族企业产权制度变迁的成本。

（2）家族企业制度变迁的路径依赖[239]

路径依赖意味着历史是重要的，人们过去的选择决定了他们现在可能的选择。路径依赖限制了人们可以做出的选择集合的范围、影响了人们做出某种选择的成本,但并不能必然的根据过去来预言未来。也就是说,路径依赖会影响人们做出的选择,但并不必然决定人们的选择在人类制度发展长河中,制度安排都不同程度地发生着渐进的改变、变迁,呈现出一种渐进演化的特点。"非正规约束在制度的演进中起重要作用,因此是路径依赖性的重要来源,我们仍然有一个关于文化演进模式的长期方式地但是我们确实了解,文化信念具有极大的生存能力,且大多数文化变迁是渐进的。"[31]中国的文化传统、家族企业制度安排的现状和其他相关制度安排是家族企业进行制度变迁的存量,这些正式、非正式制度安排的状况某种程度上影响和制约了家族企业制度的变迁路径,使家族企业制度变迁形成了对这些制度安排存量的路径依赖。中国社会结构"差序格局"①的特征,[240]反映在家族企业中便是:企业主是这个企业的核心,环绕着这个核心的是与企业主有血缘关系的管理层,再向外推进,则是更低级的管理人员和具体工作人员这样一个组织结构的运转靠的不是一般的业务关系,而是特殊的人际关系,亦即依据家族的系谱建构的亲属关系。[241]中华文化传统重亲情,而轻契约的做法与现代企业制度相去甚远。在现代企业制度下,企业有效运作的保证是人们之间的信任和契约,而这些恰恰是中国文化传统中所缺少的。因而,在家族企业向现代企业制度变迁的过程中,文化因素不可避免地成为一种制约力量在中国文化传统中成长和发展起来的家族企业,在其制度变迁的路径演进中不能不对文化产生依赖。

(3)构建家族企业可持续成长的治理结构

家族制企业制度安排是大多数企业制度安排的逻辑起点和历史起点,在现实中家族制企业制度安排随规模的扩展也往往经历了一个由个人业主制、合伙制等古典形态向股份制等现代形态的转化,因此,家族制企业并不是一个与现代企业制度完全相悖概念。从发达国家的企业发展历史来看,公司企业一般都经历了从家族公司到家族控股、外部股份分散化公司最后发展为法人持股公司这样一个发展路径,也就是说,从家族公司到法人持股公司这样的企业制度似乎是一个历史的趋势。[242]随着现代化进程的进展,随着社会经济活动中的分工合作体系在一国和世界范围内的日益扩展和繁复,家族企业能否突破家族封闭的圈子,能否超越亲情,超越熟识这种人格化社会网络交易而进入非人格化的制度性交易,能否从非规范化的管理向现代企业的科层制管理转化,对一国现代经济的发展至关重要。[229]

---

① 费孝通先生认为中国的社会结构是一种"差序格局"的特征。

6.2.6 家族企业治理结构的变迁

企业能否在复杂多变而竞争激烈的市场中获得持续成长,关键在于能否取得竞争优势,或者说能否形成企业的核心竞争力。核心竞争力理论认为:企业本质上是一组能力的集合体,企业所拥有的某些难以被竞争者模仿的独特技能与知识构成企业的核心竞争力。核心竞争力是企业获取长期竞争优势的源泉,将经营战略建立在企业现有核心竞争力基础之上是企业长期的根本性战略。企业竞争优势的取得必须同时具备选择、制定战略的能力和战略的组织及执行能力。无论是战略的制定还是组织与执行都需要企业拥有一个规范的治理架构,它能在企业中建立起合理的战略分工体系,调动管理层参与战略制定的积极性,并监督战略的执行。家族企业在创业之初,企业主往往凭借一个创意或捕捉到一个市场机会,使企业获得迅速的发展,企业家精神是主要的成功因素,企业治理并不显得那么重要。但随着企业发展超出家族管理享赋所能支撑的范围时,企业迫切需要建立起分权化的组织架构和决策约束机制,承担信息处理的专业化分工和企业战略制定的集体智慧整合,并最大限度地降低企业的代理成本。因此,企业治理是企业成长的基础。[231]

20 世纪六七十年代有学者把家族企业当做系统来研究,即认为家族企业实际上由两个重叠的系统构成:家庭系统和企业系统。这两个"圈子"各有自身的标准、角色地位、价值观和系统结构。正是由于相同的个体必须履行双系统职责,才造成了家庭企业矛盾冲突的出现,这对家族企业存在的一些特殊问题具有很强的解释力,但还不够充分。美国克林·盖尔西克建立了用于解释家族企业系统的三环模式。[223]三环模式即把家族企业表示成三个独立而又相互交叉的子系统:企业、所有权和家庭。家族企业的任何个体都能被放置在由这三个子系统相互交叉构成的七个区域中,与企业有多种联系的人,存在于两个或三个环的重叠区域。家族企业所表现出的企业与家族合一,企业所有权与经营权由家族成员控制的特征决定了对家族企业治理结构形成与发展过程的研究应从这三个独立发展系统展开,形成三维空间。Gersick et al. 综合前人的研究,提出了著名的家族企业"三极发展模式",成为研究家族企业成长问题的基础。"三极发展模式"按所有权、家庭和企业三个维度,很好地探讨了不同维度的发展进程及维度间角色交替的问题。在所有权轴上,随着家族繁衍从创业者向其子孙传递,依次经过创业者控制、兄弟姐妹合伙和堂(表)兄弟姐妹联营的阶段,即使此间没有社会资本的进入,家族企业也会随着家族的繁衍发生所有权(股权）的分散化。只有在坚持一个后代继承的情况下如日本的"长子继承制"，企业股权不至分散。家族企业依家庭轴则会经历年轻企业家庭、子女进入企业工作、子女与父母一起工作和交接班四个阶段。为了确保企业传承的顺利，制定好子女培养和选拔计划，使子女具备训练有素的专门化知识和管理素质，这是确保"家族王朝"延续的重要保障措施。企业轴则依次经过创业期、扩展和正规化时期及成熟期三个阶段，这三个阶段其实是企业治理结构不断完善的过程。家族企业作为一种家族与企业交叠、文化与经济渗透的组织形态，其治理和成长问题较公众公司要复杂得多。

王志明和顾海英[231]在 Gersick et al. 的基础上，对家族治理结构的变迁进行了深入分析。（如图 6-4 所示）在家庭轴，核心家庭阶段，家庭会议一般是非正式的，泛指家庭内部（夫妻间、父子间等）就如何处理好家庭生活、子女教育和企业工作等之间的关系问题的频繁协商。随着家庭的扩展，正式的家族治理机构成为家族团结的基本保障。在繁重的工作和生活压力下，通过家庭会议的充分沟通也是家庭和谐的基础。经营者两位一体的简单体系进化为家族治理，必须处理好家族内部的代理问题，如果移交给职业经理，则要处理好家族控制问题。在有若干家庭分支的情况下，各家庭分支间存在价值观与利益的冲突，成立比较正式的家族会议就成为必要。而当企业传承至3~4代以后，家族分支发展为所谓的卫星家庭，此时成立家族委员会就成为必要。在这一阶段，不能过多期望各个卫星家庭对家族事业的忠诚，应鼓励并建立起基于共同利益和亲缘的其他联盟，将维护家族网络作为家族委员会的重要议程。同时，企业一般已发展至非常大的规模，家族已积聚起惊人的财富，许多家族热衷于慈善等社会活动，常常设立家族基金等机构处理此类问题。沿着家庭轴，治理的核心是维护家族团结。沿着企业轴，家族企业从企业家（创业者）的企业逐步向职业经理管理的企业转变，家族成员在参与企业管理和创业者的培养下管理技能也逐步提升，职业化管理过程中的泛家族化则是家族企业治理的一大特色。在职业化管理过程中，企业组织形态逐步从单一的组织结构向建立起规范的治理结构转变，企业决策由家族集权体系向合理分权与监督的体系转变。沿着所有权轴，家族企业从创业时期的业主制企业或家族"一股独大"逐步向股权分散，最终家族只拥有临界控制持股比例转变。家族企业治理的核心是维护股东权益。当家族持股一旦突破临界比例，家族不能对公司实施控制时，家族企业转化为公众公司，步入职业经理人控制的行列。

在企业成长过程中适时推进治理结构的变迁，这是确保家族企业持续发展的根本保证。然而，制度变迁的过程必然意味着利益的重新分配，总是以牺牲一部分人的利益为代价，特别是当其中掺和进浓厚的私人关系时，很可能出现旧制度锁定的现象。因此，家族企业制度变迁的过程必然面临重重阻力，许多家族企业也因为无力推进企业的治理结构改革而在竞争中衰亡。由于家族企业对外界的封闭性，法律一般没有对家族企业明确的治理结构要求，外界不可能主动介入家族企业的制度变迁过程。因此，家族企业的制度变迁只能是家族在竞争的压力下自主实施的结果，需要企业主强有力地突破家族关系的重重阻力，因此是一种需求诱致型和强制型制度变迁的并行过程。家族企业治理结构变迁目的是克服家族治理的种种弊端。

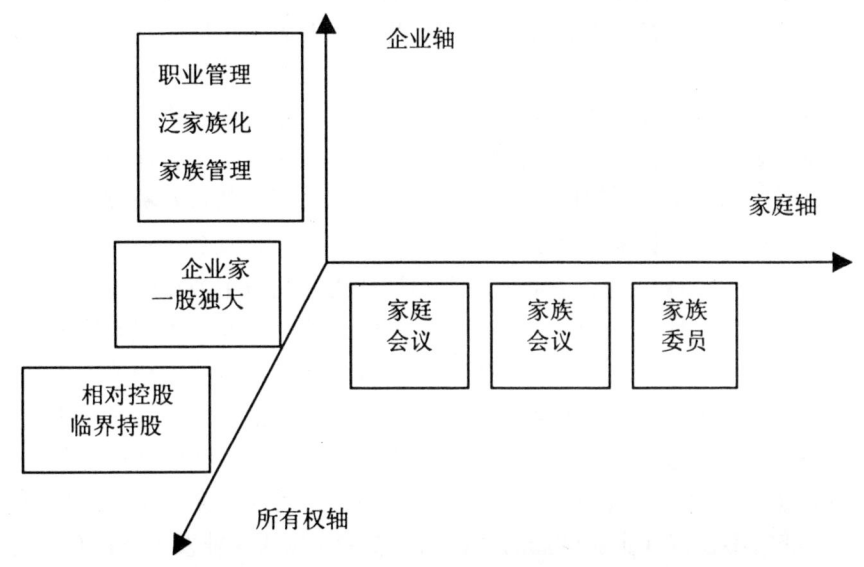

图 6-4　家族企业治理结构形成与发展的三维发展过程模型

由于委托代理关系的存在，家族企业所有者与经营者效用函数存在不一致性，这种不一致性导致家族企业所有者聘用职业经理人不一定会导致自身效用的增加。家族企业的组织形式究竟应该采取家族所有、家族经营，还是应该采取家族所有、社会化经营，这两者并无优劣之分。只有当聘用职业经理人而导致企业收益的提高、所有者享受闲暇时间的增加所新增的效用大于其所产生的委托代理成本而导致的所有者效用的下降，委托代理制才是有效的。家族制企业并非是一种落后的产业组织形式，只要在组织内部交易成本足够低。家族企业是经济社会化的一个必然的长期阶段。大量的家族企业的存在是任何经济结构中不可缺少或必然应有的内容。中国家族企业的家族式管理在一定的发展阶段具有其合理性的同时，家族企业进一步做大做强遇到了发展的障碍。在现阶段社会信用体制和法律制度不健全的情况下，家族企业制度的存在有其合理性，一味地提倡家族企业打破家族制是不妥当的。储小平也不主张世界范围内的家族企业都要转变成非家族式的企业。[229]但是，在现代经济成长中，家族企业本身的生存与发展必须要有效地融合社会资本，不断优化企业所有权结构和治理结构，这样在竞争过程中才会胜出。

6.2.7 家族企业可持续发展理论模型

在家族内部，家族成员的血缘、亲戚或结拜关系难以维系相互之间的信任；而建立在家族成员间不完全信任基础上的关系契约是不完全的。不完全的家族成员间关系契约又往往视家族成员关系的价值高于交易带来的经济价值，因此，企业的经营活动就必然会产生非理性结果，给企业的生存与发展埋下危机的伏笔。家族成员对家族企业的影响是显著的。苏琦和李新春[243]在 Olson[232]等研究的基础上，建立了维系家族成员凝聚力的家族企业可持续发展理论模型（SFB），如图 6-5 中显示，家族企业的可持续性是企业成就与家族成就的函数；两者都划分为客观与主观成就。主观的家族成就强调家族成员理念、忠诚度、行为的一致性，即家族职能的统一；SFB 模型预测家族职能的统一应与家族企业的可持续性成正相关关系，反之亦然。家族成员的协商与家族企业的主观成就为正相关，与家族的主、客观成就为显著正相关；家族成员的个人化、紧张度与家族企业的主观成就为显著负相关。家族中一般只有部分成员直接受雇于家族企业。某些情况下，获得不在家族企业就业的家族成员支持对家族企业发展是很有利的。SFB 模型没有考虑外部环境对家族企业可持续性的作用，将家族与企业的资源与约束作为外生因素。苏琦和李新春除在家族与企业的两个模块以外，增加了社会、经济环境与道德环境两个外部影响源。社会、经济环境与道德环境之间相互影响，并通过家族与企业模块对家族企业的可持续性发生作用。资源与约束成为内生因素，且企业的资源与约束增加了两个变量，即企业治理与企业文化。

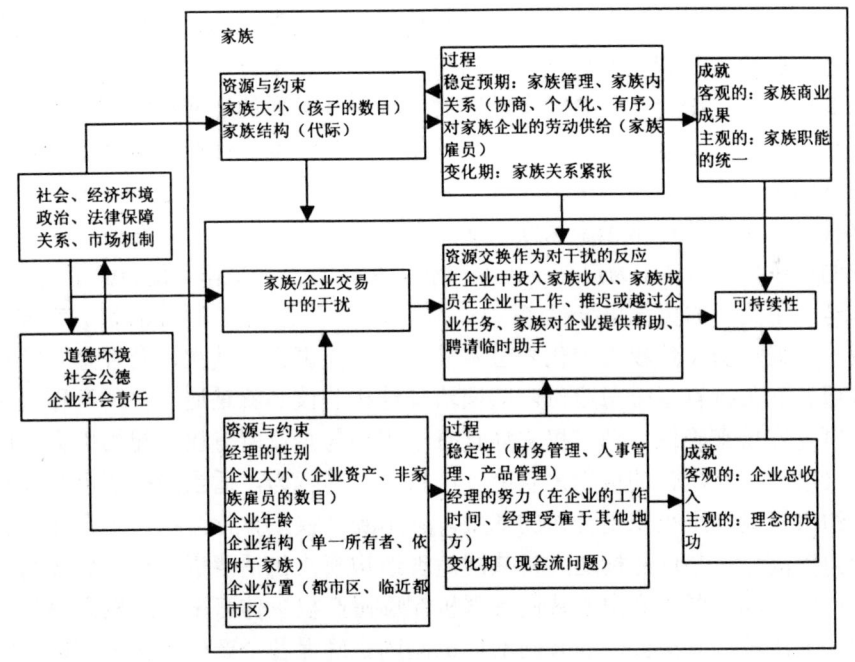

图 6-5 家族企业可持续模型

资料来源：Olson 等（2003）和苏琦等（2004）。

6.2.8 家族企业产权结构从封闭走向开放

产权的封闭性具有很强的血缘和地缘色彩、决策的非理性、目标的非经济性、执行过程的随意性，再加上有效监督的缺乏，严重影响了企业经营决策的科学性和合理性。中国家族企业产权制度安排是典型的"资本雇佣劳动"逻辑，企业主拥有企业的全部剩余索取权，而员工只得到固定的工资收入。这样的产权安排方式某种意义上适应了物质资本相对于人力资本更重要、更稀缺的情况。而在现代经济体系下，企业发展的决定性因素不再是物质资本的多寡，而是人力资本的数量与质量，人力资本在生产中的作用日益凸现。人力资本相对作用的增强、相应的相对价格的提高产生了变革原有产权制度安排的需求，以充分调动企业人力资本等生产要素的积极性。现实中，有些家族企业的职业经理人没有股权，就缺乏了对企业的责任心。只有产权向开放性变迁，才能使行为人在交易中具有明确的预期，从而有助于外部利润内部化。[244]

鼓励家族企业主从封闭式家族企业向开放式家族企业发展，条件成熟时，一部分开放式家族企业可以发展成具有现代企业制度的大企业。私营家族企业需要注重不断优化企业所有权结构和治理结构,这样在竞争过程中才会胜出。家族企业进行治理结构创新,要在坚持现代企业法人治理结构的前提下,结合家族企业实际发展情况进行必要的适应性调整。按照股东至上的逻辑可以认定企业管理治理结构只是资本雇佣劳动条件下的单边治理结构,在这一结构中治理权与剩余索取权全归雇主或股东与出资者。这种单边治理结构常见于家族企业,但也正是这些家族企业在微观经济领域的地位日渐衰落。为提高中国家族企业的治理结构效率,我们应走出"股东至上主义"的传统思维模式,从"单边治理"走向"共同治理"。首先,吸收一般雇员、债权人的代表进入董事会、监事会。其次,允许企业经理阶层及雇员持有本公司股份。共同治理结构的核心就是通过公司章程等正式制度安排来确保每个产权主体具有平等参与企业所有权分配的机会,同时又依靠相互监督的机制来制衡各产权主体的行为,适当的投票机制和利益约束机制则用来稳定合作的基础,并达到产权主体行为统一于企业适应能力提高这一共同目标之上。共同治理结构模式包括董事会和监事会两个并行的机制,董事会中的共同治理机制确保产权主体有平等的机会参与企业重大决策,监事会中的共同治理机制则是确保各个产权主体平等地享有监督权,从而实现相互制衡。

6.2.9 家族企业制度变迁的路径选择

(1)家族企业的持续、稳定发展要求家族企业主做出观念上的转变。(a)要树立企业社会化的观念。企业的社会化,即企业作为一个法人独立于家族,并且企业的股权分属于不同的所有者这不仅是促进企业和社会经济发展的要求,也是家族利益之所在。企业产权制度的家族化和封闭性不能不说是一个重要的因素突破产权制度家族化的制约,实现企业的社会化与家族财富的积累并不是相矛盾的通过吸收其他资本入股,任用家族以外的成员发展企业,在把企业做大的同时,家族所获得的份额也相应增加了。(b)要突破子承父业的观念。父辈的财产由子辈继承,父辈的事业由子辈继续,这种子承父业的做法在家族企业中并不罕见。这种"父传子、子传孙"的做法或许在某段时期中不影响企业的发展,但是否符合企业的长期发展却是令人怀疑的。企业所有权与经营权分离,把经营权交给懂经营、会管理的人员是关系企业能否持续发展的关键。

(2)适应企业发展的需要,进行所有权结构调整。(a)明晰家族产权。随着家族的繁衍和家族成员价值观的冲突,家族集体产权的性质会成为家族冲突的根源,明确界定产权,使家族企业成员之间、企业与外界之间产权关系明确。新创立的家族企业,在创业之初,产权就应该在家族成员间界定清楚,以避免日后的纷争;在高科技家族企业中,由于人力资本的重要性,不仅物质资本产权要做出界定,人力资本产权也应做出界定。

(b) 推进股权的多元化、社会化,通过经理层持股、员工持股计划等方式确立股权的激励与约束机制,通过向社会出售股权分散家族财产风险,消除"一股独大"的弊端。实现企业产权结构的多元化、社会化,既是获得企业所需资金的条件,也是企业能够持续、稳定发展的保证。而当企业发展到一定阶段,经营管理权交由专门的管理专家就成为一种必然选择"企业产权的'分割'作为一种控制和协调的方式使得私有产权能够有效的生产'专门化'"。[38]家族企业实现所有权结构多元化的有效选择:一是与国有或集体企业合作,建立混合所有制企业形式。通过与公有经济融合,家族企业的产权结构将日趋多元化、复杂化,由原来家族单一所有的产权结构,逐步向社会开放,转变为私人控股或混合所有的多元的产权结构。二是采用股份经济的组织形式,即有限责任公司、股份公司和股份合作公司的组织形式走股份化的道路是家族企业适应市场经济发展,增强市场竞争力的需要,也是摆脱自身发展瓶颈的选择。三是适应管理现代化的要求,吸引外来人才,实行所有权与经营权的分离。

(3) 发挥政府在家族企业制度变迁中的作用。从家族企业制度创新的实践看,企业主通常是创新制度的直接供给者和推动者。从这个意义上,整个过程是属于企业主主导型的。但是,任何制度的创新都不是一个孤立的过程,单一的制度总是嵌在复杂的制度结构中,受到如文化传统、法律环境、社会条件等其他相关因素的影响,彼此间存在互动的关系。因此,制度创新活动的实现不仅要通过企业的努力,还要政府和社会的共同配合,才能创造出制度创新所需的配套环境。从人类经济结构的变迁分析,没有一个明智政府的积极促进,任何经济增长事实上都是不可能的,所以政府的作用与个人的积极性对于经济增长都是不可或缺的。家族企业制度变迁不仅受到家庭自身的影响,企业的外部制度环境也深深地影响了其变迁的成本,而外部制度环境的改善则需要政府有所作为。政府的职能应重点放在支撑企业健康成长的制度环境建设上,让各种形态的企业在各自适应的条件中动态性地发展自身的独特竞争优势,这是企业成长和地区经济发展的一个关键。家族企业制度创新的过程实际上是各种家族资源与社会资源的合作过程,这个过程必须建立在完善的社会信用的基础上,为此,政府与企业必须倡导以伦理道德为核心的社会诚信,优化家族企业制度创新的外部环境。

第七章 研究结论及进一步展望

7.1 研究结论

本文构建了一个基于财产权制度分析框架的企业治理结构的理论框架。依托制度经济学的理论,立足转型时期中国制度供给不足的背景条件,主要围绕企业成长理论的演绎逻辑和财产权制度到产权制度的逻辑演进,探讨了财产权制度安排与企业治理结构内在关系,并以此为理论基础,分析了中国国有企业和家族式企业的治理问题。本文发现了财产权制度对企业成长和企业治理有不可或缺的作用,产权制度改革必须有坚实的财产权制度为基础,否则,企业治理绩效难以改进。本论文的思路建立在"制度—行为—绩效"这样一个逻辑框架下,也就是制度决定了经济个体的行为模式,行为的结果体现了绩效,绩效反过来检验制度的合理性。我们将这一思路扩展到企业研究。

(1)本文围绕着从财产权制度到产权制度这条逻辑主线来研究企业治理结构。制度带给参与人稳定的预期。制度变迁是不断从均衡到非均衡又从非均衡到均衡的一个变迁过程,不论是诱致性制度变迁,还是强制性制度变迁都会形成路径依赖,在转轨国家表现尤为明显。在制度变迁过程中,非正式制度决定着制度变迁的方向、速度,起着主导作用。文化作为非正式制度对制度变迁产生了重要影响。显然作为非正式制度的西方文化在财产权制度向产权制度演进中扮演了重要角色。西方文化促使"财产权利神圣不可侵犯"的社会理念的形成,确立了财产权制度。财产权是一个动态的过程,随着财产外延的拓展和财产的潜在价值的不断发现,利益相关者的产权关系变得更复杂化,产生了界定行为权利的需要,即产权制度。财产权制度演进逻辑就是产权制度形成的过程。因此,产权制度及其变迁不仅依赖于技术层面,更重要的是要形成社会财产权利意识的制度层面,即普遍形成尊重、承认和保护财产权的社会意识。与西方不同的是,中国的传统文化致使中国制度变迁的路径不同。中国文化以儒家传统文化为核心,其重义轻利的价值观使中国长期处于没有财产权制度的状态中,中国因此缺乏从财产权制度到产权制度演进的逻辑起点。由此,我们断定转型期中国企业改革没有达到预期效果是缺乏财产权制度的原因。在中国转型期，制度变迁具有很强的路径依赖性，制度变迁的过程深受传统文化的影响。传统文化对制度及制度变迁的这种深厚的作用，促使我们在探讨改善制度环境和促进企业成长的理论与实践中，必须结合传统文化的因素。

财产权制度到产权制度的这种逻辑关系为中国今后的改革提供了有益的借鉴。中国转轨经济正在进行着从产权制度到财产权制度的逆序制度选择，这也许可以解释与产权制度完善国家不同的一些经济表现。

（2）财产权制度安排的实质是对企业利益相关者财产权利的保护和责任，创建企业生存的有序的制度环境，提高企业治理结构的效率。财产权制度既为企业治理提供了一个良好的制度环境，又为企业协调相关利益者关系提供了产权制度保障。财产权制度是社会制度环境的核心内容。企业效率不仅仅体现在企业治理结构的完善，还受到社会制度环境的约束。社会制度环境对企业成长具有内生性的影响。离开社会制度环境，企业治理就会失去基础支持，有序的制度环境离不开财产权制度的建立，因为财产权制度的缺失导致社会信用和企业家等基础资源的匮乏。中国漫长的历史中对私人财产权利的漠视，致使财产权意识非常薄弱，在社会长期发展过程中，没有形成良好的制度环境，进而影响到转型期的中国产权改革以及中国企业治理的效率。企业所有权是产权的一般性特质的延伸和运用，企业治理从低级形式演进到现代企业的高级形式，企业治理结构演进的本质是对产权制度变迁的对应。现代企业治理结构的安排越来越偏离仅仅追求所有者利益最大化的逻辑，表现为人力资本所有者参与企业治理，走向"利益相关者"的合作逻辑。公司治理结构的效率体现在控制权与剩余索取权的匹配与对称，使各利益相关者的外部性最大限度地得到克服。

产权保护的细化、对其他利益相关者权利的尊重、对人力资本的重视都反映了市场经济发展到一定阶段的内在制度要求。非人力资本所有者与人力资本所有者及其他利益相关者共同分享企业所有权的制度安排，已经被很多企业认可并付诸实施，现实中的企业治理是利益相关者间复杂博弈的结果，它是由利益相关者各方共同分享企业的剩余控制权和剩余索取权的治理结构。尽管在缺乏财产权保障的治理结构可以在特定的任务下解决企业的效率问题，但从长远来看，财产权制度安排决定了企业的效率。

从一定意义上讲，企业的效率体现在企业治理结构的有效性及其对制度环境的适应程度。各种不同企业制度的存在、发展与变迁都与企业自身所处的社会制度环境相适应，并与企业的发展规模和预期利益相适应。因此，我们要重塑企业治理结构，体现利益相关者共同治理这一逻辑。中国企业没有经历漫长的演变，中国的企业治理改革不应该简单地盲目模仿任何一种既定的公司治理模式。汲取不同企业治理模式的长处，无疑是改进企业治理结构的较佳选择。

基于本文的研究我们得出一个基本的结论：在加快中国产权改革的同时，高度重视以财产权制度为基础的社会制度环境的建设是中国未来产权改革的基本方向。认识到这一点并见之于行动，中国才有可能走出产权改革的困境，解决中国产权改革实践中的一些具体问题。

7.2 创新之处

（1）20多年来中国经济转轨的过程就是一个渐进的重新界定所有权归属、产权制度变迁的过程。但是在实践中却出现了产权改革失灵的现象，产权改革无法达到预期效果，以至于一些学者开始质疑产权改革方向。本文探索了中国改革效率下降的原因，中国的改革目前处于技术层面超前，制度层面滞后的局面。在技术上我们完全可以移植一些效率表现好的治理结构模式，但在制度上却不一定能保证它的顺利实施。在制度层面变迁中，非正式制度变迁的困难更大，变迁相对滞后。因此，在技术层面与制度层面之间存在时滞，从而影响了变迁的效率。可以说，产权制度变迁的方向并没有错，因为对私人财产权的偏爱是人类行为的基本逻辑。问题的关键就在于中国的产权制度变迁没有经历西方世界从财产权制度到产权制度的逻辑演进，这种演进是理性演进，是对产权制度的强化过程。财产概念本身是动态的，随着交易规模的扩大，利益相关者数量的增加，必然要求以产权制度来协调利益相关者的关系。社会普遍的财产权意识是财产权制度得以建立和演进的重要推动力，中国薄弱的财产权意识致使目前的产权改革缺乏坚实的基础，这也许是我们解释和解决中国产权改革低效率状况的切入点，中国改革问题的解决必须要弥补财产权制度缺失的缺陷。

（2）本文以制度经济学的分析框架建构了企业治理的财产权制度基础，并提供了一种以财产权制度为基础的分析企业治理结构的方法。首先，本文在解决了产权制度背后的逻辑关系的基础上，将其应用到企业治理结构问题的研究，开拓了企业治理结构研究的思路。研究表明财产权制度以及由财产权制度演进而来的产权制度，对形成良好的制度环境与改善公司治理结构，加快中国企业的成长起着决定性的作用。企业治理结构总是要适应制度环境，而制度环境的核心是社会财产权制度安排。其次，遵循财产权制度到产权制度演进逻辑，文中把"利益相关者"企业治理理论作为研究中国企业治理问题的指导理论。无论是国有企业还是家族企业，选择"利益相关者"治理模式是符合理性经济人利益要求的。

7.3 进一步研究展望

产权改革和企业治理结构研究本身是两个非常庞大的课题，虽然，本文试图构建企业治理结构的产权制度分析理论框架，但毕竟是一次尝试，不免存在许多问题，需进一步深入研究。

（1）对诸多问题的实证研究。首先，对企业家精神和信用的实证研究。目前对此问题的研究多属于定性研究，定量和实证分析不够。随着人们对企业家精神和信用实质和表现形式的进一步把握，以及对数据的收集和处理，实证研究会取得实质性进展。其次，在企业改革理论中，产权理论与竞争理论对研究转轨经济的重要性都不可忽视，但在事实的争论中，总会偏向一方。要知道谁更重要，重要的程度如何，没有定量研究的帮助，很难得出清晰的判断。

（2）有关公司治理问题中亟待解决问题的研究。自20世纪80年代中期以来，公司治理效率有所改进，但在当前及未来的公司治理实践中，仍有许多问题值得探讨。一是公司治理边界将出现扩大化和模糊化的倾向。随着网络经济的发展、信息技术和通信手段的发展，企业形态也出现了向更高级推进的趋势。诸如战略联盟、虚拟公司和网络组织等新型企业形式日益成为不可忽视的重要力量。公司赖以实施治理的基础已经不再是实际的控制权，因此对公司治理提出了新的要求。二是重新审视转型国家高度集中的股权结构问题。产权结构以及公司治理体制是内生的，给定企业所处的法律环境及企业特征，企业将采用最为合适的产权结构并形成相应的公司治理体制。在英美以外的其他国家，产权与绩效间显著的联系可能源于其更弱的法律系统。缺乏对投资者权利的强大保护，不能奢望企业能发展出类似发达英美的公司治理。相反，集中所有权是必要的，尽管它难免产生副作用，有必要从一个新的视角来看转轨国家中普遍存在的股权集中问题。

参 考 文 献

[1]张维迎. 从制度环境看中国企业成长的极限[J]. 企业管理，2004（12）：12-18.

[2]张维迎，周黎安，顾全林. 经济转型中的企业退出机制——关于北京中关村科技园区的一项经验研究[J]. 经济研究，2003（10）：3-14.

[3]中国企业联合会、中国企业家协会. 中国企业发展报告[M]. 北京：企业管理出版社，2003.155-164.

[4]杨继国，安增军，企业理论的演进逻辑及其发展方向[J]. 中国工业经济，2004（7）：91-98.

[5]Scaperlanda, Anthony.Institutionalist Methodology and Social Economics. International Journal of Social Economics [J]. 1987，Vol.14，Issue 6：146-153.

[6]G.M.霍奇逊.现代制度主义经济学宣言[M]. 向以斌等译. 北京：北京大学出版社，1993.184-185，158.

[7]黄少安. 产权经济学导论[M]. 北京：经济科学出版社，2004.11-14，33-35.

[8]任保平. 低成本经济发展的制度阐释——一种新的可持续发展理论及其实现途径[M]. 北京：中国社会科学出版社，2003.13-17.

[9]汤敏，茅于轼. 现代经济学前沿专题（第一集）[M].北京：商务印书馆，1993.153.

[10]亚当·斯密.国富论[M]. 郭大力，王亚南译. 北京：商务印书馆，1988.5.

[11]阿弗里得·马歇尔. 经济学原理[M]. 廉运杰译. 北京：商务印书馆，2005.

[12]转引自（丹）克里斯第安·克努森. 企业能力理论的历史回顾. 尼古莱·J. 福斯、克里斯第安·克努森. 企业万能面向企业能力理论[M]. 李东红译.大连：东北财经大学出版社，1998.26.

[13]韩太祥. 企业成长理论综述[J]. 经济学动态，2002（5）：82-86.

[14]Edith Penrose.The Theory of the Growth of the Firm[M].Oxford

University Press,1997.

[15]康芒斯. 制度经济学（上册）[M]. 于树生译. 北京：商务印书馆，1997.92，70-114，87.

[16]盛洪. 分工与交易———一个一般理论及其对中国非专业化问题的应用分析[M].上海：上海三联书店、上海人民出版社，1994.90，94，181.

[17]Xiaokai Yang，Ben J.Heijdra.Monopolistic Competition and Optimum Product Diversity：comment.The American Economic Review[J].1993，Vol.83，No.1：295-301.

[18]Steven N. S. Cheung .The Contractual Nature of the Firm. Journal of Law and Economics [J].1983，Vol.26，No.1：1-21.

[19]奥利弗·E. 威廉姆森. 资本主义经济制度———论企业签约与市场签约[M]. 段毅才，王伟译.北京：商务印书馆，2002.29-31.

[20]Santord J.Grossman and Oliver D.Hart.The Costs and Benefits of Ownership：A Theory of Vertical and Lateral Integration. Journal of Political Economy[J]. 1986，Vol.94，No.4：691-719.

[21]小艾尔弗雷德·D. 钱德勒.看得见的手———美国企业的管理革命[M].重武译. 北京：商务印书馆，1987.

[22]杨杜. 企业成长论[M]. 北京：中国人民大学出版社，1996.213-239.

[23]李占祥. 为企业可持续成长（长寿）而管理[J]. 经济理论与经济管理，2002（8）：54-58.

[24]阿道夫·A. 伯利，加德纳·C. 米恩斯. 现代公司与私有财产[M]. 甘华鸣，罗锐韧，蔡如海译. 北京：商务印书馆，2005.

[25]Jensen，M. C. and Meckling，W.H..Theory of Firm：Mangerial Behavior，Agency Costs and Ownership Structure.Journal of Financial Economics[J].1976（3）：305-360.

[26]Shleifer，Andrei，and Vishny，Robert W. . A Survey of Corporate Governance .The Journal of Finance [J].June，1997：737-783.

[27]秦海. 制度、演化与路径依赖———制度分析综合的理论尝试[M]. 北京：中国财政出版社，2004.18.

[28]凡勃伦. 有闲阶级论[M]. 蔡受百译. 北京：商务印书馆，2002.138-141.

[29] Walton H. Hamilton .Institution，in Eduin R. A. Seligman and Alvin Johnson（eds）. Encyclopaedia of the Social Sciences[J]. 1932（8）：84-89.

[30]Geoffrey M.Hodgson .John R.Commons and the Foundations of Institutional Economics. Journal of Economic[J].2003，Vol.XXXⅦ，No.3：547-576.

[31]道格拉斯·C. 诺斯. 制度、制度变迁与经济绩效[M]. 刘守英译.上海：上海三联书店、上海人民出版社，1994.3，123-139，124，61.

[32]青木昌彦. 比较制度分析[M]. 周黎安译. 上海：上海远东出版社，2001.28，229-230.

[33]柯武刚，史漫飞. 制度经济学——社会秩序与公共政策[M]. 韩朝华译. 北京：商务印书馆，2000.33，239，3.

[34]李建德. 经济制度演进大纲[M]. 北京：中国财政出版社，2000.142.

[35]汪丁丁. 在经济学和哲学之间[M]. 北京：中国社会科学出版社，1996.54-71.

[36]Don Kanel.Institutional Economics：Perspectives On Economy and Society.Journal of Economic Issues[J]. 1985，Vol.XIX，No.3：815-828.

[37]周雪光. 制度是如何思维的？[J]. 读书，2001（4）：10-18.

[38]奥尔森. 集体行动的逻辑[M]. 陈郁，郭宇峰，李崇新译. 上海：三联书店、上海人民出版社，1995.64-74.

[39]R.科斯，A.阿尔钦，D. 诺斯. 财产权利与制度变迁——产权学派与新制度学派译文集[C]. 上海：上海三联书店、上海人民出版社，1996.20，52，274，270，97-112，169，190，51，172.

[40]丹尼尔·W. 布罗姆利.经济利益与经济制度——公共政策的理论基础[M]. 陈郁，郭宇峰，江春译. 上海：上海三联书店、上海人民出版社，1996. 131，239.

[41]李松龄. 制度、制度变迁与制度均衡[M]. 北京：中国财政出版社，2002.105.

[42]道格拉斯·C. 诺斯. 经济变迁的过程（季刊）[J]. 经济学，2002，第1卷第4期：797-802.

[43]道格拉斯·诺斯、罗伯特·托马斯. 西方世界的兴起[M]. 厉以平，蔡磊译. 北京：华夏出版社，1999.5，100，107.

[44]杨瑞龙. 中国制度变迁转换方式的三阶段论[J]. 经济研究，1998，（1）：3-10.

[45]刘辉锋. 演化经济学与经济变迁理论的新视野[J]. 天府新论，2004（3）：25-27.

[46]陈道江. 经济学的新发展：演化经济理论的回顾与展望[J]. 学海，2004，（1）：155-161.

[47]Paul A.David.Clio and The Economics of QWERTY.American Economic Review：Papers and Proceedings[J].1985，Vol.75，No.2：332-337.

[48]徐光东，欧阳日辉. 制度变迁：从产权理论到中国经验[J]. 经济学动态，2005（3）：23-27.

[49]Jerzy Hausner，Bob Jessop .Strategic Choice and Path Dependency in Post-socialism Institutional Dynamics in the Transformation Process [M]. New York：Edward Elgar Publishing Limited，1996.

[50]W·B·Arthur .Increasing Returns and Path Dependency in the Economy [M]. Ann Arher：Michigan University Press，1997.

[51]D·C·North .Institutions and Economic Development .Taiwan Economic Review [J].1995（23）：1-24.

[52]道格拉斯·C. 诺斯.经济史中的结构与变迁[M]. 陈郁，罗华平译. 上海：上海三联书店、上海人民出版社，1992.33—34.

[53]克劳斯·霍普特. 欧洲公司治理的共同准则. 吴敬琏. 比较[J]. 北京：中信出版社，2003（5）：119-150.

[54]卢现祥. 西方新制度经济学（修订版）[M]. 北京：中国发展出版社，2003.145，115.

[55]程虹. 制度变迁的周期———一个一般理论及其对中国改革的研究[M]. 北京：人民出版社，2000.175.

[56]曹正汉，罗必良. 一套低效率制度为什么能长期生存下来——广东省中山市崖口村公社体制个案[J]. 经济学家，2003，（6）：50-55.

[57]姚洋. 制度与效率—与诺斯对话[M]. 成都：四川人民出版社，2002.304-309.

[58]Vanberg，Viktor .Rules and Choice in Economics and Sociology，IN Geoffrey M. Hodgson（1993）ed.，The Economics of Institutions[M].Published By Edward Elgar Publishing Limited，1993.

[59]F.A.哈耶克. 自由秩序原理[M]. 邓正来译. 北京：三联书店，1997.

[60]道格拉斯·诺斯. 发展经济学的革命[M]. 上海：上海三联书店，2000：109

[61]周业安. 关于当前中国新制度经济学研究的反思[J]. 经济研究，2001（7）：19-27.

[62]张维迎. 法律与社会规范. 吴敬琏. 比较[J]. 北京：中信出版社，2004（11）：158-194.

[63]阿夫纳·格雷夫. 经济历史和博弈论概览. 吴敬琏. 比较[J]. 北京：中信出版社，2002. 159-184.

[64][美]理查德·派普斯. 财产论[M]. 蒋琳琦译. 北京：经济科学出版社，2003. 1-2，258，337.

[65]冯涛、鲁政委. 社会治理、社会发展与财产权制度安排[J]. 福建论坛（人文社会科学版），2003（4）：21-25.

[66]张曙光. 制度·主体·行为——传统社会主义经济学反思[M]. 北京：中国财政出版社，1999. 58，231.

[67]张曙光. 经济学（家）如何讲道德[M]. 北京：三联书店，2001. 6-8.

[68]艾伦·瑞安. 财产权：载新帕尔格雷夫经济学大辞典[M]. 北京：经济科学出版社，1996. 1099.

[69]樊纲. 公有制宏观经济理论大纲[M]. 上海：上海三联书店、上海人民出版社，1994. 24.

[70]周其仁. 公有制企业的性质[J]. 经济研究，2000（11）：3-12.

[71]布坎南. 财产与自由[M]. 韩旭译. 北京：中国社会科学出版社，2002. 6.

[72]布坎南. 自由、市场与国家[M]. 平乔新，莫扶民译. 上海：上海三联书店，1993. 115，40.

[73]梅雪芹. 关于约翰·洛克"财产"概念的一点看法[J]. 世界历史，1994（6）：118-120.

[74]洛克. 政府论（下篇）[M]. 叶启芳，瞿菊农译. 北京：商务印书馆，2004. 16-33.

[75]F. A. 哈耶克. 个人主义与经济秩序[M]. 邓正来译. 北京：北京经济学院出版社，1989. 6.

[76]转引自赵文洪. 私人财产权利体系的发展——西方市场经济和资本主义的起源问题研究[M]. 北京：中国社会科学出版社，1998. 32-34.

[77]布罗代尔. 15至18世纪的物质文明、经济和资本主义（第二卷）[M]. 顾良，施康强译. 北京：生活·读书·新知三联书店，1993. 231，242.

[78]Y. 巴泽尔. 产权的经济分析[M]. 费方域，段毅才译. 上海：上海三联书店、上海人民出版社，1997. 1-8，4，5，3.

[79]F. A. 哈耶克. 致命的自负[M]. 冯克利，胡晋华译. 北京：中国社会

科学出版社，2000.36.

[80]唐贤兴. 产权、国家与民主[M]. 上海：复旦大学出版社，2002.8.

[81]托马斯·C. 格雷. 论财产权的解体[J]. 社会经济体制比较，1995（2）：34-39.

[82]肯尼斯·万德威尔德. 十九世纪的新财产：现代财产权概念的发展[J]. 社会经济体制比较，1995（1）：35-40.

[83]杨瑞龙，周业安. 一个关于企业所有权安排的规范性分析框架及其理论含义——兼评张维迎、周其仁及崔之元的一些观点[J]. 经济研究，1997（1）：12-22.

[84]方竹兰. 再论人力资本产权——并与杨瑞龙、周业安、陆维杰等同志商榷[J]. 孝感师范高等专科学校学报（社会科学版），1999（3）：19-24.

[85]周业安，杨枯忻，毕新华. 嵌入性与制度演化——一个关于制度演化理论的读书笔记[J]. 中国人民大学学报，2001（6）：58-64.

[86]韦森. 产权是个文化问题. Htttp://www. cenet. org. cn/cn/ReadNews，2002.

[87]罗纳德·哈里·科斯. 企业市场与法律[M]. 盛洪，陈郁等译. 上海：上海三联书店，1990.2-23.

[88]Furubton，E. G. and S. Pejovich. Property Rights and Economic Theory：A Survey of Recent Literature. Journal of Economic Literature[J]. 1972（10）：1131-1162.

[89]徐光栋，时红秀. 产权理论——一个思想史上的综述. 中国社会科学评论[M]. 北京：法律出版社，2004（第2卷）：166，168-184，204.

[90]Umbeck, J. . Might Makes Right：A Theory of the Foundation and Initial Distribution of Property Rights. Economic Inquiry[J]. 1981，19：38-59.

[91]段毅才. 西方产权理论结构分析[J]. 经济研究，1992（8）：72-80.

[92]理查得·A. 波斯纳. 法律经济分析[M]. 蒋兆康译. 北京：中国大百科全书出版社，1997.64-65.

[93]思拉恩·埃格特森. 经济行为与制度[M]. 吴经邦等译. 北京：商务印书馆，2004.37，40，217-271，19.

[94]张五常. 经济解释——张五常经济论文选[C]. 北京：商务印书馆，2000.427.

[95]R. Larry Reynolds . Institutionally Determined Property Claims. Journal of Economic Issues [J]. 1985，Vol. XIX，No. 3：941-949.

[96]厉以宁. 市场经济学大辞典[M]. 北京：新华出版社，1993. 128.

[97]陈珏宇，张振. 文化制度安排与经济发展[J]. 经济评论，2001（3）：123-126.

[98]汪丁丁. 制度创新的一般理论[J]. 经济研究，1992（5）：26-30.

[99]马克斯·韦伯. 新教伦理与资本主义精神[M]. 于晓，陈维纲等译. 北京：三联书店，1987：29，49.

[100]高伟定. 海外华人企业家的管理思想—文化背景与风格[M]. 张尊敬等译. 上海：上海三联书店，1993. 109-114.

[101]伍装. 中国经济转型分析导论[M]. 上海：上海财经大学出版社，2005. 285-307.

[102]董辅礽. 中华人民共和国经济史（上）[M]. 北京：经济科学出版社，1999. 574-575.

[103]王耕今. 乡村三十年—凤阳农村社会经济发展实录（1949～1983）[M]. 北京：农村读物出版社，1989. 400.

[104]罗伯特·考特，托马斯·尤伦. 法和经济学[M]. 张军等译. 上海：上海三联书店、上海人民出版社，1994. 129-146.

[105]张军. 现代产权经济学[M]. 上海：上海三联书店、上海人民出版社，1994. 35，153，140-163，107.

[106]姚洋. 高水平的陷阱——李约瑟之谜再考察[J]. 经济研究,2003（1）：71-79.

[107]王与君. 中国经济国际竞争力[M]. 南昌：江西人民出版社，2000.

[108]林毅夫. 制度、技术与中国农业发展[M]. 上海：上海三联书店、上海人民出版社，1994. 244-278.

[109]赵显明. 试析"李约瑟之谜"产生的原因[J]. 山西师范大学学报（社会科学版），1998，第 25 卷第 1 期：3-8.

[110]转引自亨利·勒帕日. 美国新自由主义经济学[M]. 北京：北京大学出版社，1985. 61.

[111]张宇燕，高程. 美洲金银和西方世界的兴起[M]. 北京：中信出版社，2004. 14.

[112]转引自吴汉东. 走向知识经济时代的知识产权法[M]. 北京：法律出版社，2002. 28.

[113]杨建德，王云胜. "李约瑟之谜"的新制度经济学解析——兼谈西部大开发的产权制度建设[J]. 四川师范大学学报（社会科学版），2001，第

28卷第6期：11-16.

[114]石元康.从中国文化到现代性；典范转移？[M].北京：生活·读书·新知三联书店，2000. 183.

[115]杨勇、范方志.中国古代"重农抑商"思想成因探析[J].四川职业技术学院学报，2004，第14卷第4期：17-20.

[116]吕炜.基于中国经济转轨实践的分析方法研究——兼作对"北京共识"合理逻辑的一种解释[J].经济研究，2005（2）：16-24.

[117]Yingyi, Qian. The Institutional Foundations of China's Market Transition. Annual Bank Conference on Development Economics. Washington, D. C., April 28-30, 1999, pp3-4, 20-21, 45.

[118]Qian, Yingyi, The Process of China's Market Transition (1978-98): The Evolutionary, Historical, and Comparative Perspectives. Paper Prepared for the Journal of Institutional and Theoretical Economics Symposium on "Big-Bang Transformation of Economic Systems as a Challenge to New Institutional Economics. June 9-11, 1999, Wallerfangen Saar, Germany.

[119]钱颖一.政府与法治.吴敬琏.比较[J].北京：中信出版社，2003（5）：7.

[120]詹科夫，拉·波塔，络佩兹·德、西拉内斯、施莱弗.新比较经济学的新视角.吴敬琏.比较[J].北京：中信出版社，2003（4）：71-72.

[121]热若尔·罗兰.转型与经济学——政治、市场与企业.吴敬琏.比较[J].中信出版社，2002（3）：44.

[122]盛洪.中国的过渡经济[C].上海：上海三联书店、上海人民出版社，1994. 134-161，240-242.

[123]Frank R. GUNTER. Capital Flight from the People's Republic of China：1984~1994，China Economic Review，1996（7）：99-96.

[124]曹元涛.中国资本外逃问题宏观决定模型分析[J].南开经济研究，2005（3）：35-41.

[125]董志勇.资本外逃对中国宏观经济的影响[M].经济学（季刊），2004，3（4）：859-876.

[126]周长焕.制度与行为者之间的关系——印第安纳学派的新制度主义[J].北京行政学院学报，2003（3）：18-22.

[127]张旭昆.制度与行为[J].浙江树人大学学报，2001，1（4）：25-30.

[128]引自迈克尔·詹森，威廉·梅克林.权利与生产函数：对劳动者

管理型企业和共同决策的一种应用. 陈郁主编. 所有权、控制权与激励——代理经济学文选[M]. 上海：上海三联书店、上海人民出版社，1998：85-135.

[129]吕炜. 基于中国经济轨实践的分析方法研究——兼作对"北京共识"合理逻辑的一种解释[J]. 经济研究，2005（2）：16-25.

[130]孙铮，刘凤委，李增泉. 市场化程度、政府干预与企业债务期限结构[J]. 经济研究，2005（5）：52-63.

[131]曼昆. 经济学原理（上册）[M]. 梁小民译. 北京：生活•读书•新知三联书店，北京：北京大学出版社，1999. 207.

[132]Herrmann-Pillath，Carsten. Culture and Observation in the Study of Economic System. Working Paper No. 52（ISSN 1435-1676），March，University of Witten/Herdeche，Germany，2000.

[133]Nooteboom，B. . Trust：Forms，Foudations，Fuctions，Failers and Figures. Edward Elgar Publishing，Inc. ，2002.

[134]江春. 论金融的实质及制度前提[J]. 经济研究，1999（7）：33-39.

[135]林金忠. 信用关系的基本形式及其经济学分析[J]. 经济评论，2002（6）：25-29.

[136]黄文平. 信用短缺与政府责任[J]. 经济评论，2003（5）：26-29.

[137]Zker，L. . The Production of Trust：Institutional Sources of Economic Structure 1840-1920. Reseach in Organizational Behavior[J]. 1986（8）：53-111.

[138]Kreps，D. and R. Wilson. . Reputation and Imperfect Information. Journal of Economic Theory[J]. 1982（27）：253-279.

[139]朱春燕，张荣森. 不确定性、风险和信任——对发展中国信用体系的思考[J]. 经济研究参考，2002（53）：28-34.

[140]许正中，张孝德. 关于建立信用经济的几个认识[J]. 经济研究参考，2003（9）：50-55.

[141]张维迎. 法律制度的信誉基础[J]. 经济研究，2002（1）：3-13.

[142]张维迎. 企业理论与中国企业改革[M]. 北京：北京大学出版社，1999. 53，2-8.

[143]杨其静. 企业家的企业理论[M]. 北京：中国人民大学出版社，2005. 35-36.

[144]约瑟夫•熊彼特. 经济发展理论：对于利润、资本、信贷、利息和经济周期的考察[M]. 何畏译. 北京：商务印书馆，2000：83-105.

[145]Schmitz James. . Imitation，Entrepreneurship，and Long-Run Growth.

Journal of Political Economy, 1989, Vol. 97, Issue3: 721-739.

[146]庄子银. 南方模仿、企业家精神和长期增长[J]. 经济研究, 2003 (1): 62-70.

[147]Baul, W..Enterpreneurship: Production, Unproductive and Destructive. Journal of Political Economy [J]. 1990 (2): 893-921.

[148]张维迎. 企业的企业家——契约理论[M]. 上海: 上海人民出版社, 1995.9.

[149]张维迎. 企业理论与中国企业改革[M]. 北京: 北京大学出版社, 1999. 58-63.

[150]孙耀吾, 周湘峰. 基于价值均衡的企业家选择. 财经科学, 2003 (5): 77-80.

[151]刘芍佳, 李骥. 超产权论与企业绩效[J]. 经济研究, 1998(8): 3-12.

[152]杨瑞龙, 周业安. 论利益相关者合作逻辑下的企业共同治理机制[J]. 中国工业经济, 1998 (1): 38-45.

[153]Eugene F. Fama and Michael C. Jensen. Agency Problems and Residual Claims. The Journal of Law and Economics[J]. 1983, Vol. 26, No. 2: 327-349.

[154]Oliver Hart, Corporate Governance: Some Theory and Implications, The Economic Journal, 1995, Vol. 105, No. 430: 678-689.

[155]玛格丽特·M. 布莱尔. 所有权与控制——面向 21 世纪公司治理探索[M]. 张荣刚译. 北京: 中国社会科学出版社, 1999. 201, 181-203, 289.

[156]Philippe Aghion and Patrick Bolton, An Incomplete Contracts Approach to Financial Contracting, Review of Economic Studies[J]. Jul. 1992, Vol. 59, No. 3: 473-494.

[157]张维迎. 所有制、治理结构及委托——代理关系——兼评崔之元和周其仁的一些观点[J]. 经济研究, 1996 (9): 3-15.

[158]杨继国. 人力资本产权: 一个挑战公司治理理论的命题[J]. 经济科学, 2002 (1): 19-26.

[159]张维迎. 企业的企业家——契约理论[M]. 上海: 上海三联书店、上海人民出版社, 1995.

[160]周其仁. 市场里的企业——一个人力资本与非人力资本的特别合约[J]. 经济研究, 1996 (6): 71-80.

[161]方竹兰. 人力资本所有者拥有企业所有权是一个趋势[J]. 经济研

究，1997（6）：36-40.

[162]沈越. 从美国公司会计丑闻看美国公司治理神话的破灭[J]. 经济学动态，2002（11）：84-88.

[163]梁能. 公司治理结构：中国的实践与美国的经验[C]. 北京：中国人民大学出版社，2000. 6.

[164]陈昆玉，陈昆琼. 利益相关者公司治理模式评介[J]. 北京邮电大学学报（社会科学版），2002，4（2）：15-18.

[165]约翰·凯、奥伯利·西尔伯斯通. 关于"利益相关者"的争论—公司的治理结构[J]. 经济社会体制比较，1996（3）：41-47.

[166]李成刚，王志伟. 产权效率与中国公司治理问题[J]. 福建论坛（经济社会版），2001（12）：2-7.

[167]Michael C. Jensen and William H. Meckling . Rights and Production Fuctions：An Application of Labor-Managed Firms and Codetermination. The Journal of Business，1979，Vol. 52，No. 4：469-506.

[168]刘汉民. 所有制、制度环境与公司治理效率[J]. 经济研究，2002（6）：63-68.

[169]Santord J. Grossman and Oliver D. Hart，The Costs and Benefits of Ownership：A Theory of Vertical and Lateral Integration，Journal of Political Economy（Agu. ）1986，Vol. 94，No. 4：691-719.

[170]Eugene F. Fama and Michael C. Jensen . Separation of Ownership and Control. The Journal of Law and Economics[J]. 1983，Vol. 26，No. 2：301-325.

[171]Harold Demstzs，Belen Villalonga. Ownership Structure Performance. Journal of Corporate Finance[J]. 2001（7）：209-333.

[172]张余华. 中国家族企业治理结构研究[J]. 江汉论坛，2003（3）：47-49.

[173]Jensen，Michael C. ，and William H. Meckling . Theory of the Firm：Managerial Behavior，Agency Costs and Ownership Structure. Journal of Finance Economics[J]. 1976（58）：3-27.

[174]McConnell，John J. ，and Henri Servaes . Additional Evidence on Equity Ownership and Corporate Value. Journal of Finance Economics[J]. 1990（27）：1113-1155.

[175]许小年. 以法人机构为主体建立公司治理机制和资本市场[J]. 改革，1997（5）：28-34.

[176]何浚. 上市公司治理结构的实证分析[J]. 经济研究，1998（5）：50-57.

[177]孙永祥，黄祖辉. 上市公司的股权结构与绩效[J]. 经济研究，1999（12）：23-30.

[178]陈晓，江东. 股权多元化、公司业绩与行业竞争性[J]. 经济研究，2000（8）：28-35.

[179]Xiaonian Xu and Yan Wang. Ownership Structure，Corporate Governance and Corporate Performance. Policy Research Working Paper，The World Bank，Economic Development Institute，June 1997.

[180]陈小悦，徐晓东. 股权结构、企业绩效与投资者利益保护[J]. 经济研究，2001（11）：3-11.

[181]刘小玄. 中国转轨经济中的产权结构和市场结构——产业绩效水平的决定因素[J]. 经济研究，2003（1）：21-29.

[182]陆挺、刘小玄. 企业改制模式和改制绩效——基于企业数据调查的经验分析[J]. 经济研究，2005（6）：94-103.

[183]Djankov，Simion and Peter Murrell.. Enterprise Restructuring in Transition：A Quantitative Survey. Journal of Economic Literature[J]. 2002，40（3）：739-792.

[184]Zhang，Anming，Yimin Zhang and Ronald Zhao . Impact of Ownership and Competition on the Productivity of Chinese Enterprise. Journal of Comparative Economics[J]. 2001（29）：327-346.

[185]宋立刚，姚洋. 改制对企业绩效的影响[J]. 中国社会科学，2005（2）：17-31.

[186]费方域. 控制内部人控制——国企改革中的治理机制研究[J]. 经济研究，1996（6）：31-39.

[187]刘世锦. 中国公司治理结构. 中国（海南）改革发展研究院编[M]. 北京：外文出版社，1999. 95-96.

[188]Chen, G. M. ，Firth, M. ，and Rui, O. . The Economic Performance of Privated Firms in the People's Republic of China. Working Paper，The Hong Kong Polytechnic University，1999.

[189]徐莉萍，陈工孟，辛宇. 控制权转移、产权改革及公司经营绩效之改进[J]. 管理世界，2005（3）：126-136.

[190]Vickers，Jhon and George Yarrow. Economic Perspectives on

Privation. Journal of Economic Perspectives[J]. 1991，5（2）：111-132.

[191]Chang，Ha-joon and Ajit Singh. Policy Arena：Can Large Firms Be Run Efficiently Without Being Bureaucratic?. Journal of International Development [J]. 1997，9（6）：865-875.

[192]张立君. 国有企业利益相关者的共同治理机制[J]. 财经科学，2002（3）：55-58.

[193]刘伟. 产权缺陷与伦理冲突[J]. 经济理论与经济管理，2000（3）：5-10.

[194]张曙光. 从计划"合约"走向市场合约——对国有企业改革的进一步思考[J]. 管理世界，2005（1）：96-101.

[195]刘世锦. 国有企业改革：重构新体制的微观. 载于中国的道路——中国改革与发展报告（1978～1994）[M]. 北京：中国财政经济出版社，1995.

[196]刘伟. 经济学导论[M]. 北京：中国发展出版社，2002. 27，133-134.

[197]Williamson，O. E. . The Economics of Organization：The transaction Cost Approach. American Journal of Sociology[J]. 1981（87）：548-577.

[198]Demsetz，H. "The Exchange and Enforcement of Property Rights"，Journal of Law and Economics[J]. 1964，3（1），11-26.

[199]Demsetz，H. . Toward A Theory of Property Rights. American Economic Review [J]. 1967，57（2）：347-359.

[200]Alchian，A. A. and Demsetz，H. . Production, Information, Costs, and Economic Organization. American Economic Review[J]. 1972，62（5）：777-795.

[201]Chueng，Steven N. S. . Transaction Costs，Risk Aversion，and The Choice of Contractual Arrangements. Journal of Law Economics[J]. 1969（12）：23-42.

[202]Chueng，Steven N. S. . Property Rights in Trades Secrets. Economic Inquiry [J]. 1982，Vol. 20：40-53.

[203]刘芍佳，李骥. 超产权理论与企业绩效[J]. 经济研究，1998（8）：3-12.

[204]林毅夫，刘培林. 自生能力和国企改革[J]. 经济研究，2001（9）：60-70.

[205]林毅夫. 自生能力、经济转型与新古典经济学的反思[J]. 经济研究，2002（12）：15-23.

[206]史学军. 市场竞争与企业内部治理结构[J]. 经济科学，2001（6）：69-79.

[207]王满仓，卫玲. 超产权理论与国有企业改革[J]. 经济学动态，1999（9）：72-75.

[208]李成刚，王志伟. 产权效率与中国公司治理问题[J]. 福建论坛（经济社会版），2001（12）：2-7.

[209]施东晖. 转轨经济中的所有权与竞争：来自中国上市公司的经验证据[J]. 经济研究，2003（8）：46-54.

[210]刘大可，朱光华，试论所有制结构理论中的出资者与利益相关者[J]. 经济学家，2001（4）：5-10.

[211]陆跃祥，游五洋. 国有企业的内部治理与外部控制[J]. 管理世界，2000（5）：201-202.

[212]肖力. 论公司治理结构的创新[J]. 科学管理研究，2000，第18卷第5期：18-19.

[213]王珺. 双重博弈中的激励与行为——对转轨时期国有企业经理激励不足的一种新解释[J]. 经济研究，2001（8）：71-78.

[214]冯根福. 双重委托代理理论：上市公司治理的另一种分析框架[J]. 经济研究，2004（12）：16-25.

[215]钟胜，汪贤裕. 企业的内部治理机制与外部治理机制[J]. 软科学，2000（2）：54-57.

[216]姚先国，蔡宁郭，继强. 企业产权结构模式与中国的选择[J]. 财经论丛，2000（4）：1-5.

[217]中国人民大学经济研究报告课题组. 论转轨时期国有企业治理结构创新战略的选择[J]. 经济理论与经济管理，1997（6）：5-11.

[218]张维迎，马捷. 恶性竞争的产权基础[J]. 经济研究，1999（6）：11-20.

[219]林毅夫，蔡昉，李周. 现代企业制度的内涵与国有企业改革方向[J]. 经济研究，1997（3）：3-10.

[220]周鹏，张宏志. 利益相关者间的谈判与企业治理结构[J]. 经济研究，2002（6）：55-62.

[221]王刚. 论中国国有企业公司治理结构的多样化选择[J]. 东北师范大学学报（哲学社会科学版），2003（2）：63-68.

[222]杨瑞龙，周业安. 论利益相关者合作逻辑下的企业共同治理机制[J]. 中国工业经济，1998（1）：38-45.

[223]克林·盖尔西克. 家族企业的繁衍——家庭企业的生命周期[M]. 贺敏译. 北京：经济日报出版社、波士顿：哈佛商学院出版社，1998：2-3、23-29.

[224]孙治本. 家族主义与现代台湾企业[J]. 社会学研究，1995（5）：56-65.

[225]储小平. 华人家族企业的界定[J]. 经济理论与经济管理，2004（1）：49-53.

[226]宿玉海. 海外华人企业发展的制度分析[J]. 东岳论丛，2000，第21卷，第1期：72-74.

[227]王连娟，姚中良. 中国家族企业产权特征分析[J]. 烟台大学学报（哲学社会科学版），2002，15（3）：322-325.

[228]尹枚. 对海外华人家族企业的探讨[J]. 广西社会科学，2002（2）：110-112.

[229]储小平. 家族企业研究：一个具有现代意义的话题[J]. 中国社会科学，2000（5）：51-58.

[230]朱界馄，秦伟，罗家慧. 东南亚华人企业治理结构探微[J]. 东南亚研究，2003（1）：64-70.

[231]王志明，顾海英. 家族企业成长与治理结构的变迁[J]. 财经科学，2004（5）：1-5.

[232]Olson, Patricia D., Virginia S. Zuiker, Sharon M. Danes, Kathryn Stafford, Ramona K. Z. Heck, and Karen A. Duncan. The Impact of the Family and the Business on Family Business Sustainability. Journal of Business Venturing, 2003（18）：639-666.

[233]引自聂正安. 家族企业治理结构研究动态[J]. 经济学动态，2004（12）：102-105.

[234]杨大楷，韩其成. 家族企业治理结构的演进逻辑与效用分析[J]. 经济经纬，2003（5）：46-49.

[235]晁上. 论家族企业权力的代际传递[J]. 南开管理评论，2002（5）：47-51.

[236]王宣喻，瞿绍发，李怀祖. 私营企业内部治理结构的演变及其实证研究[J]. 中国工业经济，2004（1）：70-77.

[237]叶国灿. 论家族企业控制权的转移与内部治理结构的演变[J]. 管理世界，2004（4）：147-148.

[238]方晓军,高瑛. 中国家族企业的产权特征及其制度学思考[J]. 齐鲁学刊,2004（4）：35-39.

[239]王连娟,姚中良. 中国家族企业制度变迁的路径依赖与演进路径[J]. 福建政法管理干部学院学报,2003（1）：15-18.

[240]费孝通. 乡土中国 生育制度[M]. 北京：北京大学出版社,1998.24.

[241]陈衍德. 控制、效率及其文化背景——海外华人企业文化的再探讨[J]. 中国经济史研究,1999（1）：127-134.

[242]林勇. 东南亚华人家族企业可持续成长的路径选择[J]. 东南亚研究,2002（5）：54-58.

[243]苏琦,李新春. 内部治理、外部环境与中国家族企业生命周期[J]. 管理世界,2004（10）：85-96.

[244]应焕红. 产权制度变迁与家族企业成长[J]. 毛泽东邓小平理论研究,2002（6）：76-81.